文化と固有価値のまちづくり

人間復興と地域再生のために

目次

はじめに——良心経済の誕生——

 物事の背景にある「固有性」と、自然と人間の共生関係＝「文化」への注目
  ——強欲・快楽優先行動を制御する良心経済を創る ………………… 4
 農山漁村の固有性と文化性 ………………… 5

第一部 大災害からの復幸
——その思想と行動 ………………… 11

第一章 "知識結"による自己変革と"地域再生"
——阪神淡路大震災における絆の再生・"貧困底"からの人間発達 ………………… 12

 Ⅰ はじめに 人間復興としての15年 ………………… 12
 Ⅱ 人間復興都市・神戸に向けて
  ——現代の知識結、その創造的価値 ………… 14
 Ⅲ 「コミュニティ再生の"営み"」＝"知識結"の共通基盤 ………………… 19
 Ⅳ 現代の知識結とNPO革命 ………………… 22
  CS神戸が提起する創造的産業 ………………… 23
 Ⅴ おわりに ………………… 27

第二章 東日本大震災と地域再生
——「創造的復興」から「人間復興」へ ………………… 29

 Ⅰ はじめに ………………… 29
 Ⅱ 東日本大震災の歴史的位置 ………………… 30
  1. 大災害と政治・経済・社会変動 ………………… 30
  2. 東日本大震災と日本の近代化 ………………… 31
 Ⅲ 真の復興とは ………………… 32

1.「人間復興」と責任・倫理…………32
　　2.「人間復興」と原発事故(核災害)…………34
　　3. 真の復興と「人間の安全保障」、「持続可能な発展」…………39
　　4.「生命の安全保障」と「生活の安全保障」…………41
　　5. 福島原発事故と広島・長崎被曝…………42
　Ⅳ 阪神・淡路大震災の「開発主義の創造的復興」と「複合的復興災害」
　　1.「開発主義の創造的復興」…………45
　　2. 阪神・淡路大震災の「複合的復興災害」…………52
　Ⅴ 東日本大震災の「新自由主義の創造的復興」と「複合的復興災害」……61
　　1. 政府と日本経団連の「創造的復興」…………61
　　2. 宮城県の「創造的復興」…………62
　　3. 東日本大震災の「復興災害」…………64
　Ⅵ「創造的復興」思想の源流──「産業主義」…………74
　Ⅶ 東日本大震災の真の復興のために…………76
　Ⅷ おわりに…………84

第三章　二宮尊徳における地域再生構想と実践の道
──一円融合の理
…………87
　Ⅰ はじめに──尊徳における地域経営の道──「荒蕪を譲で開く」…………88
　　1. 尊徳思想形成の歴史的背景──不二講仲間との交流・相互支援　……88
　　2. 内発的な「超公共財」の誕生
　　　──内清浄から富貴へ・権力制御による民衆救済事業…………89
　　3. 身禄の生命観…………90
　　4. 尊徳の人生と思想…………91
　Ⅱ 尊徳における人格協働態の現代的意義
　　──「荒蕪を譲で開く」場を創る…………93
　　1. 現代の企業経営における人格協働態…………93
　　2. 家族と地域における文化資本の響きあい…………94
　　3. 尊徳の視点と現代経営…………95
　　4. 幸福を永遠にする推譲の法則…………95

Ⅲ 尊徳の農業道……………97
            1. 道の展開——"ひろがり"と"つながり"……………97
            2. 尊徳の農業道——前近代的秩序の転換……………98
          Ⅳ 分度・推譲簿記学——渋沢栄一と二宮尊徳……………100
            1. 尊徳地域経営学の継承……………100
            2. 倫理的な協働態による創造型経営……………101
            3. 総有による地域経営……………103

第四章　地域再生構想の実践における人間の疎外と発達
  ——商人論における二宮尊徳とアダム・スミスを中心として……………107
          Ⅰ はじめに——経済学における人間行動の基礎
              ——尊徳「推譲」と、アダム・スミスの「自己愛」……………107
          Ⅱ 商人の道——蒲生氏郷と日野商人、二宮尊徳……………109
            商人としての尊徳像……………109
          Ⅲ 組織の閉鎖的壁を超える商人の道……………114
            1. 産出と運転——固有価値を引き出す商人道……………116
            2. 産出と運転による固有価値の実現・続……………118
            3. 商人論における尊徳とラスキン……………123
          Ⅳ アダム・スミスの商人論からみた尊徳の位置……………126
            1. 自己愛の商人論——A.スミス……………126
            2. 推譲経済学——日本経済学の原点・尊徳……………128

第二部　地域再生と産業・福祉文化
  ——現代文化資本論……………135

第五章　地域固有の「人・場」を生かす文化資本経営……………136
          Ⅰ 文化経済の創出と、文化資本の経営学……………136
            1. 文化経済とは……………136
            2. 文化経済の創出——自愛と慈愛のバランス……………137

Ⅱ　文化産業の時代へ………………139
　　　　職人技における"慈愛"の意味………………140
　　Ⅲ　物欲から心の糧への転換………………142
　　　　1．文化産業の意味を考える………………142
　　　　2．文化経済の主体………………144
　　　　3．商品・サービスの創造性に触れて感動する消費者………………145
　　Ⅳ　貨幣資本と文化資本………………146

第六章　生活文化産業の生成と発展 ——ラスキンから現代まで………148
　　Ⅰ　衰退産業と、資源の分散・再結合………………148
　　Ⅱ　ブランディング戦略と都市・地域固有のコミュニティ・ビジネスへの注目………149
　　　　1．地域ブランド化戦略の提起………………149
　　　　2．地域固有の文化を発見し生かすための基金を創る………………152
　　Ⅲ　地域産業集積と新たな職人層・コーディネイターの台頭………………153
　　Ⅳ　ラスキンの産業実験
　　　　——分散的な物的所有と、開かれた知的所有を結合するネットワーク………155

第七章　文化的価値の蓄積——文化による"まちづくり"………159
　　Ⅰ　はじめに——ラスキンの生活文化産業論………………159
　　　　ラスキン理論：「農場と庭園」＝生活文化産業の基盤………………160
　　Ⅱ　種子の生産と研究開発………………163
　　Ⅲ　生活文化産業の財を分類する
　　　　——ラスキンによる財の分類と生活文化産業………………165
　　Ⅳ　固有の文化性を身につけた市民社会——文化を担う人々が学習する場………167
　　Ⅴ　展望——学習の機会均等と融通型所得再分配………………170

第八章　アダム・スミスのコモン・ストック論と商人
　　　——永続的発展の経済学………173
　　Ⅰ　はじめに………………173
　　　　1．問題の提起………………173

  2. A.スミスにおける分業論と、その限界の認識……………… **174**
 Ⅱ アダム・スミス商人論の意義……………… **176**
  1.『道徳感情論』——人びとの自然感覚から導かれた社会幸福論……………… **176**
  2.『法学講義』——市民社会の原理と商人の重要性……………… **181**
 Ⅲ 商業の負の側面について……………… **189**
  1. アダム・スミスによる児童労働批判……………… **189**
  2.『国富論』——商業社会における幸福論の確立……………… **191**
 Ⅳ 展望——現代的商人論への道……………… **194**

結論と展望——福祉社会の構築と家族共同体・コミュニティ再生活動
——地域における基礎的潜在能力の形成と地域文化の創造的再生……………… **197**

 Ⅰ はじめに——「発達保障労働」としての福祉労働……………… **197**
  1. 家族関係の近代化、ついで、解体、それから再生への課題……………… **197**
  2. 発達保障労働の発展過程……………… **198**
  3. 障害者福祉から新たな研究領域と学際的交流へ……………… **198**
  4. 公共労働の拡充と多様化……………… **199**
 Ⅱ 「新しい地域文化」をつくる福祉……………… **201**
 Ⅲ 現代のまちづくりと、福祉社会の再生……………… **205**
 Ⅳ 金銭経済から文化経済へ構造転換
  ——人間性回復と現代産業とコミュニティ再生の展望……………… **206**
  1. 大量生産・大量消費社会の終焉と現代日本産業の空洞化……………… **206**
  2. 地域の固有性と住民の創造性……………… **209**
  3. 現代の知的所有とノウハウの継承・創造……………… **213**
  4. 創造産業における3層構造と現代産業への総合的接近……………… **216**

あとがき……………… **223**
参考文献……………… **227**
索引……………… **231**

文化と固有価値のまちづくり

人間復興と地域再生のために

池上 惇=著

水曜社

はじめに──良心経済の誕生──

　2011年3月11日。
　この日を境にして、日本人、さらには、人類の考え方は、根本的な転換を迫られた。

　では、"旧来の考え方＝常識"とは何か。
　それは「人間はエゴの塊(かたまり)であって何が悪い」という利己主義の横行であった。
　この常識は、自分の快楽や欲望の追求のために、利用できるものは、何でも利用する、という特徴がある。自分の良心に問いかけて自制する力がない。
　この「常識」が恐ろしい結果を生むのは、なぜか。
　それは、当面の利便性や快楽の実現に眼がくらんで、「何でも」利用しようとするので、「何」が"どのようにして生み出されたのか"を知ろうとしない。そのため、危険な「何」を利用した結果、健康・くらし・人命が失われる、という"結果を想像する能力＝良心"を人びとが喪失してしまう。
　たとえば「日本の国土が地震多発地帯にある」という固有性を無視し、原子力発電所を大地震と津波が急襲する海岸の低地に建設する行為があった。この行為は「安い電力料金で大量の電力を大都市などに配電する。利用者が利便性や快楽を手にし、電力会社が安定した利益を上げる」ためであった。

　3.11を契機に、日本人が「良心のささやき、つぶやき」に耳を傾け、新目標＝「自分や他人の健康・くらし・生命を開花させる」ために、生き始めた。
　本書は、この生き方こそ行基ら日本人の文化的伝統であることを示している。
　いま、明治維新以来の富国強兵・殖産興業政策や、第二次大戦後の原発開発政策などと決別する時が来た。ここで、被災地と支援者の間に、「良心に従って人びとが協力しつつ創造する経済」が誕生する。被災地を支援する倫理的価値、自然を知り、エネルギーを生かし、各地固有の産業や文化の創造的成果を公正な価格で取引する経済。日本人は世界に先駆けて、良心経済モデルを誕生させた。

物事の背景にある「固有性」と、自然と人間の共生関係＝「文化」への注目
――強欲・快楽優先行動を制御する良心経済を創る――

　文化経済学の創始者、ジョン・ラスキンは、19世紀中葉に次のことを示した。
１）「生命・生活を開花させることこそ富である（There is no wealth but life.）」
２）「金銭や財貨は、"生命・生活の根幹である、健康、くらし、いのち、や、仕事・コミュニティにおける創意工夫・努力"を生み出すための手段である」
　彼にとって、ライフを開花させるための経済は、財をつくる人＝職人が、原材料や技術の固有性、また、エネルギーや動力の固有の性質を理解して、生きる歓びを開花させる。そして、職人の創造性や技術を理解する「享受能力ある消費者」が商品の品質と芸術性に感動し人生を開花させる。
　これは、産業革命への反省であって、事物の固有性を理解しない大量生産システムは、人間の生活のリズムを無視して金銭を求め、人の歓びを奪う。
　「強欲や快楽」に流されず、「固有価値の発見と、文化の形成」を通じて、物事のなりたち、性質を理解すること。良心に照らして、この事業は人びとの健康や人生を傷つけはしないかと考え、環境や文化にも研究や調査を及ぼす。
　このような「良心による考究」は、あらゆる事業活動や公共活動に必要である。
　各地で、企業、大学、官庁などの枠を超えた「各人や各地の文化を交流する場」が誕生する。例えば、企業であれば、従業員、消費者、出資者、知識人など組織の枠を超えて互いに学び合う。地域に開かれた場で、研究しつつ、文化を交流する場をつくり、各自が仕事を発見し、コミュニティを再生し、人が育ち、地域ブランドとしての地域産業文化が発展する。
　これらは、エゴを許してきた、現代の大量生産システムへの反省である。

　危機にある経済大国日本の状況は、深刻な財政状況の中で、いま、必要な「文化による"まちづくり"」を支援しようとしても、その財源や人材の不足は、極めて厳しい。しかし、日本人の文化的伝統である「知識結（ちしきゆい）」や、「推譲（すいじょう）」などの貴重な蓄積は、被災地と、救援活動の応答の中で、継承され再生されつつある。本書は、ここに希望を持ち、注目した。

大震災や大津波が貴重な国土を瓦礫と化し、原発事故で、放射性物質が東日本をはじめ日本の国土・海洋・河川・森林の大半を汚染したとき、人びとは、原発安全神話が間違っていて、これに従ったがために、多くの尊い人命が失われ、幾世代にもわたる子孫たちが、放射性物質汚染に苦しめられる、という現実を目の当たりにした。

　人間はエゴを反省し、日本の国土の大半が世界にもまれな地震多発地域にあるという「自然に固有の現実」を理解し、地震を予知するために、知恵を絞り、長期的な視野に立って、震災・津波・火山噴火・竜巻などに強く、美しい自然から学んで健康といきがいを永続化しうる都市、まちづくりを構想する必要がある。
　本書の「固有価値と文化のまちづくり」は、原爆体験、原発事故と大災害を生きる日本人が世界に先駆けて良心経済を実践した歴史であり展望である。

農山漁村の固有性と文化性

　また、原子力開発政策を「国の政策」の基本に置き、多額の税をつぎ込み、原発を受け入れた自治体には、補助金や交付金、電力会社からの寄付を集中させ、原発の立地は、道路や、体育館、レジャー施設など、多くの公共建築物を整備し、ゼネコンとよばれる建設土木会社が成長し、「原発関連・土木関連の雇用」が地元経済を支えるかに見えた。
　原発立地は、農山漁村が中心である。これらの地域は、後進地のように扱われてきた。しかし、本書では、旧来の考え方を根底から覆し、これらの伝統的な地域と産業は、あらゆる生活・生命の共通の基盤として位置づけられた。
　例えば、人びとが自然を敬愛するなかで、観察や応答のなかから、知力や芸術的感性を獲得して、芸術文化作品や、職人技を生み出し、創意工夫や工業、商業などへの発展を準備する。農山漁村は「文化と固有価値」の源泉であり、人びとの生命と生活を支える根源的な力を持っている。

　私は、1990年代の初頭から、文化経済学の研究に打ち込み、その集大成として、2003年に『文化と固有価値の経済学』（岩波書店）を公表した。

しかし、3.11までは、「文化と固有価値」の重要性に気づいた人は少なく、土地を工業用地や住宅地に転用し、働き手を、都市の大産業や土木事業が持ち去っても、やむをえない経済発展の結果としてあきらめる雰囲気が支配的であった。

　いま、時代が転換し、経済発展と地域再生は、「文化と固有価値によるまちづくり」によるとの認識が広がってきた。そして、このような動きの中心はいま、日本各地における被災者との交流、災害からの復興支援の絆のひろがり、さらには都市生活の反省から、新たな故郷への回帰の輪となって広がっている。

　私自身も、関西に住みながら長らく機会がなかった、祖先の故郷、会津若松を訪れた。

　この地に、「復幸（この語は矢崎勝彦京都フォーラム事務局長のご示唆による）」があることを願い、人びとの"営み"に思いを馳せた。
　災害多発地帯ほど、自然が生み出す芸術作品、景観、河川・山岳は美しいという。
　さらに、美しい城、創造的な水路整備、会津磐梯山、猪苗代湖、キリシタン大名・蒲生氏郷、日野商人（近江商人）、会津塗、水、米、お酒、蔵の町並み。海産物問屋。茶道。士魂商才という言葉の響き。白虎隊、教育制度。反骨精神。
　明治維新は官軍の武力による勝利に過ぎなかった。

　この地の文化と固有価値の魅力は、1945年（敗戦）、2011年（東日本大震災）によって、より輝きを増し、縁者を惹きつけてやまないのである。
　これらの魅力が、この地、固有の自然や社会の環境で育った、人びとの産業活動、経営の創意工夫につながる。良心経済の実践を世界に示す拠点をつくろう。
　訪れた氏郷の記念館は大災害の被害で休館中であったが、今回の大災害や原発事故の記憶と、記録も、負の遺産ながら、これから生きる私たちの貴重な公共財産であろう。これらの固有の"営み"、歴史、記憶を辿りながら、それらの蓄積から学び、一人ひとりが自分の幸せは何かと、自分に問いかける。

一人ひとりの幸福にいたる地域再生の構想を持ち寄って、交流し、互いに学び合って、よりよいものを創造してゆく。

　これからの時代は、明治維新の継承による発展ではなく、会津や東北が蓄積してきた文化資本によって日本が再生されるのであろう。
　それは、維新でもない、江戸幕府でもない、行基、空海、二宮尊徳らの道である。
　日本人一人ひとりが「心の故郷」再生構想を生み出して、生活・生業を基礎に、"ひろがり"と"つながり"をとり戻したとき、それは、日本再生の瞬間であろう。今、政治の混迷が続くからといって、国家的な強力リーダーシップが必要なのではない。
　日本という国は、政治家や権力者に頼らず、民間の篤志家や宗教家、知識人、商人・経済人が、地域固有の農民文化、工人文化、福祉文化、水利文化、道をつくる文化、道徳文化、などを生かし、一人ひとりの持つ、潜在的な力量を生かして地域再生を果たしてきた国である。
　本書で取り上げている、行基、空海、蓮如、二宮尊徳などは、各地の固有の文化的伝統を生かし産業再生、地域再生の経営手法を開発し、全国的な規模でそれらを展開して見せた。大坂の南河内に点在する寺内町も、高僧と農民出の商人や工人が民衆救済事業として生み出した街である。これらの人物のなかでも、とりわけ尊徳は、藩などの課税権を制限し、農民などに民富蓄積の場を生み出して、これを地域社会政策や商業振興と結合し、地域再生を成功させた。
　本書では、良心経済の基軸として、知識結、推譲、コモン・ストック、文化資本、次世代への継承、倫理的な消費者など、日本の地域再生思想が生み出した独自（一部は国際交流から生まれた）の用語が登場する。
　尊徳らは、権力を握ろうとはせず、地域から、民間の力によって、民衆の力量が発揮しうる、「場づくり」を実践した。そして、ある地域の再生の経験が、他地域から学習され、多くの"ひろがり"と"つながり"を生み出して、全国的な規模に発展してゆく。彼らは国際交流からも多くを学んだ。
　権力者はかれらから学び学習して良き政治を実現してこそ永続的な発展が可能である。

しかし、不幸なことに、日本の明治維新は、貢租を軽減し民力を培養してきた尊徳らの地域再生活動の実績を継承せず、反対に地租など重税を課して、海外進出のための武力整備を優先した。これによって、地方優先ではなく、中央集権型国家を形成し、地方自治の衰退と、排外主義という最悪の「エゴイズム」によって、東アジアを侵略した。これは、日本社会低迷の始まりである。
　いま、日本社会は、憲法にいう「幸福追求権」を、一人ひとりが自覚的に行使し、実践して、「幸福」を実現する"営み"を日常的に追求し、足元からの地域再生構想を通じた新たな道を発見しつつある。これは課税を制限し、自治と民力培養によって、政権を制御してきた、よき日本の伝統である。

　なお、本書の構成は、第一部で、人間復興の思想と行動を研究する。
　第一章（池上）。大災害とたたかうなかで、人々は、知識結、推譲、コミュニティ再生などを実践し、職人が核となって良心経済を発展させること。
　第二章（池田）。大震災・大災害からの人間復興過程を理論的・実証的に研究し、現場から「人間発達の知識結」形成過程を解明する。
　第三章、第四章（池上）。尊徳の実践と思想から、推譲経済を研究する。
　第二部は、尊徳の実践を現代に生かす良心経済の方向性を示す。第五、六、七章（池上）で地域再生を推譲経済の文化資本化・産業実験等から考究する。
　第八章（荒木）。荒木が、アダム・スミスの商人論やコモン・ストック論を手がかりに、理論的総括を行い、次世代を視野に入れ永続的発展の経済学を構想する。
　終章は、文化と固有価値のまちづくりにおいて、福祉実践を通じて互いの文化資本が高まること。これがコミュニティ再生の原動力であることを示した。

　以上は、新しい経済学の提起であり、「一人ひとりの実践」を基礎とした良心経済の"ひろがり"と"つながり"こそ、経済発展の原動力であることを示した。
　企業、公共政策の実践人各位、また、同僚の経済学人各位へのご参考である。
　本書の基本概念は、文化資本の経営論を提起された福原義春先生からのご示唆に負うている。また、文化政策との関連においては、植木浩先生から「文化

の社会的循環」を、堀田力先生から「ＮＰＯと無償財」をご教示をいただいた。

　良心と経済を関連づける着想は、矢崎勝彦先生と震災復幸研究に参加するなかでお教え頂き、良知への道を歩む日・韓・中の経営者からも多くを学んだ。

　地域の場と協働については、ワーカーズコープ活動のリーダー永戸祐三氏、福祉労働や清掃労働、農業労働等の現場の各位から、その大事さを教えられた。

　本書の刊行は、水曜社、仙道弘生社主の御高配による。社主は、拙著『文化と固有価値の経済学』（岩波書店）の再刊もお薦めいただいた。また、池田清（第二章）、荒木一彰（第八章）の両先生には、記念すべき御寄稿を頂戴した。

　ここに記して感謝の意を表します。

　2012年8月10日
　　　　　　　京都市下京区高辻通り室町、市民大学院において　　　池上　惇

池上　惇(いけがみ　じゅん)
1933年、大阪市生まれ。京都大学経済学部卒業。京都大学名誉教授。経済学博士。市民大学院（文化政策・まちづくり大学校）世話人代表。国際文化政策研究教育学会会長。
主著に『文化と固有価値の経済学』岩波書店、『財政学』岩波書店、『財政思想史』有斐閣、『日本財政論』実教出版など多数。
経済学、財政学の研究によって、文化経済学など新たな学術を発展させ、その成果を学生や大学院生、社会人再教育に生かしてきた。研究教育の功績により2012年4月に瑞宝中綬章を受章。

池田　清(いけだ　きよし)　第二章執筆
1947年大阪市生まれ。関西学院大学経済学部卒、経済学博士（京都大学）。北九州市立大学法学部、下関市立大学経済学部の教授を経て、神戸松蔭女子学院大学人間科学部教授。専門は都市政策。著書に『神戸都市財政の研究』学文社、『創造的地方自治と地域再生』日本経済評論社。論文に「阪神・淡路大震災15年―創造的復興から人間復興へ―」岩波書店『世界』2010年2月号、「宮崎県綾町のまちづくりと地域再生の実験」東京市政調査会『都市問題』第94巻第8号2003年8月号など多数。

荒木　一彰(あらき　かずあき)　第八章執筆
1985年東大阪市生まれ。現在京都大学経済学研究科修士課程1回生、市民大学院研究員・事務局。専攻経済学・財政学。著作に中村浩爾編「アダム・スミス『法学講義Aノート』を読む」基礎経済科学研究所（共訳）、基礎経済科学研究所編『未来社会を展望する―甦るマルクス』大月書店（共著）、中村浩爾・基礎経済科学研究所編「アダム・スミス『法学講義Aノート』Police編を読む」文理閣（共訳）など。

第一部

大災害からの復幸
その思想と行動

第一章

"知識結"による自己変革と"地域再生"
阪神淡路大震災における絆の再生・"貧困底"からの人間発達

I　はじめに　人間復興としての15年

　1995年1月17日。阪神淡路大震災。
　多くの知人、友人が死傷した。
　それまでの経験では、第二次世界大戦の空襲と戦死。
　1970年代の大学紛争による死と自殺。
　そして、毎年の過労死と自殺、3万人超。
　戦中・戦後の日本人が直面した厳しい試練である。

　そして、3.11における死は、天災と人災が同時に襲ってきたという点では、関東大震災に比すべき、究極の大災害であった。
　この章では、阪神淡路大震災の記録と記憶から、ボランティア再生に象徴される、「道徳協働態（互いに相手を思いやる人びとが、ともに、生活を営む姿）を生み出しながら、大災害のもたらす"貧困底"からの再生と"人間発達"」の過程を研究する。
　そして、"知識結=心の友が創りだす絆"による、「エゴを反省した自己変革」を推進し、「心の"ひろがり"と"つながり"を生み出す"地域再生"」の方向性を考究したい。

1995（平成7）年10月30日、神戸大学付属図書館「震災文庫」が公開された。
　神戸大学地域連携推進室の佐々木和子先生は、この文庫の意義をつぎのように述べておられる。

「阪神・淡路大震災資料の共有化をめざして
佐々木和子（神戸大学 地域連携推進室地域連携研究員）

　　1995年1月17日におこった阪神・淡路大震災では、直後から多くの記録・報告書などが作られ、同時にこれらを収集・保存する活動がはじまりました。被災地の市民たちや関係者の間に、ここでおこった出来事を"個人のものにとどめず、社会的に共有すべきもの"との意識が生まれてきたのです。"次世代に、他の地域で暮らす人々にも、被災地での体験を生かしてもらいたい"との思いが、これらの活動を支えました。
　　被災地での「震災や復興に関する記録や資料類（以下、震災資料）」の収集・保存・公開は、ボランティア団体、図書館、行政関係機関などがおこないました。収集対象となったのは、図書類だけでなく、ビラやチラシ、ミニコミ、ボランティアの記録ノート類など震災の一次資料、いわば、整理したり、まとめる前の素材となる資料からでした」（神戸大学付属図書館「震災文庫」：ネットで検索できます）

　これらの資料を基礎に、あるいは、震災の直接的な体験をもとに、多くの研究、調査、文学作品、音楽、映像、写真が生まれた。
　本章の主題は、次のようなものである。
　まず、第一に、阪神淡路大震災における、この地の人びとが「友人・知人の死」への償い、あるいは、良心の気づきとして、このような「知的財産」を身につけられ、今後に活かそうとされている、ということ。
　あのとき、激震のなかから、震災直後のボランティア活動の衝撃波が日本列島を走った。
　これは、長らく、日本の地下水脈にあって表土には見えなかった「民衆による民衆救済事業」の伝統が再生した瞬間であった。日本人には、政府に頼らず、民衆が力を合わせ、自力で、生命や生活を維持し、改善する空間を生み出す力

量があった。

　日本歴史に登場する英雄豪傑ではない。それは、原点においては、無名の僧や農民、開発事業者、商人などである。古代国家では行基が先駆者であるが、かれは、日本書紀では「あやしげな僧」としてしか扱われていない。しかし彼は「知識結」という画期的な地域再生システムを開発して、橋を架け、ため池を補修し、布施屋という福祉施設を創り、全国を行脚して、寺を開き、埋葬の習慣を教えた。また健康回復、保養のための温泉を拓き、地図を創ったという。彼の伝統は空海が継承し、蓮如をはじめ多くの僧は民衆救済のために寺内町を構築した。近世では、二宮尊徳がこれらの伝統を総括している。

　いま、ボランティアによる市民活動がこれらの伝統を継承して、このような動きを永続化できたかどうかは、まだ検証が必要である。

　しかしそれにもかかわらず、一人ひとりが災害、貧困、死と直面して、そのなかで、体得し、知り、身につけた経験知あるいは"記憶"に貴重な価値があるのではないか、ということ。これが、注目すべき第一点である。

　そして第二に、ボランティアに象徴される、一人ひとりの良心が動かした「エゴの反省と自己変革」というべきものにも注目したい。これは、本当に厳しい反省であるが、同時に、多くの希望を生んできた。この希望のなかで、生み出されたもの、あるいは、伝統を生かした創造的価値とは何か。

　それは、どのような形で今後の人びとの"営み"に影響を与え、次世代の健康や福祉、幸福と、どのように関わってゆくのか。

　いま、考える必要がある。

　これは良心の表現であり、結晶である、貴重な記憶、経験知の創造的価値についての研究であるといえよう。

II　人間復興都市・神戸に向けて ── 現代の知識結、その創造的価値

　人類は、原始以来、厳しい自然の掟に生身を晒し、さらに、隣人や親族の間の身を引き裂かれる戦争を体験してきた。

　そのなかで、芭蕉が『奥の細道』で述べているように、「石に刻み込まれた人間の生きた証し」を発見し、そこに、新たなものを探し求めて旅をし、苦労

し、体験のなかで、声を発し、創造的芸術によって過去・現在・未来の人びととの共感を広げる。

　この"営み"こそ、希望の源泉である。

　そして、常に、そのなかで、私たちは人びとが創意工夫して生きた証しや、災害など、多くの犠牲者の死や耐え難い苦しみを直視してきた。

　その真実を直視し、犠牲を弔うために死の意味を考え、かれらの魂の再生を願ってきた。

　このなかから、優れた思想や多くの記録や文学作品や音楽、絵画が生まれている。

　たとえば、関東大震災の後、1923年、福田徳三先生は、東京商大生らを引率して罹災者失業調査を行い、翌年『復興経済の原理及若干問題』（同文館）を刊行され、震災からの復興とは、災害による失業や所得、財産の喪失を、雇用や所得保障、住宅確保など、生存権の保障を基礎とし、その土台の上に、新たな人生を創造しうる「人間復興」を実現することであると説いておられる。

　先生は、東京商大をご卒業後、神戸商業学校（現・兵庫県立神戸商業高等学校）で教鞭をとられ、母校に招かれながら、正論を吐かれたために休職処分、後に復帰されているが、その反骨精神は、先生のご研究に反映されていた。

　この「震災からの復興は"人間復興"であり、先人の犠牲を弔いつつ人びとが新たな人生の創造へと向かうことである」という思想、この思想を現代に活かすことこそ求められている。

　人間復興としての震災からの創造的再生にあたって、福田先生は、知識人として調査を行い、現場に密着して、救済事業を先導された。

　そこには、建築家や都市研究者、自治体関係者、政府関係者と、被災者のネットワークを構築し、救済のための資金を動員して、東京における"地域再生"への萌芽が見られる。

　　"愛あるものは、おもいやりを。心あるものは、人と人とのつながり、絆を。
　　知識あるものは知識を。職能あるものは職能を。
　　職人技があるものは、職人技を。
　　労力や智恵を提供できるものはボランティアを。

情報を提供できるものは情報を。
そして、資金を提供できるものは資金を。"
資金や財を生かす知恵や、永続的な「人々のつながりとひろがり、人間発達」を生み出す経営が模索され始める。
民間企業と、地域社会の連携。ＮＰＯの永続的発展への模索。

ここでは、道徳と経済が支え合い、"道徳無き経済は、労多くして功少なし。経済なき道徳は永遠の道、はかり難し"という真理（尊徳による）が発見されてゆく。

このなかで、人びとは、財を失わずに生き残った人びとが、財を失った人びととともに、相手を思いやり、道徳協働態によって支え合い、互いの才能を活かしあってそれを人びととの共通の資産とする。それによって、相互に学びあい、共存できる社会を創る「共働の"営み"」を残す。

その記録を次世代に伝え、次世代がより大きな可能性を拓き続ける。

これは、それまでの災害や大不況が生み出した過酷な生存競争社会を克服して、一人ひとりが人生を創造する展望を示した。

貴重な記録、人びとが暗黙知として共有した記憶は、"推譲の経済"（尊徳、矢崎勝彦先生による表現）を媒介した。

推譲とは、楽市楽座以来の日本の"自由な経済"の環境で、誠実に勤労して天地人の恵みを受けて良いものを創り、販売して富を得た人びとが必要な消費を超える財産（貨幣や土地、米など）を、底に落ちた貧者に無利子で、恭しく差し出して活用させ、自立すれば、感謝の精神で冥加金を差し出す。これを、次世代や村々の貧者に差し出すことをいう。

この倫理性の高い経済こそは、尊徳が開発した最も現代的な民衆救済事業である。ここでは、「人びとの絆を生み出す公共文化経営」ともいうべきものが創造された。

このような思想は、原点を探ってゆくと、日本では大変古い時代、８世紀ごろに生まれた。それは、神戸の有馬温泉、温泉寺の開祖、行基菩薩であった。

行基は724年に温泉寺をひらいたが、生まれたのは河内地方で、渡来系の大工や土木技術の集団を率いていた。この地方は日本産業文化の発祥の地である。

当時は震災後の日本が国家的な統治の力量を失いかけて、失業や倒産が増えていたのと同様に、律令国家の仕組みが崩壊して、各地に膨大な流民が発生し、大和朝廷は、統治能力を失って、餓死者が出るありさまであった。

　当時の僧侶は国家に統制され、個人で民衆共済を行うことは禁じられていたが、行基は敢然と救済に乗り出した。その事業は、一方では、荒廃した地域を土木工事、福祉事業によって再生すること。他方では、民間人から僧を育てる学校をひらいたことである。当時の僧は、徳と知をもって民衆救済事業を担う。いわば地域再生のリーダーであった。かれは、この事業を遂行するために従来、地方統治の単位であった村や郷などの"結びつき"に代わって、民衆共済事業を遂行するための、新たな"つながり"を創り出した。

　これは、「知識結」と呼ばれて、人びと、家族、地域を支える「新たなコミュニティ」あるいは「道徳協働態」であった。

　知識結とは、「人びとがそれぞれの能力・資財・技能を提供し、協力して、民衆救済事業、福祉、医療、建築、土木、仏像・仏閣等を造る結合体を意味する」ものであった。

　「天平12（740）年2月7日」聖武（天皇）は河内の国の知識寺（現・大阪府柏原市）に参詣した。ここには、恐らく付近の土豪や住民が知識結を作って創建したと思われる大仏、盧舎那佛があった。天皇は、天変地異、疫病の流行、政治的混迷、民衆の疲弊など苦しみの最中にあり、社会の多様な人々が一致して世の中の暮らしを立て直す方法を求めておられた。それは、奈良に大仏を作ること、その方法は、人がそれぞれにもつ能力、技芸、資材を自発的に提供することによってであった。すなわち、知識結による「心の糧となるもの＝仏、塔」の建立である。

　翌年、聖武天皇は、当時、木津川の架橋、溜池の造成、布施屋（地域の医療・福祉施設）を知識結によって実行していた僧、菩薩と呼ばれていた行基に会う。そして、高い技術と良質な労働をもたらす知識結によって民衆を救う仏国土が実現しうるとの見通しを得たようである。天皇と高僧は協力して大仏建立事業に立ち向かうことになる。（河原宏『空海　民衆と共に－信仰と労働・技術』人文書院、2004年、88ページ）。

いわば、国家社会の危機を民衆の実績による「知識結」が克服の方向を示唆したのである。河原教授によれば知識とは「もともと仏教用語で知識とは友達を意味し善知識とはよき友のこと、従って知あり徳ある人物のことを指している」から、知識結とは、知あり、徳ある人びとが住民の「心の糧」となるものを構築するためのコミュニティづくりである。

　このコミュニティは、現存する高僧への信仰・信頼を基礎とし、学術・技術・芸術を担う人びとの支援によって、民衆が共に働くこと、自発性のある質の高い労働をすることによって支えられていた。信頼関係の場、学芸や技術、リーダーの発見、共に食事をし働く機会などがあったのである。これは、血縁や地縁によるコミュニティとは異なる特徴を持つ。新たなコミュニティ「道徳協働態」というべき概念の誕生であった。

　同時に、誕生の経過から見て、人びとの経験知識を継承し、発展させながら、民衆の生活を改善し、福祉を充実するための「知識結」と、その手法を採用して国家秩序の再建に取り組む政治中枢の動きとは、相反する面を併せ持っている。これは、現代の震災復興のなかで、現代の知識結によるコミュニティ再生事業と、官的な発想による都市再開発政策との違いであるのかもしれない。

　民間主導の知識結の特徴は、その自発性と、各人の私的な知識や技術・技能の共有化、資金・資源を民間から独自に集めて、再分配を行う力量、あるいは、高い道徳性にあるといえる。日本では、二宮尊徳がこの思想を発展させた。徳の高い民間事業者がコミュニティの仕事を起こして貧困を克服し、「富を得た人は所得に応じて再分配を自ら実行する」との思想がある。

　震災の復興過程でも、神戸の教会、あるいは、中小企業、篤志家、その財産が果たした役割は、非常に大きなものがあった。これらの基礎の上で、公共資金の活用や、行政組織の支援の意味が非常に大きくなり、「やわらかいネットワーク」の形成が進む。

　この「現代の知識結」は、人びとが個性や才能を活かしあう共通基盤であり、ネットワークである。これこそが、震災の残した最大の贈りものの一つではないか。

Ⅲ 「コミュニティ再生の"営み"」＝"知識結"の共通基盤

　知識結は、震災以前から、各地に根づいてきた"人と人とのつながり"を、新たな"営み"を受容する「開かれたコミュニティ」として再生する。
　この知識結の共通基盤を神戸の１地区の事例から検討したい。そこには、一人の知識人が体験され体得されたコミュニティがある。
　その知識人は、日本における多様な都市政策思想を克明に研究されていた。その比較や特徴の検出のなかで、大震災に立ち向かわれている。
　これは、現代の多くの研究者にとっては至難ともいえる仕事であろう。
　つまり、民衆救済の思想の森に踏み込むには、かなりの覚悟が必要で、多くの研究者はその深さに恐れをなして、最初から尻込みをして近づこうとしない。
　しかし、この知識人は反骨精神があり、通説に逆らい、普通の考え方にはないものを追求された。ここに、敢然と踏み込む勇気を持たれ、長期にわたる地道な試行錯誤を重ねられたことは、現代の知識結にふさわしい姿勢であったといえる。
　また、このような知識人の、いまひとつの特徴は、地元の生活や仕事、健康や福祉に密着した「住民の息が聞こえる距離」で研究し、深い愛情をもって冷静な観察や調査のできる力量である。これも、相当な期間、自治体の公務員から協力を得て、地元に沈潜しないことには持つことができない力量であろう。
　同氏は、神戸市長田区真野地区の実態調査を基礎に、「震災の危機を乗り越える力」の根源にあるものは、「地域力」ともいうべきものであったと指摘されている。
　そして、その内容は、他人への愛を込めて向き合いながら、「危機に対応できる人と人の心のつながり（隣人や友人の安否を気遣う心）」を持ち、「課題を自分で発見して敏速に行動する力量」を備えた人びとの登場であった。
　かれらは「まず、家族の安否を確かめ、ついで、町内の安否を確かめると、日頃まちづくりで町会を超えてともに活動している仲間のことが心配になり、駆けつけ、素人ではあるが消火活動に参加した」。他人への配慮や愛を込めた気持ちがあらゆる活動の原点であったのだ。

そして、従来の活動のなかで構築された「心のつながり」は、誰がリーダーというわけでもないが、自然に目標が合意され、一人ひとりが自発的に、自分で判断して、的確に目標に向かって「ともに」効果的に行動する力を生み出していた。
　大震災の場合は、「人命救助」が共通の目的であったが、真野地区では、1960年代から環境問題、まちづくり、福祉活動などが自発的に取り組まれていた。ここでは、「多様な課題に持続的に取り組める」「心のつながり」が生まれていた。
　この知識人は、人びとが次々と発揮した力量があると指摘される。
　それらは、いわば、「人間としての多様で、全人的な総合的力量」であった。
　これこそが、ヨコのつながりと、一人ひとりがコーディネイターとなって、「心のつながりを維持し、共通の目標を実現する」のである。
　同氏によれば、それらの力量は、次のようなものであった。カッコ内は池上のコメントである。

　１）　素人にもかかわらず迫り来る火災に対してバケツなどの手仕事でも断固消火するという強い決意を持って団結しうること。また、火・水についての基礎的な知識があること、普段の行き来の中で、近所の家屋、建築の構造をはじめ、都市の水道や貯水の状況、水を搬送する方策、消火器の存在、などについても共通の認識があること。（ここでは知識基盤社会の特徴である「情報共有」コミュニティの存在と「愛」による実践の状況が指摘されている）
　２）　迅速な体制づくり――直ちに対策本部をつくり、炊き出し、米や飲料水の調達、運送、自治体における緊急物資の配分への参加がはじまる。そして、緊急物資は「障害者、お年寄りや幼児など、弱者を優先して配分し、配分可能な資源を、みんなで出し合う。本部長や事務局長を決定する」などの組織活動が行われた。従来の自治組織を運営する力量が発揮されたのである。（ここでは、社会が自己を認識して「弱者最優先」という尊徳の推譲思想やロールズ型正義論を共有していることに注目したい）
　３）　地元企業の協力体制。初期消火において、地元企業の消火器が威力を発揮した。企業という組織体を維持するのに必要な消火技術は水準が高い。

さらに、企業は体育館など、緊急時の避難に役立つ文化施設を持っている。企業文化や企業メセナ活動が緊急時に生きていた。(ここでは、「企業文化をつくる」力量が発揮されたのである。企業文化の発展も知識基盤社会の特徴の一つである)

4) まちづくりの中での施設活用や建設の実績。従来、工場跡地を自治体に購入させて公園をつくったこと。ここが、避難所や炊き出し、被災物資の集積地となる。市民活動の中で、実現した共同立替住宅や、市営住宅が倒壊を免れ災害に強い町となっていたことが実証された。また、真野公園にホタル園をつくったので、そのための地下水くみ上げ施設があり、関連企業からの水の提供が可能となった。結局は、文化資源を活かした"まちづくり"が施設をつくり、資源を保全し、活用できるシステムを生んでいたのである。「文化による"まちづくり"」の力量が発揮された。(ここでは、**大量生産大量廃棄社会の終焉と、知識基盤社会の生成、文化資源を活かした総合的な「文化による"まちづくり"」の構想力の誕生が実証されている。都市の再生は「文化による"まちづくり"」によって行われてきた**)

5) 多様な地域人の特性を活かす力量。地域に多様な住民が生活しており、たとえば、マンションの生き埋め現場では、普段からの付き合いを基礎に、どこに誰がいるかを知った上で、地元の解体業者、地元企業のボランティアが救出に大きな貢献をした。(まさに**地域の信頼関係が企業の技と創造性を活かした活動を可能にしたのである。これは、社会関係資本[信頼関係など]の存在が各自の「人に体化された」文化資本を活かしあう基盤となったことが示唆されている**)

6) まちづくり活動を蓄積し共有する力量。この地区は20年にわたる「まちづくり」の実績があり、信頼関係(社会関係資本)、知恵を活かして共通の目標に立ち向かう力量、弱者への配慮を優先しながら、一人ひとりの個性的な力量が発揮できる共通基盤が出来上がっていた。(**情報共有システムは、「愛」による推進力、信頼関係のひろがり、文化資本の蓄積、「文化による"まちづくり"」など、重要な「厚み」をもって、現代コミュニティを創成した**)

以上、同氏が析出された、これらの諸力量は、各人が自分の仕事に精を出し、生活を改善し、相互に協力しながら生きてゆく過程で、開花してきたものであろう。ここには、隣人愛をもって困難に立ち向かう人間像がある。そして、人

びとは、対等な関係のなかで、支えあいながら、それぞれが個性的な「コーディネイター」として活動する状況が示されている。現代コミュニティの蘇生を生み出す人間関係が、ここには明確に示されている。

　思想の歴史のなかで類似の概念を求めるとすれば、「愛による対峙＝affection」の理論を掲げて差別や憎しみの増幅を乗り越えようとしたJ.ラスキンの試みが挙げられるかもしれない。

　ここでは、経済倫理学の思想のなかで「愛をもつ全人」と呼ばれてきたコンセプトが、大震災のなかで、すなわち、現代的な状況の中で再発見されている。このような"生の営み"を認識する力量こそは現代の地域再生学、経済学や財政学に最も必要とされてきた。

　この実践の特徴は、都市再生の理論として「現代的コミュニティの存在形態」を追求され、公共部門と私的部門を媒介する市民活動を自治の原点として位置づけられたことである。

　その意味では、この貢献は「知識結による市民活動を原点とした現代的コミュニティ再生の理論」といえよう（西堀喜久夫『現代都市政策と地方財政――都市公営事業からコミュニティ共同事業への発展』桜井書店、2008年）。

Ⅳ　現代の知識結とNPO革命

　現代の知識結は、震災後、NPOを軸とする持続的な発展を実現し、さらに、日本各地に広がって、「もう一つの日本」をつくり出している。

　NPOの活動領域も、福祉から始まって、まちづくりや「金融」まで手が伸びた。

　「知識結」は、金融や資金調達の問題を必ず視野に入れている。

　さらに、金融や資金を視野に入れると、各地の健康や福祉は、現代の起業活動、あるいは、仕事おこし事業として、文化だけでなくて、環境や経済をも視野に入れ始める。

　これらは、NPOによるものや、協同組合組織によるもの、ベンチャー企業によるもの、大学や大学院とのコラボレーションによるもの、企業のメセナ活動によるもの、自治体の雇用政策によるもの、公共部門からの委託制度や管理

者制度の導入によるもの、など、きわめて多様な、また、市民生活にとって、広範囲の影響を持つものとなって各国で、持続的に発展しつつある。

　これらの動きは、従来の重厚長大・大量廃棄型産業の衰退と、財政危機のなかで、大規模な物的所有、とくに、生産手段の集積による供給システムや、大量消費型販売組織が転機を迎えるなかから生まれてきた。

　そして、ここには、大規模生産システム、下請けの仕組みなどが残した技術や職人・専門家が、産業の荒廃の後に分散され、蹴散らされた過去がある。多くの職人や人的な能力は「失業」のかたちで残されていた。

　これらを、「現代の知識結」が、再生しようとしている。

　ここでは、企業や行政の壁を越えてコーディネイトする人材が登場することによって、新たな仕事が起こされている。また、大学などの「知的所有において優れた人材」「世界に開かれた知識や職人的な技能をもつ人材」のアソシエイションや、信頼関係に支えられたコミュニティが背景にある。

　そして、震災後の新たな生活様式を創り出しつつある消費者の「新たなニーズ」が、このコーディネイターたちによって、把握され、蹴散らされてきた、多様な才能を、新たな専門家たちと結合する。

　そして、場合によれば、これからの「知識結」は、情報ネットワークを活かして、多様な人びとを結合し、映像や写真を活かしながら、出版物や映像情報を発信して、仕事を進め、著作権料を生み出して、財源とする方向をも生み出す可能性を秘めている。

ＣＳ神戸が提起する創造的産業

　現代日本は、構造的な不況や、高齢化社会の進行、情報通信技術を中心とする仕事や職場の急激な変化（ダウンサイジングの恐怖とも言われる）、深刻化する国と地方の財政危機などに直面している。

　人びとや多様な組織、企業、自治体、政府などは、これらに対処するだけでなく、長期的な視野を持つ公共政策を構想せざるを得ない。この構想は、人類がかつて経験したことのない深刻な課題に立ち向かって、それを解決する展望を拓かねばならない。そこで、過去の伝統や習慣を踏まえた都市や地域社会の実態を調査し、歴史から学び、国際的な経験を参考として、「創造的な事業を

起こす」必要に迫られる。

　このような「創造的な事業を起こし、産業を持続的に発展させる公共政策」は、現代の多様な公共政策において、とりわけ高い優先順位を持っている。その理由を考えると、主として、次の二つの現代的な背景が観察できる。

　一つは、日本における市民活動は、阪神大震災からの復興支援活動、構造不況下の都市・地域における起業と新規雇用の創出、不況雇用を契機として、大きく発展したが、その際にも、高齢者福祉や文化活動などのＮＰＯが、商店街の再生や、空き店舗や倉庫の活用などによって、事業を起こすことが、地場産業、地元企業の復興と並んで、大きな課題となったこと。

　二つは、事業型ＮＰＯの発展や、それによる雇用の回復、定着や増加なくして、都市や地域の発展はありえないことが明らかにされたことである。これは、構造不況下の日本における都市や地域に共通する課題として、自治体による空きビルの提供、商店街による空き店舗や倉庫の提供を契機とし、芸術団体や福祉団体が、有志や企業の寄付金・人的支援を拡大し、市民の生活の質への高いニーズに応えて質の高い芸術サービスや、福祉サービスを提供するなかで、急激に発展してきた。

　たとえば、1996（平成８）年に神戸市東部において地域の活性化と高齢者、障害者を中心とする地域住民のいきがい創出を支援することを目的に開設された「コミュニティ・サポートセンター神戸（ＣＳ神戸）」は、東灘区で、会員数145人、法人有給スタッフ常勤５名、非常勤２人、プロジェクト有給スタッフ常勤４人、非常勤９人、ボランティア約110人で運営され、年間予算約6,000万円、事業規模約１〜1.5億円（2001年度）の規模にまで発展してきた（山田真規子「震災復興とＮＰＯ」岩田誠編著、和歌山大学経済学部ＮＰＯ研究ゼミ『市民が築く多元社会—ＮＰＯ・ＮＧＯ最前線ルポ』日経大阪ＰＲ、2003年、80ページ）。

　このＮＰＯが担う事業の中には、商店街の空き店舗を活用して、高齢者のための文化的で、創造的な、デイ・ケア・サービスを行うことや、地域通貨、「らく」を発行することなどがある。後者は、30分の余暇時間を「らく」とし、事業が提供するサービスのなかから、「らく」を所有する人が自由に選択しうる仕組みである。これらは、いきがいのもてる仕事を地域で起こし、それによって、人と人とのつながりをつくり出して、コミュニティ再生の着実な手がかり

を創造することにある。ここでは、生活の質を高める創造的なサービスの発生と持続性が基本であり、行政上の基準に従ったサービスではなくて、人間の尊厳やいきがいを互いに確認しあい、誇りをもって生活する創造型市民の発達がサポートされている。

このほか、ＣＳ神戸の事業のなかには、パソコンネットオクトパス、あたふたクッキング、くるくる発電、生きがいしごとサポート・センターなどがある。

このような試みは、創造的なノウハウを担うＮＰＯだけでなく、企業や共同組合組織とのコラボレーションに発展するものが多い。これらを大別すると、まず、

１）上に述べた、福祉や文化のまちづくりを担うＮＰＯ活動のなかから生まれてきたものがある。これらは、一方では、福祉事業の立ち上げを契機とし、障害者や、言語を学習していない外国人のために、観光ガイドの資格をとり、歴史や文化財、語学などの学習とともに、介助に関する基礎知識を身につける動きも急激に進んでいる。福祉の創造的ノウハウともいうべき特徴があらゆる対人サービスのなかに入り込み、かかる資格を取得させるための学校組織や、指導員の教育事業や、人材派遣業による登録も都市を中心に急速に進んでいる。また、他方では、文化事業における仕事起こしも大きく発展した。たとえば、ＮＰＯ法人「アートネットワーク・ジャパン（ＡＮＪ）」は、1999年ごろからメセナに積極的な理事を招き、東京築地の空き事務所を都から借りて、東京国際芸術祭などの事業を年間予算１～２億円で実行している。民間企業並みの年俸で、新卒を採用し、専従８人が厚生年金に加入している。

２）企業メセナ活動のなかから、従来の企業経営の文化や創造的ノウハウ、組織を活かした「市民参加型社会貢献活動」。これは、企業がコーディネイターとなって、専門家や地域住民組織、ＮＰＯなどと提携し、環境保護活動、文化施設づくり、祭りやイベントのサポート、文化に関する表彰制度、福祉事業などを行うものである。

３）地域の協同組合運動の流れを受けるもので、購買生協や、ワーカーズ・コープなど、従来は、加盟組合員のためのサービスを主としたものから、従来の経験やノウハウ・組織力を生かした地域総合福祉事業（多くは、地域センターを持って、保健衛生・介護保険関連事業、福祉中心の給食事業、指定管理者制度の下での

保育事業などを担い、まちづくり事業へと展開する）に発展し、まちづくりＮＰＯなどと連携するものが多い。ここでは、共同事業のノウハウが、創造的な仕事起こしのなかに活かされている。

　これらの事業は、日本各地の多くの商店街や都市・地域社会で取り組まれており、現代日本のコミュニティ・ビジネスの研究家は、その領域を、福祉、環境、情報ネット、観光・交流、食品加工、まちづくり、商店街の活性化、伝統工芸、地域金融、安全などに分類してきた。

　これらの実践を、今後に生かす上で注目すべきは、ＮＰＯによる民衆救済事業が倫理性の高い人間集団を生み出すだけでなくて、独自の非営利型経営による一種の良心による文化経済を生み出していることである。

　文化経済というのは、市場価格の変動に支配される古い経済ではなくて、取引の当事者、生産者と消費者と商人の三者が、互いの創造性や享受の力量、文化力を尊重しあい、それぞれの文化を高める努力を評価しあって価格を決めてゆくことである。質の高い職人技を公正に評価する一種のフェアトレードといえよう。ただ、現在のＮＰＯの力量は、必ずしも文化経済を実現しうるほど高まっていないこともある。その時はやはり、旧来の価格変動に支配されて、経営として成り立たないことも多い。

　また、文化経済を生みだす文化経営は、「永続型」であることが特徴的で、尊徳が構想した「推譲経済」などは、富者から支援される人が、今度は支援する側＝富者となって、より高次の経済活動を発展させてゆく。このような転換を織り込んだ経済は、まだ実現されていないことが多い。支援を救済に終わらせずに、自立と、支援された人が支援する人になる仕組みが必要である。

　これには、支援される人への、貨幣的な、あるいは、物品の寄付や贈り物だけでない、愛情、共に働く習慣、智慧や、職人技や、創意工夫のこつなど、非貨幣的な、「心と知恵と技、健康」などの“ひろがり”と“つながり”が求められよう。一人ひとりの個性や才能の差異が共通の資産（コモン・ストック）となる。

　この相互学習の関係のなかでは、支援者が「支援される人」から学ぶことも多くなる。支援、被支援を超えた心の“ひろがり”と“つながり”と、生きる知恵や力量の“ひろがり”と“つながり”が相互の文化を生かすコモン・スト

ックを生み出すとき、推譲の経済は定着するであろう。

V　おわりに

　阪神淡路大震災においても、残された人びとは、模索を繰り返しながら人間復興、都市の再生、を構想し実行して、次世代に継承しようと努力してきた。
　そして再生のために、死者への心からの敬意をもって、
　①「自分たちの身に刻みつけられた真実あるいは、天災と人災の真の姿」を発見し、
　②「この時代の流れのなかで、死者から自分たちに託された使命」を自覚し、
　③「地域や都市の再生、人間復興を可能にする"創造的な構想力"」によって"つながり"を創り出し、
　④「その構想に支えられた実践力」を生み出そうと、
必死の努力を積み重ねている。
　本書の研究は、③「地域や都市の再生、人間復興を可能にする"創造的な構想力"」によって"つながり"が創り出されること、震災の被災者が、いま、生きている私たちに残してくれた想い出、記憶、を「人間復興都市神戸」の創造的な再生につなげることである。
　これらから、「人類共通の財産、"知識結"を再発見した震災復興人」の役割を評価し、その継承や発展を実現することを目指している。
　神戸は、日本が世界に開く"眼差し"である。国際文化交流と"都市と農村の交流"、自然・文化の環境を活かした神戸都市コミュニティの伝統と習慣こそは、いま、日本社会が最も必要としている「新たな生活様式」であろう。
　いま、神戸の人びとには、「震災時は130万人のボランティアに助けてもらった。今度は『ありがとう』といってもらう立場になりたい」との貴重なお気持ちがある。まさに、支援された方々からの、支援者への転換が実現している。この"営み"は永続的である。
　日本各地での、このような相互の支え合いが、コモン・ストックとなってこれからの日本を再生してゆく（コモン・ストック論の展開は、第八章を参照）。
　「現代の知識結の再生」――これは、震災復興人が日本と世界に送るメッセ

ージであろうし、その内容は、「人間発達の知識結」と呼ぶのがふさわしい。

　道徳協働態が現代に再生した瞬間である。

追記
1．論文作成にあたっては、矢崎勝彦先生から「道徳協働態」について、貴重なご示唆を頂きました。また、池田清先生から、「人間発達の知識結」概念をはじめ、現場からの貴重な御助言をいただきました。厚く御礼を申し上げます。
2．池上惇の著作や文献は、ネットで検索できます。検索サイトで池上惇と入力してください。また、毎日更新のブログで、多様な現代的話題を取り上げて、いま、世界に発信すべき、「文化による"地域再生"」の共通基盤を提供しております。どうか、ご覧下さいますように。

参考文献
青木圭介『現代の労働と福祉文化』桜井書店、2002年。
井口貢・池上惇『京都・観光文化への招待』ミネルヴァ書房、2012年。
池上 惇『文化と固有価値の経済学』岩波書店、2003年。
植木浩「文化政策の展開」池上惇・植木浩・福原義春編『文化経済学』有斐閣、1998年、第７章。
植田和弘『廃棄物とリサイクルの経済学』有斐閣、1992年。
植田和弘『環境と経済を考える』岩波書店、1998年。
小野秀生『現代福祉と公共政策』文理閣、2002年。
児玉幸多「三才報徳金毛禄・解題」児玉幸多責任編集『日本の名著26・二宮尊徳』中央公論社、1970年。
後藤和子『芸術文化の公共政策』勁草書房、1998年。
佐々木雅幸『創造都市への挑戦』岩波書店、2001年（改訂版岩波現代文庫）。
下平尾勲『地元学のすすめ』新評論、2006年。
鈴木敏正『生涯学習の教育学』北樹出版、2008年。
スロスビー著、中谷武雄、後藤和子監訳『文化経済学入門』日本経済新聞社、2002年。
十名直喜『ひと・まち・ものづくりの経済学』法律文化社、2012年。
中谷武雄『スミス経済学の国家と財政』ナカニシヤ出版、1996年。
福田徳三『復興経済の原理及若干問題』同文館、1924年。
福原義春・文化資本研究会『文化資本の経営』ダイヤモンド社、1999年。
福原義春『多元価値経営の時代』東洋経済新報社、1992年。
藤井克徳『見えないけれど聴こえるもの』やどかり出版、2010年。
ボウモル、ボウエン著、池上惇・渡辺守章監訳『舞台芸術：芸術と経済のジレンマ』芸団協出版部、丸善配本、1993年。
堀田力『悔いなく生きよう：心満たされる人生の送り方』講談社、1997年。
諸富徹『地域再生の新戦略』（中公叢書）、中央公論社、2010年。
矢崎勝彦『内発的自然感覚で育みあう将来世代：インド植林プロジェクトを通して学ぶ』地湧社、2011年。
柳宗悦「工芸の道」1927年公表『柳宗悦全集』第八巻、筑摩書房、1980年。
山田浩之『都市の経済分析』東洋経済新報社、1980年。

第二章

東日本大震災と地域再生
「創造的復興」から「人間復興」へ

池田清

I　はじめに

　近代以降の日本の災害史をかえりみれば、災害後の復興が、かえって被災者の生活と生業の再建を困難にしている事例が多くみられる。さらに災害に脆弱な都市・地域をつくり出し、以前より増幅したかたちで災害を引き起こす誘因となっている。この点で今回の東日本大震災は、日本の災害史における問題をくりかえす危険性を有しているといわざるを得ない。

　東日本大震災から学ぶべきは、第一に、被災者を絶望と苦難のどん底に追い込み、生命と環境を破壊する危険な原発を停止し計画的に廃炉していくことであった。だが政府や電力会社は、情報の隠ぺいと操作を画策し活断層の可能性がある大飯原発を再稼働した。地震列島日本では、大地震はいつ起きてもおかしくないこと、福島原発事故の科学的検証がなされていないこと、原発の「安全神話」が崩壊しているにもかかわらず、多くの国民が反対するなかで再稼働が強行された。また原子力基本法は、原子力の研究、開発、利用を「平和の目的に限り」とし、「民主・自主・公開」の原則を掲げていた。だが今回の原子力規制委員会設置法成立により、この基本方針に、「わが国の安全保障に資する」との文言が追加され、「核武装による国家の防衛」と解しうる状況がつくり出されている。

　第二は、農林漁業など地場産業の再生と、食料や自然再生エネルギーの地域

内自給によって、住民が安全で安心して暮らす都市・地域をつくることであった。しかし政府、財界、マスメディアなどは、これらと逆行する経済特区やTPP、道州制を推進する方向を強めている。また2012年6月に衆議院で可決された消費税増税法案には、「防災」、「減災」の名目のもと、10年間で200兆円を超えるといわれる旧来型の大型公共事業が挿入されている。

　第三に「災害に強い復興まちづくり」における建築制限の問題がある。宮城県は、建築基準法に基づき総面積1,859.8haもの広さの建築制限を実施したが、新築や改築が禁止され、被災事業者の工場や商店の再開に見通しが立っていない。そのためか、郊外の大型店は復興需要で活況を呈するが、中心市街地の商店街は廃業する業者が続出している。

　以上のように東日本大震災の復興は、これからの日本の方向を決める最重要課題である原発や農林漁業、公共事業、消費税、まちづくりのあり方、そして私たち一人ひとりの生き方を問いかけている。

　本章は、次のような問題を検証する。第一に、真の復興とは何か、復興の原点ともいうべき「人間復興」について、第二に、真の復興を妨げている原発事故（核災害）と「防災と創造」を名目とした「開発復興」の問題を、第三に、東日本大震災の復興に生かすべく、阪神・淡路大震災の真の教訓について、第四に、真の復興のために求められている伝統的英知の再評価と「人間発達の『知識結』」について、である。

Ⅱ　東日本大震災の歴史的位置

1．大災害と政治・経済・社会変動

　歴史の教えるところによれば、地震や戦争などの大災害は、その時代の政治や経済、社会が抱える矛盾や本質を露呈させるとともに、大きな政治変動、経済変動、社会変動の引き金となっている。たとえば安政地震（1854年の「安政東海・南海地震」、1855年の「安政江戸地震」）は、その後の徳川幕府の総合的な復興対策の失敗やペリーの浦賀来航という外圧とも重なり幕府倒壊の契機となった[1]。

　また関東大震災（1923年）は、第一次世界大戦後の不況とあいまって社会、

政治、経済的不安を高めた。なかでも朝鮮人大虐殺、社会主義運動の取り締まり、戒厳令による言論、表現の自由に対する弾圧などの一連の諸事件は、その後の治安維持法や1929年の大恐慌という経済混乱のなかで太平洋戦争へ突入するという日本の動向に重大な影響を与えた。

1986年のチェルノブイリ原発事故は、腐敗した官僚組織の手抜き・責任逃れが明らかになり、ソ連の政治的権威を低下させた。さらにソ連の技術、社会組織に対する信頼感がくずれソ連崩壊の一因ともなった[2]。今世紀最大の世界史的出来事の一つであるオバマ米国大統領の誕生も、2005年8月のハリケーン・カトリーナ災害とそれに対するブッシュ政権の失政が大きく影響している。なぜならハリケーン被害は、自然災害というより人災であったからだ。ブッシュ政権は、テロ対策とイラク戦争を重視したため、連邦政府の危機管理がおろそかとなり、国内の緊急事態への対応を遅らせ被害を拡大させた。そのためブッシュ政権の支持率が急速に低下し、世論はオバマ大統領誕生へと傾いたのであった[3]。

2. 東日本大震災と日本の近代化

東日本大震災は、明治以降のわが国の近代化過程、とくに戦後日本の東京一極集中による高度経済成長を下支えした東北地域の矛盾を顕在化させた。この地域は、首都圏の経済活動に必要な電力、食料、労働力、そして輸出産業である自動車や電機などの部品、素材などを提供してきた。だがそれは、農林漁業の衰退や人口減少、高齢化などの過疎問題をもたらし、危険な原子力発電と公共事業や原発交付金、原発関連企業に依存する地域体質を生み出した。その意味で、東日本大震災は、戦後日本の中央集権的官僚機構と東京一極集中の国土・地域政策、産業政策、エネルギー（原子力）政策を根本的に問い直す機会を提起した。東日本大震災は、大規模施設・設備の原子力エネルギーと生産・消費の広域的分業システム、そして大量生産・流通・消費・廃棄システムによって成り立つ文明と生活の質そのものの転換を迫るものである。なによりも、相当の確率で予測される、首都直下地震や東海、東南海、南海地震と津波、原発震災を防ぐためにも転換は必須である。

Ⅲ　真の復興とは

1.「人間復興」と責任・倫理

　復興とは、第一に、被災者が、元、住んでいた土地（地域）に戻り、元の生活や生業を再建したいという願いにこたえることである。つまり大震災前の日常生活を取り戻し、人と人、人と土地とのつながりや愛着を再建し、被災者の「生活の質」の向上を図ること、すなわち「人間復興」である。

　阪神・淡路大震災（1995年）の復興において、被災者が、震災前の土地（地域）に戻ることを願った理由は、かかりつけの病院への通院、知人の多さ、買い物、通勤の便利さなど、慣れ親しんだ生活環境のもと、地域の人びとによって支えられてきた暮らしの営みがあったからである。だが仮設住宅や災害公営住宅は、画一的な抽選で入居が決まり、多くは住み慣れた市街地から遠く離れた郊外地域に建てられた。また土地区画整理事業にともなう建築制限などによって、被災者が元の生活や生業を取り戻せず、失業や貧困とあいまって、家族やコミュニティの喪失は孤独死の増加となって顕在化した。そのため新潟中越地震の復興では、阪神・淡路大震災の孤独死を繰り返してはならないと、ふるさと「山古志へ帰ろう」の合言葉のもと、コミュニティを重視した仮設住宅や災害公営住宅などの施策が展開された。

　今回の東日本大震災でも、宮城県南三陸町の避難所生活者約9,500人の意向調査によれば、回答約5,000人中、約2/3が集団移住を希望せず、元住んでいたまちに残留することを望んでいる。また移住希望の1,700人の半数は隣接する登米（とめ）市を希望している。たしかに農民や漁師は、その土地と海とともに生き大切な食料をつくっていることに誇りとアイデンティティを感じてきた。であるがゆえに、元、住んでいたところで仕事を続けていくことをのぞむのであろう。

　第二に、復興は、大震災によって顕在化した政治、経済、社会の矛盾を克服することである。東日本大震災の矛盾は、危険な原発と大量生産・消費・廃棄の社会システム、そして大企業の利益至上主義、これらを推進してきた政治、経済、社会によってつくられている。それゆえ復興は、「人間の安全」と「持続可能な発展」を保障する政治、経済、社会を創造することである。

　以上の課題にこたえるには、多くの問題を検証しなければならないが、最も

重要なことは、原発を推進してきた国と東京電力（電力会社）、専門家、メディアが、原発事故の責任をとることである。このことを欠いて真の復興はありえない。責任をとるとは、第一に、国と東京電力はウソをつかず情報を隠さないことである。原子炉のメルトダウンは、原発60年の歴史のなかで5回以上も起きているにもかかわらず、2万年に1度しか起きないという「安全神話」、すなわちウソをついてきた。また今回の事故で、メルトダウンが起きていることを3月20日ごろにわかっていたにもかかわらず6月になって発表された。政府や原子力安全委員会も、放射能の拡散についてのSPEEDI（緊急時迅速放射能影響予測ネットワークシステム）のデータを公表しなかった。事故後、高濃度の放射能が、北西方向の風に乗って飯舘村に拡散したのに警告を発せず多くの住民が被曝したのであった。

　第二に、原発被災者の救済と自立のために憲法13条の「個人の尊重、幸福追求権」や25条の「生存権」を実際に生かすべく、チェルノブイリ法に規定されているような移住者の権利を認めるべきである。現代経営技術研究所の尾松亮によれば「移住権」とは、強制移住対象地域外で、放射線量・土壌汚染度が一定のレベルを超える地域で他地域への移住を希望する住民が移住費用、喪失資産保障、移住先での住宅・雇用支援を受ける権利である（日本弁護士連合会「避難者支援法制の確立に向けて」大阪弁護士会館、2012年7月21日）。

　第三に、すくなくとも地震国日本は、原発と共存できない。それゆえ原発を再稼働しない。福島原発をはじめ、日本の全原発を停止、40年以上の老朽化したものを廃炉にする。原発を止めても、節電によって、電力供給不足は乗り越えられる。2011年の夏、関東、東北では原子力発電が止まり、電力不足が予測されたが、市民、企業、自治体などの節電努力によって、それを乗り越えることができたことからも証明されている。

　第四に、国と電力各社は、人の生命や生活の安全よりも経営を優先する体質を改善すべきである。

　第五に、原発立地の自治体の農林漁業の振興と、バイオマス、風力、太陽光発電など自然再生エネルギーを推進し地域の雇用や経済を活性化させるべきである。

　第六に、メディアは、国（経済産業省など）や東京電力の公式発表だけを伝え

るのでなく、権力に対する批判の精神と正義、良心をもって真実を伝えることが求められている。電力会社などの広告宣伝料に依存した経営体質を改善することが必要である。さらに専門家の見識と倫理も問われている。児玉龍彦によれば、今までの原子力学会や原子力政策の失敗は、専門家が国民に「危険を危険だとはっきり言う」、つまり本当のことをいうべきであるのに、政治家に、経済人になってしまったことにある[4]。

2.「人間復興」と原発事故（核災害）

　わが国の災害復興は、戦前の足尾鉱毒事件や関東大震災などを見れば明らかのように、個人を犠牲にして公に尽くす「滅私奉公」のイデオロギーのもと、国家という「公」のために、被災者の生活や生業の再建は私的なこととして軽視してきた。また災害原因を、自然に対する人間の防災技術の未熟さに求める傾向が強いため、災害復興は自然科学工学的アプローチをとり、土木、建築が主体となり、道路、河川、公園、港湾などハードなインフラ整備を優先してきた。しかし、戦後、とくに阪神淡路大震災以降の災害復興において、災害が自然破壊を伴う開発や密集市街地など社会的要因によって拡大すること、さらに被災者の生活と生業の再建や雇用保障などが「公共的課題」として認識されるようになってきた。

　このように災害復興は、すぐれて「公共的課題」であるが、公共政策学のなかで明確に位置づけられてこなかった。公共政策学が、平常時の公共政策を研究対象としているため、異常時の災害復興政策は研究の対象から除外されたのであろう。しかし、災害復興政策は、時の政府の経済政策と整合性を図るなど、平常時の公共政策と密接な関係を有している。このことは、たとえば阪神・淡路大震災、東日本大震災の復興が、基本的には平常時の公共政策の延長線上にあるか、あるいはそれをバージョンアップしたことからも明らかである。

　公共政策学は、人間の尊厳、人権、民主主義、平和という憲法の理念を暮らしに生かすべく人間らしく生存する権利や労働権を保障する社会政策と、環境を維持保全する環境政策を基本とする。それゆえ災害復興は、公共政策学のなかの災害復興政策として位置づけられる。災害復興政策は、地域の自然や歴史、文化的伝統などをふまえつつ、被災者の生活再建と被災地の再生、そして防災

など人間生活のあらゆる分野を対象としつつ、かつ総合的で計画性、地域性が求められる公共政策である。

災害復興政策学は、過去の災害復興の経験や知見をもとに構築される「経験科学」としての性格を有する。それゆえここでは、関東大震災の復興に際し卓越した復興思想を創造した福田徳三の「人間復興」思想を検証しておきたい。

福田によれば、「人間復興」とは、大災害によって破壊せられた生存の機会の復興、すなわち生活、営業、および労働機会の復興を意味する。道路や建物は、この再生の機会を維持する道具立てに過ぎない。それらを、今まで以上に「創造復興」しても本体たり実質たる営生の機会が復興され、人びとが新たな人生を創造することができなければ復興とはいえない。福田は、帝都復興総裁の後藤新平の復興計画は都市の容器たる道路・公園など「物本位」の「タウン・プランニング」であり、本体たり実質たる経済復興を欠いた形式復興であると批判する。大切なのは、容器の中身である複雑な経済網の再建、すなわち「人間復興」の「エコノミック・プランニング」なのである。

「人間復興」は、国家の本来の使命が、人間の生存権を維持し共同生活を繁栄ならしめること、すなわち失業問題の解決と住宅の再建こそ復興の先決問題であるとの思想である。なぜなら労働と住宅は、市民生存の本拠の復興を意味し、生存の本拠の復興は、経済復興の第一着手を意味するからである。

福田はいっている。

「東京復興に就いて先頭に立つ市会議員、商業会議所議員、実業界の巨頭などは、焼溺死者の屍体の処理未だ半に及ばず、累々たる屍体の未だ隅田河岸に雨に曝され日に晒されつつある時に、『東京市の復興は焼失前の状態を基礎とし、且つ急速に其建設計画を定む可きこと』を決議する。この決議を正しき日本語に翻訳すれば、『東京市の復興は、地主、実業家、市政関係者其他の特権階級の焼失前に有せる特権を損せざる様に計画し、且つ速やかに其の特権が行使せられ得るよう特権目的物の回復を主要事項とすること』となる。

火によって一切の醜骸を焼き尽くされて浄化した東京人にして始めて東京復興を談ず可きである。……災禍によって浄化された、純朴な相互

に助け合い、いたわり合う平等の裸蟲から成る新首都の復興是れである
と。この平等の素裸人こそ、最も力強く特権選挙による現帝国議会を根
本から否認し、最も徹底的な男女平等比例代表の普通選挙制による立憲
政治を要求す可きである。建物とか市街とかは抑も末の事である。政治
上には徹底的普通選挙、法律上には名実全く相伴う権利の平等、殊に財
産権に対する労働権の平等、社会上には万人普遍の生存権の保障、経済
上には労働の機会の均等と其果実の確保とを興ふる事が復興第一の仕事
であらねばならぬ。……軍備の大節減を断行して、復興の経費を産み出
す事の急務なるを主張せんとするものである」[5]。

　福田によれば、震災復興は、平等で助け合いの心を持つ被災者や市民の倫理
を核として、軍備縮小による平和と政治家や財界の特権を否認し、主権在民の
思想と民主主義制度によって、生存権や労働権を保障することであった。
　ここで福田の「人間復興」の背景にある経済思想を検証する。なぜなら「人
間復興」は、関東大震災に直面して急に創造されたのでなく、それを生み出す
思想的土壌があったからである。福田徳三研究の第一人者である西澤保によれ
ば、「福田は、恩師ブレンターノとの共著である処女作『労働経済学』から、
労働問題を基礎にした厚生経済研究を意図していた。マーシャルやピグーの厚
生経済学に強く惹かれながら、福田はアメリカの制度主義者と軌を一にして、
ホブソンの厚生経済学から学ぶことが多かった。ホブソンは、「生活こそが富
である」（There is no wealth but life）というラスキンの強い影響下に人間的福
祉の経済学を構築しようとした。福田は、経済的価値と倫理的あるいは人間的
価値、貨幣・富と生活との関係を扱ったホブソンの『富と生活』の着眼点が自
分の新著とほぼ同じ方向を向いていることを見て『喜びを禁じ得ない』と書い
たのであった」[6]。
　とくに本稿で注目したいのは、福田徳三が影響を受けたラスキンの思想であ
る。福田は、ラスキンの「The Political Economy of Art（A joy for ever）」（1857
年）や「Unto this last」（1862年）を引用しつつ、人間を以て単に貨幣額によ
りて表わされたる満足のみを追求する利己主義を批判する。そして経済上の財
は低き意味の善にして、倫理上の善は高き意味の財なり、すなわち経済上の富

はより高き意味に至る前提であり手段であると指摘する[7]。福田は、社会改革の原理として、社会政策において生存権を出発点としつつ、最終目的をラスキンの言葉を引用して『Joy for ever』永久の楽しみ、生活の楽しみとして位置づける。そして最大のJoyは創造にあり、創造は最も大なる楽しみ、最も大なる道徳と一致しなければならない。それゆえ真の創造は、第一に、結婚生活において人間が新たな人間をつくることであり、第二に、生活品の生産、芸術、学問研究などで人間の生活に役立ち、人生を発展するに役立つべきものがつくられることである[8]。

　福田によれば、ラスキンやウイリアム・モリスも大工業を批判し手工業を評価するのは、前者において創造の生活が全く存せず、後者においてわずかながら維持されているからである。イギリスのギルド社会主義、フランスのサンディカリズムもそのなかに創造生活の解放という正しく健全なる思想を含んでいる、という[9]。

> 「総て人間の行動は自分のものにすれば楽しい。物が造出されれば更に楽みは多くなる。経済上のデモクラシー、インダストリアル・デモクラシーが本当のデモクラシーである。何となれば、今日の政治でも社会でも法律でも何でもJoyと言う事に重きを置いて居らぬ、所有の衝動のみに重きを置いて居る。本当の生命の充実の本義に背いて少しも楽しい衝動のない生活にして居る。……之を活かすには生活に於ける創造、即ち労働と云う事を今の賃金奴隷制度から解放して、之を人生の楽しみとするようにしなければならぬ。是が本当の解放であります。この解放は、今、イギリスやアメリカにおいて盛んに唱えられている『コントロール・オブ・インダストリー』（産業の共同管理）と云う事によって行われんとしつつある」[10]。

　この福田の思想は、今回の大震災の復興においても注目すべきであろう。「人間復興」は、地域の再生力（復元力）を生かすことなくして達成することができない。地域の再生力とは、その地域を地域たらしめている固有の潜在力で、地域の自然と人間の再生力である。それはまた、地域の自然資源や文化資源、

そして伝統を活かす力であり、地域に対する愛着や信頼、希望と意欲である。

　地震や津波などの自然災害は、住宅や道路、港湾など物理的破壊であり地域の再生力によって修復可能である。だが原発事故（核災害）による放射能は、地域の再生力の源である自然環境を汚染し、生態系を破壊し、生命（DNA）を傷つける。そのため元住んでいた土地（地域）に戻れず、人生の確かな見通しを打ち砕き、家族離散、離婚、差別などコミュニティを切り裂く。

　たとえば1986年、史上最悪の放射能漏れを起こした旧ソ連・ウクライナのチェルノブイリ原子力発電所は、26年経った今も半径30キロ圏内は厳しく立ち入りが禁止されている。事故の起きた4号炉付近の放射能は、2.9マイクロシーベルト/時、2011年9月上旬の大阪が0.08マイクロシーベルト/時だから約30倍の多さである。4号炉は今も放射線を閉じ込める作業が続く。炉を固めたコンクリートが老朽化し、さらに頑丈なシェルターを建設して周囲を覆うプロジェクトが進められている。世界保健機関（WHO）によると、原発内の従業員や消火にあたった消防士、周辺住民ら数百万人が被曝し事故起因の癌で推計約9,000人が死亡した。事故の深刻さを表す国際評価は、最悪の「レベル7」で福島第一原発事故も同じ評価である[11]。

　かつて高木仁三郎は、チェルノブイリ原発事故が「何十億年とかかって豊かな共生を達成してきた地上のあらゆる生の営みが、一瞬にして灰と化しうることを、あらためて私たちに悟らせた。核文明は、そのような破滅の一瞬を、いつも時限爆弾のように、その胎内に宿しながら存在している」[12]と警告を発した。今回の福島原発事故は、不幸にも高木の予言が的中した結果となった。

　原発事故の福島県は、2011年8月末現在、避難住民約8万8,000人（県外約5万5,800人、県内約3万2,200人）、児童生徒約1万6,000人が県内外に転校、県外は約1万人にも達している。県外避難者の大幅な増加は、子育て世代の流出が続いていることが理由という。県外避難者は、いまだ福島第一原発事故の収束のめどが立たないことなどから増加している[13]。

　児玉龍彦によれば、フクシマ原子力発電事故は、広島原爆の29.6個分に相当する熱量が漏出し、ウラン換算で20個分も漏出している。さらにこれまでの知見では、原爆による放射能の残存量と、原発から放出されたものの残存量を比較すると、1年経って、原爆の場合は1/1,000程度に低下するのに対し、原発

からの放射線汚染物は1/10程度にしか減らない[14]。

　放射能は、自然の再生力、人間の有する自然免疫力では対応できない異質な汚物であり、生命を傷つけ地域の生活や文化を破壊する。つまり地域の自然と人間が有する再生力を著しく低下させる。とくに子どもや妊婦に危害を与えるという意味で人間の未来を奪う「持続不可能」なものである。

　このたび茨城県東海村（日本の原子力発祥の地）の村長が、脱原発を打ち出した。その理由は、今回の福島原発事故の国や東京電力の対応に、「原発第一、住民の命や地域社会は二の次という根本が改めて見えた」からだという。村長は、「原発は、造る前からカネが入ってくる、打ち出の小づちみたいなもの。あんな地方をばかにした政策はあってなるか、と。植民地政策と同じで、邪悪な政策ですね。村は30年、40年と恩恵を受けたかもしれない。だが、それでふるさとを失ったら何もないじゃないか。今回の福島もふるさとという意味がはじめてわかったような気がしますよ」と述べている[15]。

　ここには、マネーよりも、人と人と、人と自然とのつながりやふれあいのなかで築いてきた「ふるさと」の方が、安全で持続可能であり価値あるものとして認識されている。福島原発事故は、人間が自然と共生することなしに生きることができないという、本質的に重要なことがらを改めて認識させるものであった。

3．真の復興と「人間の安全保障」、「持続可能な発展」

　真の復興は、「人間の安全」と「持続可能な発展」を保障する政治・経済・社会を構築することである。朝日新聞の吉田文彦論説委員によれば、原発震災の福島再生の基本理念に、国連開発計画で提起された「人間の安全保障」を据えるべきだと主張している。「人間の安全保障」が、「災害による人道危機や環境汚染、人間が人間らしく暮らすのを邪魔する脅威に立ち向かいながら、穏やかな生活の礎を築いていく」ために必要であるからだ[16]。

　「人間開発報告書」によれば、多くの人びとにとって安全とは、病気や飢餓、失業、犯罪、社会の軋轢、政治的弾圧、環境災害などの脅威から守られていることである。これから頻発するのは、国家間の紛争よりも内戦であり、内戦の原因は、社会経済的な貧困と経済格差の増大に根ざす。それゆえ「核（兵器）

と軍備の安全保障」から「人間の安全保障」への転換が強調される。「人間の安全保障」には、「持続可能な開発と人間開発」が必要で、人間の能力向上と選択の自由度拡大、社会や経済への参画を可能とする社会が構築されなければならない、という。つまり核（兵器）と軍事拡大では、日常生活の安全は保障されず、むしろ貧困と格差を拡大し内戦の原因ともなりうる。以上のように「人間開発報告書」は、地球環境問題と貧困・格差を克服する画期的な理論を提起した[17]。

　だが「人間開発報告書」は、貧困の克服にせよ、持続可能な開発にせよ、その根底に資源やエネルギー問題があることが十分に検証されていないという問題がある。すなわち、日常生活の安全を脅かし、持続不可能な原発の問題が不問にされている。いままでスリーマイル島（1979年）、チェルノブイリ（1986年）など原発災害により、多くの犠牲と苦悩を経験し他の原発でもいつ起きてもおかしくない危険を孕んでいるにもかかわらず。

　現在、世界の原発は430基以上（日本50基）あるが、原発は「人間の安全」と「持続可能性」について以下のような問題を抱えている。第一に、そもそも「核反応という、天体においてのみ存在し、地上の自然の中には実質上存在しなかった自然現象を、地上で利用することの意味は、比喩が示唆する以上に深刻である。あらゆる生命にとって、放射線は、それに対してまったく防御の備えのない脅威であり、放射能は地上の生命の営みの原理を撹乱する異物である」。

　第二に、原発稼働の結果、放射能半減期の２万年以上も貯蔵しなければならない廃棄物が出される。だがそれを完全に処理する科学・技術がなく、世界各地で放射性廃棄物の放置による地域住民の健康被害が出ている。「放射性廃棄物問題は、ある意味では原発事故以上に、地上の物質とは異なる異物が持ちこまれてしまったことの深刻さを、切実に私たちに突きつけるのだ。私たちの暮らしが、そのように自然と非和解的な異物の発生のうえに成り立つとしたら、私たちは自然と共に生きているのではなく、また、自然の循環のなかに生きているのでもない。その矛盾はみんな将来の世代へ押しつけられているのである。残された放射性廃棄物が、何万年何十万年、さらにそれ以上の時間にわたって、環境中に漏れ出さないなどと考えるのは、人間の社会や技術的能力についての無知か傲慢以外のものではないであろう」[18]。

第三に、原発は、原発内部で働く末端労働者が被曝労働を強いられ、ウラン採掘から原発の定期検査、放射能廃棄物の処理、そして原発事故の処理作業まで被曝労働なしに成り立たないシステムである[19]。

　第四に、日本列島は、地球表面積の0.3％弱にもかかわらず、地球の全地震の約10％が集中している。「地震と原発」の問題は、①地震は最大級になると本当に恐ろしい。②しかし人間の地震現象の理解はまだ不十分で、予測できないことがたくさんある。③いっぽう原発は、莫大な放射能ゆえに、最高度の安全性が求められる。④ところが原発は完成された技術ではなく、制御不能に陥る場合がある。また地震列島における原発は、「制御された安全」ではなく「本質的安全」が必要である。だが欧米では常識なのだが、地震列島の原発の本質的安全は存在しない。それゆえ日本列島は、地球上で最も原発に適さない場所である（石橋克彦「参議院行政監視委員会［2011年5月23日］参考人の意見［原発事故と行政監視システムの在り方に関する件について］」）。

　第五に、原発によってつくり出されるプルトニウムは、核兵器に転用されるという危険性を有している。さらにウラン・プルトニウム混合酸化物燃料（＝MOX燃料）を使用して発電するプルサーマルは、「核兵器物質が拡散する危険が増大するため、これまで以上の核拡散の防護措置が要求され、住民監視の強化、情報機密の拡大から管理社会に道を開く」。「安全神話」と「成長神話」のもとで推進された原発は、官僚・政治家・財界・メディア・（学会）の「利益共同体」ともいうべき腐敗を構造化させるものであった。それはまた、原発に対する市民や専門家などの「批判の自由」を抑圧し、民主主義の基盤そのものを破壊するという問題をもたらす[20]。

4.「生命の安全保障」と「生活の安全保障」

　原発事故からの復興は、LIFEすなわち生命と生活の問題を問いかけている。人は、自然から授かった生命なくして生活を営むことはできない。と同時に生活なくして生命を維持することはできない。フクシマの子どもや妊婦は、低線量被曝により生命の安全が脅かされている。だから被曝しないためには避難が必要である。しかし、避難は、生活や生業への負担、精神面、子どもへの大きなストレスを与える。とくに地域に根ざした農業、漁業、自営業から離れるこ

とは、生活を維持できず生命の保障を犠牲にするというリスクをともなう。

　政府の計画的避難地域に指定されている福島県飯舘村長は、「生命の安全保障」と「生活の安全保障」とが矛盾するという重い問題を次のように述べている。

　　「これは、補償金がいくらという話ではないです。全村避難が長期化すれば、村は完全に終わりです。この村は20数年前まで『冷害の村』、『マイナス15度になった』と、そんな悪いことでしか紹介されなかった。そこから20数年間、村民が努力して、いまでは、ありとあらゆる人たちが『いい村だね』といってくれるようになった。みんな、こつこつと働いてきた。県外でも高い評価を得られるようなった。しかし、今回の避難措置によって、それらはゼロになる。いや、マイナス何十にもなってしまう。起き上がれぬくらいのダメージを受ける。それは、他の地域に比べて、たかだか放射線濃度が少し高い、という話のなかで、基準値を20ミリシーベルトに突然引き下げて、それを超えるから避難せよ、という話によってです。それと村を守ることと、どちらが大事なのだというのでしょうか」[21]。

　飯舘村は、親子三代が同居する伝統的大家族が多く、村をあげてまちづくりを行ってきた。それゆえ長年にわたり築いてきた村（地域）の暮らしは、補償金などのマネーでは解決できない生の営みがあるという深い意味がこめられている。村と共にあった生の営みがなくなれば、「生きる意味」と「存在価値」そのものがなくなってしまう。人間は、LIFEすなわち生命と生活の統合された存在であるが、原発事故は生命と生活を切り裂き、人間存在を危機におとしいれるのだ。

5. 福島原発事故と広島・長崎被爆

　林武によれば、19世紀中葉の日本は、すでに産業革命を達成した西欧列強から「開国」を強要され、植民地化の危機に直面していた。圧倒的な工業力と技術力の格差を見せつけられた日本の為政者は、それ以降、盲目的なまでに西欧の技術を崇拝することになる。太平洋戦争における米国の大量生産の圧倒的

工業力と、広島・長崎への原爆投下に惨敗した日本は、戦後、工業力と原子力利用とが是が非でも必要と、原発の技術移転など西欧の技術崇拝に支配される。戦前も戦後も、洪水のような技術移転でこの両時代は共通しているのである[22]。

戦後、米国、フランス、日本をはじめとする先進諸国は、「ゆたかな社会」を実現するために原発を導入してきた。現在、中国、インド、ベトナムなど発展途上国も、経済成長のための有力なエネルギー源として原発を推進している。だが今回の福島原発事故は、戦後の日本が「ゆたかな社会」米国にキャッチアップすべく原発を導入してきた過程における問題と密接に関係して起きたものである。この問題の検証は、今後、東アジア諸国のエネルギー政策において貴重な教訓を提起するのではないか。

武谷三男によれば、戦後の技術革新を担う主要な技術は、第二次大戦中に開発されたもので、戦争の性格を強く持っており、その象徴が原子力であった。それゆえ原子力の平和利用は、一方において原水爆(戦争)を克服しない限り人類のものとはならない。他方において大量生産、大量消費は、第二次大戦中の「みな殺し戦争」のやり方を利潤場面に転用したやり方であり、利潤機構が本質的な役割をはたしている限り、人類を蝕む脅威をますます増大させる[23]。

いうまでもなく大きな破壊力をもつ原子爆弾がつくられたのは、ヒットラー率いるドイツと米国が敵対していた第二次世界大戦中であった。朝永振一郎によれば、アメリカの科学者が原爆の可能性を見つけたとき、敵国であるナチス・ドイツの科学者がそれをつくるかもしれないという悪夢のような恐怖心を持ったという。こういう衝動は、企業経営にもあてはまり、相手に打ちまかされるという恐怖から、なりふりかまわずものをつくる大量生産と大量消費、そのためには賄賂を使っても仕方ないというシステムを形成するようになる[24]。これらの問題を避けるためには、戦争や貧困、格差、そして敵対的恐怖心や過度の競争を克服し平和な世界をつくることであり、人間相互の信頼と公正な社会づくりが求められる。

だが戦後、日本人は、消費文明をひたすら追い求め、戦争の悲惨を底辺に置きざりにして上へ、上へと逃げ、オリンピックを頂点とするピラミッド型をつくりあげた[25]。いうまでもなくピラミッド型とは、①東京を頂点とする大消費都市と過疎地方の農林漁業の衰退、②東京電力などエリート企業・富裕層と下

請け企業、非正規雇用の貧困層などの格差・差別構造である。

　この消費文明は、1953年に米国のアイゼンハワー大統領の提唱した「原子力の平和利用」という大義名分によって推進された。だがそれは、「原子力の平和利用」声明と同時期に発表されたアメリカ国家安全保障会議文書、すなわち「アメリカは同盟国に対して核兵器の効果や使用法、ソヴィエトの核戦力について情報を公表していくべき」[26]にみられるように、「ソ連を牽制すると同時に、西側同盟諸国に核燃料と核エネルギー技術を提供することで各国を米国政府と資本の支配下に深く取込むことにあった」。

　米国は、唯一の被爆国日本の反核・嫌米感情を封じ込めるべく、原子力の科学技術協力が核に「無知」な日本人への「最善の治療法」になるとして、原子力協力の枠組みや日本人科学者の米施設への視察受け入れなど強力な働きかけを行う。なぜなら米国は、被爆者の人間的救済と「原爆・水爆反対、核廃絶」の運動が、核による世界支配戦略に支障をきたすことを恐れていたからだ。それゆえ日本に「原子力の平和利用」という名目のもとに原発を受け入れさせ、悲惨な原爆の記憶を消し去り投下の責任を曖昧にしようと画策した。

　つまり米国は、原爆の被害者である日本が原発を受け入れることで、「原爆・水爆反対、核廃絶」の魂の換骨奪胎を図ろうとしたのである。その典型が、広島市で1958年4月1日から50日間の会期で開催された「広島復興大博覧会」であった。同博覧会は、原爆による潰滅からの都市復興を祝いかつさらなる発展をめざすことを目的としていた。このような『原子力平和利用』宣伝のターゲットにされたのが、まさに史上初の原爆被害都市となった広島であった[27]。

　大江健三郎は、福島原発事故の真の原因が、わが国が広島・長崎の被爆から正しい教訓を引き出さなかったことにあるとして次のように批判する。「地震や津波やその他の天災と同様に、広島の体験は人類の記憶に刻みこまれるべきです。それはまさに人為であるがゆえに、これらの自然災害以上に劇的な大災害です。原子炉を建設することを通して、人間の生命への同じ冒瀆を繰り返すことは、広島の犠牲者の記憶への考えうる最悪の裏切り」であると[28]。核爆弾を投下された唯一の国日本は、放射能がいかに人間の生命を傷つけ苦難に満ちた生活を強いるのか、平和で豊かな生活を送るためには、核廃絶が不可欠であることを身を以て体現するとともに、そのメッセージを世界の人びとに送るべ

きであった。

　村上春樹も、原爆体験を持つ日本の戦後の歩みの中心命題に、核を使わないエネルギーの開発を据えるべきであったという。それこそが、広島と長崎で亡くなった多くの犠牲者に対する、われわれの集合的責任の取り方であったはずである。だがそのような倫理や規範は、急速な経済発展の途上で、「効率」という安易な基準に流されていった。損なわれた倫理や規範の再生は、われわれ全員の仕事であり、素朴で黙々とした、忍耐を必要とする手仕事になるのだ[29]。

Ⅳ　阪神・淡路大震災の「開発主義の創造的復興」と「複合的復興災害」

1.「開発主義の創造的復興」

　東日本大震災の復興は「創造的復興」を基本理念としている。日本経団連は、〈復興〉は元に戻すというより〈創造〉に近いイメージであるとし、「究極の構造改革」である道州制の導入を打ち出した。御手洗富士夫・前日本経団連会長は、「東北地方を復興特区と位置づけ、復興資金の低利融資、法人税の免除、大工業団地」など「構造改革」型の復興を主張する。経済同友会も、「東北の復興を『新しい日本創生』の先進モデルとして、国際競争力のある、国内外に誇れる経済圏を創生する」とし、農地の大規模化や法人経営の推進、漁港の拠点化など「大胆な構造改革を進める」と提言する。そして環太平洋連携協定（ＴＰＰ）などの成長戦略を遅滞なく実行することを求めている[30]。復興構想会議も、「単なる復興ではなく創造的復興を期す」との基本方針（4月14日）で、復興基本法第2条で「被害を受けた施設を原形に復旧すること等の単なる災害復旧にとどまらない活力ある日本の再生を視野に入れた抜本的な対策」という規定を明記し「創造的復興」を強調する。

　「創造的復興」は、戦前の関東大震災復興、戦災復興、そして戦後の阪神・淡路大震災復興へと連なる思想と政策、技術の強固な伝統であり、為政者が大災害を契機として従来以上の開発・成長を推し進め権力強化を図ることを目的としていた。たとえば1923年の関東大震災において、帝都復興院総裁の後藤新平がめざした都市づくりは、わが国における「創造的復興」の草分けともいうべき位置を占める。それは、大震災以前の都市を再建する「復旧」ではなく、

焦土と化した都市が「理想的帝都建設の為の絶好の機会」の場として、都市の構造や外観を抜本的につくりかえることであった。それはまた、欧米の最新の都市計画によって、帝国建設のために帝都を復興するという国家主義的性格をもつものであった。

　後藤の復興思想は、彼が満鉄初代総裁当時に実行した植民地満州の都市計画に起源を持っている。後藤が植民地で実践した経営思想は、「文装的武備論」というべきもので、行政の秘訣は「人間の弱点に乗ずる」ことであり、「王道の旗を以て覇術を行ふ」ことであった。都市計画に基づいて教育、衛生、道路などを整備して近代的都市をつくり、この巨大な都市装置で威信を示すことにより植民地住民を支配しようとしたのであった[31]。

　だが関東大震災では、大規模な区画整理によって東京下町の人口は、復興直前（1922年）の147万人から直後（1930年）の119万人へと大幅に減少し、郊外は143万人から289万人へ急増した。区画整理は、「表通り及び準表通りのみの市街地を形成し、従来の露地、裏店と称せる消費的客人即ち商品に対する純需要者を排除」したのであった[32]。

　戦災復興も「創造的復興」であった。戦後日本は、戦争で被災した人びとの「個人の人間としての尊厳」（憲法13条）や「生命と暮らし」（憲法25条）をまもる「人間復興」よりも、経済成長を優先する政策を推進してきた。それは、1945年の「戦災地復興計画基本方針」が、将来の経済成長にともなう自動車交通などに対処するため広幅の道路と罹災地全体の土地区画整理事業を打ち出したことにもあらわれている。この土地区画整理の方法は、関東大震災の復興で実践された土地区画整理事業の技術やノウハウを継承している。

　広島市の戦災復興も、被爆者を救済・援護する「人間復興」よりも、100メートル道路など都市を抜本的に改造する「創造的復興」を目的としたものであった。以下、広島県『広島県史　原爆資料編』と椎名麻紗枝『被爆者援護法―制定を拒むものは誰か』を参考に広島市の復興と被爆者問題を検証する。

　広島市の都市計画は、国の指導のもと、戦災後、着々と進められ、特別都市計画法（1946年）により広島市など115都市が「戦災都市」に指定された。広島市は、被爆後1年も経たずして、区画整理、道路、公園面積まで決めたのである。広島市の復興に決定的な役割を果たしたのが、1949年公布の広島平和

記念都市建設法である。この法律の目的は「恒久の平和を誠実に実現しようとする理想の象徴として、広島市を平和記念都市として建設すること」(第1条)であった。同法は、広島市を他の戦災都市と同じように単に復興するだけでなく、恒久平和を象徴する平和記念都市として建設することを目的としていた。この法律の制定により、これまで停滞していた復興事業は、国からの特別な支援(補助金と軍用地など国有地の無償提供)により大きく前進し、当初の復興計画過程で形成された100メートル道路構想や平和記念公園構想が実現していく。

　忘れてはならないのは、広島は、戦災都市のなかでも被爆という大惨禍を受けた最も悲惨な災害都市であったことだ。原爆は、一瞬のうちに広島市の14万人以上、長崎市の7万人以上もの命を奪い、そのとき助かった人も被爆後3カ月以内で数万人も死亡していった。生きながらえた被爆者は、高熱、貧血、出血、火傷、ガンなどの原爆後遺症で苦しみ死への不安を募らせたのであった。被爆者は、人類未経験の怪奇な原爆障害に苦しむとともに、折から日本全体が置かれた経済的困難の中で加速度的に生活苦のどん底に追いやられていたはずであるが、これに対する救援の手はほとんど差しのべられるところがなかった……

　その後、原爆障害者に対する国家の手による治療を要望する声が高まったにもかかわらず、国家の救済の手はなかなか伸びなかった。被爆直後に開設された55カ所の救護所も2カ月後に閉鎖され、被爆者は住宅や財産を、そして一家の働き手を失い、自らも負傷や原爆症のために働けなくなったため収入を断たれるのである。さらに被爆者は短命であるとの風評が流され、結婚や就職差別、そして冷たい視線と人格を傷つける暴言などによって孤立し絶望し、ノイローゼや自殺するものまで出たのであった。

　原爆被害者の調査や援護、救済策は、以下のように徹底してサボタージュされ、「人間復興」には程遠いものであった。被爆の8年後の1953年に広島市社会課は、原爆死没者(約20数万人)、原爆障害者(約6,000人)、原爆孤児(約300余人)、未亡人(2,800人余)の調査結果を発表する。1957年に国庫負担による被爆者の健康診断と治療を目的とした『原子爆弾被爆者の医療等に関する法律』(原爆医療法)が成立する。政府は、この法によって被爆者治療費を国庫負担とすることを認めたものの医療手当は支給されないことになった。そのため、仕事を休むとその日の生活にも困ってしまう多くの被爆者は、医療を受ける時間的

余裕もなかった。医療の給付は、爆心地から半径２キロ以内の被爆者や原爆に起因したと認定された被爆者に限られた。1960年には、特別被爆者制度の創設と一般疾病医療費および医療手当の支給を目的とした原爆医療法の改正法が成立したが、対象者がきわめて限られており、被爆者全体の生活援護になることはできなかった。1963年にいわゆる原爆裁判の判決が出される。

　被爆者下田隆一外４名が、1955年に国を相手取り、①原子爆弾の投下行為と国際法違反、国内法違反、②被害者の損害賠償請求権、③対日平和条約による請求権の放棄と被告である国の責任などを問うた原爆裁判をおこした。同裁判の東京地裁判決（1963年）も被爆者を救済しない「政治の貧困」を次のように批判した。「不幸にして戦争が発生した場合には、いずれの国もなるべく被害を少くし、その国民を保護する必要があることはいうまでもない。……戦争災害に対しては当然に結果責任に基く国家補償の問題が生ずるであろう。……国家は自らの権限と自らの責任において開始した戦争により、国民の多くの人々を死に導き、傷害を負わせ、不幸な生活に追い込んだのである。しかもその被害の甚大なことは、とうてい一般災害の比ではない。被告がこれに鑑み、十分な救済策を執るべきことは、多言を要しないであろう。……それはもはや裁判所の職責ではなくて、立法府である国会及び行政府である内閣において果さなければならない職責である。……われわれは本訴訟をみるにつけ、政治の貧困を嘆かずにはおられないのである」

　1994年に原爆二法（原爆医療法、原爆特別措置法）を一本化し、新たに特別葬祭給付金の支給などの事業を加えた被爆者の総合的な援護対策を実施する法律として『原子爆弾被爆者に対する援護に関する法律』（原爆被爆者援護法）が制定される。国の責任において被爆者に対する援護対策を実施することと、核兵器廃絶、恒久平和を盛り込んだ前文が設けられた。現在、原爆手帳を交付された約26万人の被爆者のうち、原爆症と認定されたのは0.8％、2,000人余りに過ぎない。戦後60余年経過しても被爆者の「人間復興」はなされていないのである。

　以上のような被爆者の苦悩の背景に、日米両政府の取引があったとの有力な見方がある。原爆を投下した米国のトルーマン大統領は、1946年11月に広島と長崎とに原爆傷害調査委員会（ABCC）の設立を命じたが、それは広島、長崎で被爆した非戦闘員に対する救護ではなく、将来起こるかも知れない米国民

の被爆に対する救護の方法を、広島、長崎の被爆者を素材として研究しようというのであった。それゆえ多くの広島市民が、精密検査を受けながらも、治療は一切行われなかった。一日の収入を検査のために失い、しかも検査に次ぐ検査で疲労し、時には薬物検査のために病状の悪化を来すこともあった。

　このようにABCCが被爆者のデータを収集したが治療しなかった経緯は、近年の米公文書公開によって明らかとなっている。2007年8月6日付『朝日新聞』によれば、パーソンズ駐日公使がロバートソン極東担当国務次官補にあてた米公文書（1954年1月）で、米政府の公式見解として「被爆者支援の責任は負わないし、その他の爆撃による被害者と区別することはできない」と述べている。これは、「（治療すれば）被爆者に特別な意味があり、他の兵器の被害者とは異なるという見方を支持することになる」「原爆投下への謝罪と解釈されかねない」（パーソンズ駐日公使が国務省北東アジア部にあてた米公文書・1954年2月）からである。核問題研究家の樋口敏弘によれば、「治療しなかった理由は、冷戦下、米国は原爆を使用可能な兵器と位置づける核戦略と結びついていた」からであるという。

　このABCCに全面的に協力したのが、当時の日本の国立予防衛生研究所の被爆者調査であった。1947年度から52年度までの6年間で合計8,000万円（現在価値80億円）もの国費を投入し、主に放射能汚染の遺伝、次世代への影響を調査することを目的としていた。さらに「アメリカは、日本占領後も、被爆者に対していっさいの救援をしなかったばかりか、海外特派員の広島・長崎への立ち入りを禁止し、被爆者に対する国際救援の道を閉ざした。……日本政府は占領軍が被爆者にたいしておこなった一連の措置にたいして、無批判に追随し、被爆者の利益や権利をまもるために行動したことは、一度としてない」。

　それはなぜか。椎名麻紗枝によれば、日本政府と米国との間に政治的密約があったと次のように述べている。

　　「日本政府が、原爆問題に完全に沈黙してしまっただけでなく、広島・長崎の被爆者にたいしアメリカがおこなった人道上も許されないようなさまざまな人権侵害についてもすべてこれを黙認してきたうらには、日本政府が自国民にたいして冷酷非情だというだけではないもっと大きな

政治的密約が存在したからではないだろうか。

　日本政府は、アメリカにも原爆投下という大きな弱点があることに目をつけ、原爆投下は、国際法上も天皇の戦争責任に劣らず重大な戦争犯罪であるとして、原爆投下責任を不問にするかわりに、天皇の戦争責任を免責にすることを主張したのではないか。……占領後アメリカがポツダム宣言をみずからふみにじって、天皇の戦争責任の免責と天皇制存続をみとめる方向に転換したのは、これまで言われたように、対日占領支配のうえで天皇制を利用するというアメリカの利己的計算と、日本の支配層の利害の合致によるものが大きいことは事実であるにしても、……アメリカの原爆投下の問題が、日本政府の取引に使われたのではないか。それは、1951年に日本政府が、サンフランシスコ条約を締結したが、その第19条ａ項「日本国は戦争から生じ、又は戦争状態が存在したためにとられた行動から生じた連合国及びその国民に対する日本国及びその国民のすべての請求権を放棄する」規定、すなわちアメリカの原爆投下責任を不問にすることを公式に宣言したことからも明らかであろう。

　以上、日本政府が、米国の原爆投下責任と、天皇の戦争責任の免責、天皇制存続とを取引したことは、広島・長崎の被害の実態を隠蔽し、被爆者の救済・援護を徹底してサボタージュし、その後の米国の核戦略とそれに追随した日本国政府の問題を視野の外に置くことにつながっていくのである」[33]。

　阪神・淡路大震災の復興も、単に震災前の状態に戻すのではなく、21世紀の成熟社会にふさわしい復興を成し遂げる「創造的復興」であった。創造的復興は、被災者の住まい・生活と営業の再建、雇用の保障など被災者の生活基盤の回復よりも、神戸空港や15メートルの大水深港湾バース、大規模な土地区画整理事業、都市再開発事業、医療産業都市、東部新都心など、一部の大企業のためのインフラ整備や、災害をビジネスチャンスとした大規模開発を優先するものであった。この背景に米国の日本に対する強い経済的要求があったことは見逃せない。阪神・淡路大震災の復興計画は、「政府が策定中の経済計画に配慮し、国としても承認し得るもの」（阪神・淡路大震災の復興委員会）と述べられているように、

基本的には政府の経済計画の方針に規定されていた。政府の経済計画の基調は、日米構造協議における米国の日本に対する内需拡大（日米貿易摩擦）、市場原理、規制緩和などの強い要求が組み込まれている。その証拠に、日本政府は1991～2000年度の10年間に430兆円（その後630兆円に改定）の公共事業を推進し内需を拡大することを米国に約束している。と同時に橋本内閣の「六大改革」（1996年）にみられる市場原理の徹底、規制緩和による国際競争力強化策が打ち出される。

この「創造的復興」は、大災害を契機に開発・成長を強力に推し進めた「開発主義の創造的復興」ともいうべきものである。「開発主義」とは村上泰亮がつくり出した概念で、後発で資本主義化を推進した諸国で採用され、国家の市場への介入を確保するため議会制が制約され、近代的官僚制、産業政策などを特徴とする。渡辺治は、この概念を発展させ、現代の「開発主義」とくに日本の特殊性は、開発主義国家が戦後改革をへて本格的な大衆社会段階を迎えたにもかかわらず、企業社会的統合と結合して再編・継続したことにあると再定義した。また現代の「開発主義」は、大蔵・通産（昔の商工）省などをはじめとする経済官僚に象徴されるように戦前との連続性を持っている。戦後日本政治の前近代性とか、土建国家とかいわれる日本政治の特徴は、こうした開発主義としての連続性によるものである[34]。

戦前との連続性は、原子力の産業政策においても同様の傾向がみられる。「原子力の平和利用」で決定的な役割を果たしたのが、元読売新聞社主・正力松太郎である。彼は、戦前、米国と敵対していた天皇制軍国主義国家の一翼を担った内務省警察官僚であった。だが戦後は、一転して米国に傾倒し、原発を日本に導入するために読売新聞やテレビなどを通じて原発の経済性とエネルギー源としての将来性を宣伝した[35]。

総じて、岸信介元首相など戦前の軍国主義を担った主要メンバーは、戦後日本の政治、経済などで支配的な役割を果たすが、かれらは米国の核による世界戦略と原発を受け入れることにより権力を保持しようとしたのである。そして政府や電力業界は、核アレルギーを持つ日本国民が原発を受け入れるために、学者・研究者、メディアを動員して「科学・技術」による「安全神話」と「成長神話」をつくり出した。

以上、戦前から現代に至るまで、戦災からの復興や大震災復興は、国民の生

命と暮らしをまもり農林漁業、中小零細企業を振興することよりも、大企業の利益と開発・成長を優先する経済成長政策を「創造」してきたのであった。

2. 阪神・淡路大震災の「複合的復興災害」

　阪神・淡路大震災の復旧、復興の過程において、「複合的復興災害」が起きたことは注目すべきである。被災者は、大震災直後において「住宅や店舗、工場などの倒壊による圧死や焼死、家族や友人の喪失など」の一次災害を被った。さらに復旧、復興過程における人為的災害、すなわち「避難所、仮設住宅など劣悪で急激な生活環境の変化とコミュニティ崩壊による孤独死、病死など」の二次災害を、そして「創造的復興」における開発・成長優先、その裏面としての生活と生業再建の軽視の過程で、住民の貧困化や地域経済、地域社会の衰退、そして被災自治体の財政危機、市民の公共サービスの低下など第三次災害を被り、これらが重なる「複合的復興災害」がもたらされた[36]。

　図表１のように、地域の生活と経済は、地域経済力とその上に人びとの生活と人口が成り立つ関係にある。また一定の人口が集積しないと、生活関連の産業が成り立たないという関係にある。

　それゆえ、復興財政は、被災者の願いである元の地域での暮らしを再建することを目的として地域経済力を復旧・復興させるべきであった。だが実際は、阪神・淡路大震災の復興委員会の議論を仕切った後藤田正晴氏（元副総理）が、復興は「開発復興」に偏ったきらいがあるとし、「もう少し生活の復旧の議論をすべきだった」[37]と反省したように、「開発・成長」を優先した「創造的復興」であった。

　戦後日本の経済成長は、主に大企業の利潤を求める活動を効率的かつ円滑にすすめるために、道路、港湾、空港などの社会資本を整備してきた。またこれらの公共事業により、土木建設関連の企業の成長にもつながった。阪神・淡路大震災の復興もこの発展方式が踏襲された。

　阪神・淡路大震災の10年間の復興事業費は、直接被害額約10兆円（兵庫県試算）に対し約16兆円（内訳は国６兆円、県２兆円、市町３兆円、復興基金3,500億円で公的資金は11兆3,500億円、その他４兆6,500億円）であった。図表２のように、約16兆円のうち約８兆円余りは、神戸空港、港湾、高速道路、医療産業都市、土地区

画整理事業、市街地再開発事業など、一部の大企業や多国籍企業のためのインフラ整備にあてられた。これらは、震災復興とは直接関係のない大プロジェクトであり、受注できるのは県外の大手ゼネコンやマリコンであって、そのため復興の追加的需要の多くが県外へ流出したのである。一方、被災者の生活再建の基盤となる住宅や福祉、医療などの「福祉のまちづくり」の事業費は約2兆8,400億円に過ぎなかった。

図表1　地域の生活と経済

人口	
生活・住宅・コミュニティ	
人口を扶養する地域経済力	小売・卸業、サービス業、観光業
	製造業、建設業
	農林漁業

図表2　「阪神・淡路震災復興計画」の復興事業費（事業別）

事業名	復旧・復興費	「創造的復興」費	事業費計
(1) 多核・ネットワーク型都市圏の形成	2兆8,800億円	6兆9,500億円	9兆8,300億円（60％）
(2) 既存産業が高度化し、次世代産業もたくましく活動する社会づくり	2兆5,400億円（その内、融資・利子補給関係で2兆5,000億円）	4,100億円	2兆9,500億円（18％）
(3) 21世紀に対応した福祉のまちづくり	2兆円	8,400億円	2兆8,400億円（17％）
(4) 世界に開かれた文化豊かな社会づくり	2,300億円	1,400億円	3,700億円（3％）
(5) 災害に強く安心して暮らせる都市づくり	3,100億円	0	3,100億円（2％）
合計	7兆9,600億円（49％）(2) の融資・利子補給関係を除くと5兆4,723億円	8兆3,400億円（51％）	16兆3,000億円

資料.兵庫県「兵庫県復興企画課」より作成

たしかに震災直後の1994-95年度の補正予算で3.2兆円の災害復旧の公共事業が打ち出され、5年間で約9兆円の公的資金が投下された。その結果、図表3のように95,96年度の神戸市の経済成長率は5‐7％で推移した。ところがそれ以降は、平均してゼロかマイナス成長である。また図表4のように300万円未満の低所得世帯は、1992年と2007年を比べてみると26.1％から38.1％へ増大している。また同年の300万円以上1,000万円未満世帯は、60.9％から50.5％にまで低下し都市中間層の没落が進行している。貧困化の指標である生活保護率（人口1,000人当たり人員）も、図表5のように、1990年の16.8人、大震災の翌年の1996年14.8人と微減し、2000年が19.1人と微増、しかし2005年は26.5人、2010年は26.5人である。とくに震災前から高齢化、人口減少、産業の空洞化などインナーシティ問題を抱えていた激震被災地長田区の増加が著しい。つまり、当初の3年間ぐらいは復興特需があるが、その後に急激に落ち込み住民の貧困化と地域経済の衰退がみられる。

　神戸市の激震6区（東灘区、灘区、中央区、兵庫区、長田区、須磨区）の人口は、図表6のように、震災直後の1995年10月は震災前の1993年10月よりも約14万人も減少した。とくに長田区、兵庫区、須磨区の落ち込みが著しく、15年経った2010年の人口も震災前を回復していない。人口減少は、地域内需要の減少となり地域経済の衰退をもたらしている。これらの地域は、以前から人口減少、少子高齢化が進行していたが、震災後は復興政策の失敗もあってより深刻化し

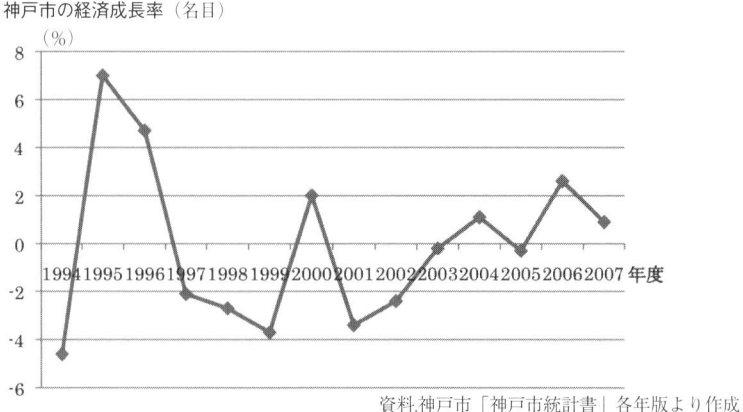

図表3　神戸市の経済成長率（名目）

資料.神戸市「神戸市統計書」各年版より作成

図表4　神戸市民の所得階層別世帯数と割合

	総世帯数（千）	300万円未満世帯（千）	300-600万円未満世帯（千）	600-1,00万円未満世帯（千）	1,000万円以上世帯（千）
1992年	547	143（26.1%）	187（34.2%）	146（26.7%）	71（13.0%）
1997年	546	150（27.5%）	164（30.0%）	143（26.2%）	89（16.3%）
2002年	641	246（38.4%）	194（30.3%）	131（20.4%）	70（10.9%）
2007年	656	250（38.1%）	206（31.4%）	125（19.1%）	75（11.4%）

資料. 総務省「就業構造基本調査」各年版より作成

図表5　神戸市、長田区の生活保護人員率

	1990年	1996年	2000年	2005年	2010年
長田区	49.8	42.4	50.3	68.7	70.0
神戸市	16.8	14.8	19.1	26.5	26.5

資料. 神戸市「神戸市統計書」各年版より作成
単位.人口1,000人当たりの人員

図表6　神戸市激震地区の人口の推移（単位：人）

	1993年10月1日（A）	1995年10月1日（B）	B-A	2010年10月1日（E）	E-A
東灘区	192,056	157,599	△34,457	210,507	18,451
灘区	126,036	97,470	△28,566	133,499	7,463
中央区	112,648	103,710	△8,938	126,388	13,740
兵庫区	119,656	98,852	△20,804	108,339	△11,317
長田区	132,339	96,807	△35,532	101,677	△30,662
須磨区	188,407	176,500	△11,907	167,547	△20,860
合計	871,142	730,938	△140,204	847,957	△23,185

資料.「神戸市統計書」、「国勢調査」

ている。他方、東灘区、灘区、中央区は、市外からの転入者の増加により人口増加に転じ地域の復興格差を生んでいる。

　以上のような住民の貧困化や地域経済の衰退の背景には、新自由主義の「構造改革」にみられる労働層の非正規雇用化や社会保障水準の切り下げ、経済のグローバル化などがあるが、被災地の復旧、復興政策の問題も見逃すことができない。第一に、被災者の生活再建のためには、政治・行政は被災者に寄り添

い、被災者の声に耳を傾け、刻々と変化する被災地のニーズに対応しなければならない。被災者の願いは、「元住んでいたところで生活や営業を再建したい」であった。だが仮設住宅や工場、災害公営住宅などは、遠く離れた山間部の郊外や人工島につくられた。また入居の際に地域のつながりを考慮せず抽選など画一的対応をしたため、いままでのコミュニティが引き裂かれ、仕事場やかかりつけの医者、学校などに行くのに多額の交通費と労力、時間を要し生活が困難となった。以上のような一連の過程のなかで、仮設住宅や災害公営住宅などで900人以上の孤独死が生み出された。被災者の従前の居住地に対する仮設住宅供給の割合は、図表7のように激震6区(東灘区、灘区、中央区、兵庫区、長田

図表7　神戸市仮設住宅行政区別供給状況

	区	建設戸数(A)	仮設住宅入居世帯の旧住宅地域(B)	供給率 A/B
旧市街地	東灘区	1,793	3,305	0.54
	灘区	986	3,418	0.29
	中央区	696	2,239	0.31
	兵庫区	654	3,017	0.22
	長田区	647	4,707	0.14
	須磨区	385	1,930	0.20
	小計	5,161	18,616	0.28
郊外地	六甲アイランド(東灘区)	2,090		
	ポートアイランド(中央区)	3,100		
	北須磨区	1,740		
	垂水区	2,308	289	7.99
	北区	5,838	107	54.6
	西区	8,941	52	171.94
	小計	24,017	448	53.61
	合計	29,178	19,064	1.53

資料.兵庫県「仮設住宅入居者実態調査」1996年、神戸市ホームページ「応急仮設住宅」より作成
注.AとBの数が一致しないのは、Bの兵庫県「仮設住宅入居者実態調査」におけるアンケートに無回答が8,607あったことなどによっている。AとBの差の多くは、旧市街地に住んでいた人々と推測される。

区、須磨区）で28％に過ぎない。長田区は14％と、とくに低くなっている。

さらに「終のすみ家」となる災害公営住宅は、図表8のように46.7％しか従前居住地に戻れず、とくに兵庫区29.7％、須磨区32.3％、長田区40.3％に過ぎない。

第二に、ケミカルシューズ、機械、清酒などの製造業など地域に根ざす産業の衰退がある。図表9のように神戸市の製造業従事者は、1993年の105,159人から2010年の69,441人へと減少し、とくに激震地の長田区の落ち込みが著しい。この背景に、地場・中小零細企業のための仮設工場（1995年）や復興支援工場（1998年）の問題も無視できない。神戸市の仮設工場は、月額500円/㎡で入居日から3年間（その後2年間を限度に更新可能）の条件であった。既成市街地の長田工場（7,905㎡）は、申し込み661件に対し入居企業91社、従業員421人（倍率7.3倍）と絶対数が不足しているのに対し、郊外の西神工場（12,816㎡）は申し込み191件に対し入居企業153社、従業員385人（倍率1.3倍）で地域密着型でないという問題があった。復興支援工場（25,990㎡、1,200－1,800円/㎡・月）も同様の問題を抱えていた。地場・中小零細企業が、震災の痛手から営業再建するのに地域型の仮設工場、復興支援工場の絶対数が

図表8　神戸市における災害公営住宅の従前居住地への入居率

区	従前居住地への入居率（％）
東灘区	41.1
灘区	48.3
中央区	53.1
兵庫区	29.7
長田区	40.3
須磨区	32.3
垂水区	67.5
西区	55.9
北区	52.0
全体	46.7

資料.兵庫県『災害復興公営住宅団地コミュニティ調査』2003年より作成

図表9　神戸市の製造業

		1993年	1995年	2010年
神戸市	事業所数	4,200	3,308	1,859
	従業者数	105,159	88,207	69,441
長田区	事業所数	1,534	1,107	483
	従業者数	18,883	13,645	7,307

資料.神戸市「神戸市統計書」各年版。2010年は「神戸市統計報告」平成23年版、NO.3より作成
注.従業員4人以上の事業所を対象。

足りなかったのである。インナーシティ地域のケミカルや機械業などは、地域のネットワークの協力で製品開発を行っていたため、郊外に工場が移転することはネットワークの強みが活かされず、多額のコストとあいまって競争力低下を招き地域経済を衰退させた。

　地域に根ざした商業やサービス業も疲弊している。神戸市と神戸商工会議所の調査によれば、運営団体数は図表10のように、1993年には商店街259、小売市場104だったが、2008年は商店街223、小売市場55で、計85団体が消えている。地域別の減少数は、灘区20団体、長田区16団体、中央区12団体、東灘区11団体であり、この間の復興政策が有効でなかったことを示している。

　第三に、被災者は、住宅や家財、そして仕事も失っているため、生活再建のための公的資金の支給など強力なサポートが必要であった。だが国や兵庫県、神戸市は「私有財産制度に抵触する」との理由で認めなかった。そのため自営業や雇用者などの被災者は、「自立・自助」を強いられ生活再建が困難となり都市中間層の没落と貧困層の増大が進んだ。

　第四に、大震災の2カ月後に、多くの住民の反対を押し切って強行された都

図表10　団体数の区別増減状況

	商店街		小売市場		合計			
	1993	2008	1993	2008	1993	2008	増減	％
	A	B	A	B	A	B	B-A	B/A
東灘区	9	10	18	6	27	16	-11	59%
灘区	34	22	14	6	48	28	-20	58%
中央区	85	74	9	8	94	82	-12	87%
兵庫区	34	30	15	10	49	40	-9	82%
北区	15	13	5	2	20	15	-5	75%
長田区	32	23	14	7	46	30	-16	65%
須磨区	22	22	12	7	34	29	-5	85%
垂水区	21	23	14	8	35	31	-4	89%
西区	7	6	3	1	10	7	-3	70%
合計	259	223	104	55	363	278	-85	77%

　　　資料.神戸市・神戸商工会議所『神戸市商店街・小売市場概況調査結果』2008年12月。2008年
　　　2月から9月の調査で、市内の商店街223、小売市場55団体、計278団体の代表者にアンケー
　　　ト用紙を配り、聞き取りも行い、234団体≪回収率84.2％≫が回答）

市計画（土地区画整理、都市再開発）の問題がある。都市計画を決定した理由は、行政の責務が、安全で安心に暮らせる市街地を形成すべく、広い道路、公園、避難路などを創出する「創造的復興」、すなわち災害に強い「防災モデル都市」をめざすことであった[38]。だが生活の基盤である住宅や仕事の再建は、当時の兵庫県知事や神戸市長の「住宅・生活再建のための公的補償は私有財産制度に抵触する」との判断に示されたように被災者の自己責任とされた。さらに都市計画決定された事業区域内は、建築基準法、土地区画整理法に基づき建築制限が課される。自分の土地であるからといって建物を自由に建てることができず、仮換地など土地の区画決定に何年もかかり、住宅・生活と営業の再建を急ぐ被災者の足かせとなった。区画整理事業区域は、5年経過しても自分の土地が確定しない人が5割強にも達したのである[39]。

　被災者の自己責任論は、家族を失い、住宅や生業手段等の財産を失くした被災者を、きわめてきびしい状況に追い込む。さらにその上に自己責任の基盤である住宅・生活と生業の再建のための建築までが制限されたことは二重の負担を強いるものであろう。本来、地方自治体は、憲法、地方自治法に規定されているように、住民の生命と暮らしを守り福祉を増進することを目的としていたはずだ。

　区画整理によるまちづくりは、所有地の一部を道路や公園に提供する減歩を強いられるが、まちが整備されることによって土地の評価額が上がるという経済原則を前提としている。しかし、バブル崩壊と大震災による地価の大幅な下落傾向にもかかわらず、この事業を強行したことも問題をこじらせた。計画地域は、広い道路と高層ビル、規格化された住宅の建設が進んだが、被災者が自主的に住宅や店舗を再建することができず、零細な地権者や借家人は街から追い出された。また自営業や零細企業も、倒産や廃業に追い込まれ、被災地の人口減少と地域社会、地域経済の活力を弱めた。ケミカルや機械、金属などの下請け職人や小売業者などは、長田区など下町の借家などで暮らしていたが、仕事を失い郊外の仮設住宅や災害公営住宅などに転居せざるをえなくなったことは、生きる支えとコミュニティを失い孤独死の温床ともなった。

　阪神・淡路大震災で注目された孤独死は、三つの特徴があった。①一人暮らしの無職の男性、②年収100万円前後の低所得、③慢性の疾患を持病としてい

る。つまり仕事がなく孤立し慢性疾患が相乗する低所得者であった[40]。

　仕事がなく生活再建が困難なことが、被災者を追い詰めることは東日本大震災においてもみられる。東日本大震災から半年以上経ち、復旧復興が進む一方、生活再建から取り残される「孤立する被災者」の問題が顕在化しつつある。特に懸念されるのが心の問題で、内閣府が震災の影響で自殺したと認定する「震災関連自殺」は4カ月で38人に上る。宮城県東松島市の保健士らによる被災者1,230人の相談調査によれば、心の深刻な問題は、津波被害を受けたとか家族を亡くしたという要因で決まるのでなく、むしろ失業や住宅再建などの経済問題が92％にも達した[41]。以上のように、復興まちづくりにおける安全で安心な暮らしは、暮らしの基盤である住宅と仕事を保障することであり、そのための支援を行うことが行政の責務であろう。

　復興まちづくりにおいて建築制限する場合、公共の責任によって被災者がその地域で住み、生活し、営業できる仮設住宅・工場・店舗・医療福祉施設など仮設市街地が必要なのではないか。それができない場合、建築制限を画一的にすべきでない。なぜなら被災者の願いは、元の地域に戻り暮らすことであり、被災者こそ復興まちづくりの主人公だからだ。

　さらに同都市計画に基づくJR新長田駅南地区開発事業も深刻である。この事業は、面積20ヘクタール、総事業費2,710億円、44棟もの高層の商業ビルやマンションなどを建設する大規模な公共事業である。2009年度末までに28棟が完成したが、地価下落、利用者低迷で、店舗や業務用の4万1,500平方メートルのうち売れたのは20％の8,350平方メートルに過ぎない[42]。たしかにまちの建物や外観は近代化されたが、ほとんどの店舗で経費に見合う売り上げが上がっていない。シャッターが閉まった店舗が点在し街は死んでいる状態である。大規模な再開発事業は、完成までに時間がかかるため営業の再建を急ぐ被災者のニーズに合致せず、また維持管理費が高くつくため被災者に重い負担となった。

　もともとこのまちは、ケミカル産業などを基盤とした住・商・工の混合地域であった。高齢者や低所得者も多い下町で、庶民のエネルギーが活力の源だった。しかし、再開発事業の商業不振は、この地域を支えていたケミカル産業の復興に失敗し、人口減少などで地域の消費需要が衰退しているにもかかわらず、商業ビルを大量に供給してしまったことにある。さらに下町の地域に根ざした

生活文化が軽視されたことも都市再生の足かせとなった。

　またこの地域には、戦災と震災に耐えた公設市場の防火壁、いわゆる「神戸の壁」が残り、「震災の生き証人」として学習型の新しい観光スポットになる可能性があった。壁は昭和２年ごろに建てられ、歴史的文化遺産ともいうべきものだ。美術家の三原泰治氏によると、壁の前の広場は、市民の集いや芸術家のパフォーマンスの舞台として活用されていた。市に保存を求めたが、市は再開発を行うこの地域に壁を保存する意思はなく、結局、淡路島に移転された。

　この地域の復興まちづくりは、被災者の意思やニーズを尊重し、ケミカル産業などの復興をもとに、高齢化に対応した公営住宅、介護・医療、文化施設など、住民が助け合う福祉型まちづくりが必要だった。地域の個性と身の丈に合ったコミュニティが求められたのである。

　以上、道路、港湾、空港などのインフラが復興したとしても、「人間復興」すなわち被災者の生存の機会の復興である生活、営業、および労働機会と、その基盤である地場産業と地域に根ざした産業の復興が成功しなければ、被災者の生活再建と被災地の再生ができないのである。

V　東日本大震災の「新自由主義の創造的復興」と「複合的復興災害」

1．政府と日本経団連の「創造的復興」

　政府の東日本大震災復興対策本部は、2011年7月に「日本経済の再生なくして被災地域の真の復興はない」との「復興の基本方針」を打ち出した。「日本経済の再生」には、政府の「日本再生戦略」を被災地の復興に生かすことであり、「被災地域の復興は、活力ある日本の再生の先導的役割を担う」という。政府の「日本再生戦略」（2012年7月31日閣議決定）に決定的な影響を与えたのが、日本経団連の「成長戦略2011」（2011年9月）であろう。それは、「原子力発電所を速やかに再稼働させる」、「TPP交渉に早期参加」、「規制緩和を行う」、「消費税率の大幅引き上げ」、「法人税率をさらなる引き下げ」、「派遣などへの労働規制強化の動きを改める」との方針である。

　たしかに東日本大震災の復興は、大災害など社会の危機を契機として、新たな市場の創出と成長を実現するための「災害資本主義」の方向を強めている。

「災害資本主義」とは、ナオミ・クラインが創りあげた概念で、新自由主義思想の代表であるミルトン・フリードマンの、市場主義のための「真の変革は危機状況によってのみ可能となる」との考え方を発展させたものである。クラインによれば、災害（ディザスター）は、戦争や経済危機、自然災害（地震）などの社会的危機状況を意味する。為政者は、危機における社会不安や恐怖などの「ショック」状況に乗じて、人権や民主主義を制限し市場主義的改革を強行する。フリードマンらのシカゴ学派の新自由主義思想は、チリのアジェンデ民主社会主義政権をクーデターで打倒したピノチェト独裁政権と「言論抑圧と所有者社会、社会保障の民営化」、中国の天安門事件と資本主義的展開、イラク戦争やハリケーンカトリーナと自由競争による復興、公共事業の民営化などに具体化されている。ナオミ・クラインは、このようなショック・ドクトリンを「災害資本主義」と呼んだのである[43]。

2. 宮城県の「創造的復興」

　注目すべきは、村井嘉浩宮城県政の復興ビジョンが、「災害資本主義」の性格を有する「創造的復興」を打ち出していることである。村井知事は、「私は道州制論者……道州制が進めば、復興もかなり早く進む」[44]と、究極の「構造改革」である道州制を強調する。そして「水産業特区」によって民間企業の関心を三陸沖に集め、民間投資を呼びやすくし、「住宅の高台移転と職住分離、土地利用の規制緩和」、「復興財源として増税を打ち出す」。さらに「時間をかけて議論し一人一人の意見を聞いて、というわけにはいかない。スピードが大事」[45]とトップダウンの権威的な行政姿勢である。

　宮城県の震災復興計画を策定する「復興会議」は、委員12名で構成されるがそのうち県内在住者委員は2名に過ぎない。委員の大半は、野村総合研究所顧問や三菱総合研究所理事長など首都圏在住者である[46]。村井知事は2011年4月25日の記者会見で、「地球規模で物事を考えているような方に入っていただいて、大所高所から見ていただきたいと考えた」と語っているように、復興の主人公であるべき被災者と被災地を欠いた計画なのである。

　宮城県の復興計画は、以下のような問題を持っている。第一に、仮設住宅は、災害救助法にもとづき都道府県が事業主体となり建設する。その場合、被災し

た市町村の公有地に建てることが原則で、住宅の仕様も決められている。建設費用は国が負担する。宮城県は、この画一的な規定を遵守し次のような原則を掲げ建設を進めた。用地は、ある程度まとまった戸数が確保できる公有地であること、水道などのインフラ整備に時間と費用のかかる土地や、津波で冠水した土地は除外する、というものであった。

しかしこのような条件は、広い土地に大量に建設するため安上がりとなるが、被災地から離れた内陸部にしか見当たらず、「元住んでいた地域やその近くに仮設住宅を」という被災者の願いやニーズに応えることができない。これは、大量の輸入材によって建設するプレハブ建築協会の要望とも合致するものであるが地元経済の波及効果は少ない。

一方、岩手県は宮城県とは対照的で、住民が自治体にとって最大の活力源と、できるだけ被災地域内に仮設住宅を建てるべく知恵を絞っている。「海をもと

図表11　岩手県と宮城県の仮設住宅の建設スピード

	必要戸数	着工第1号	5月末時点の発注率	5月末時点の完成率	完成見通し
岩手県	約1万4,000戸（5月31日）	3月19日	94.7%	49.7%	7月下旬
宮城県	約2万3,000戸（5月31日）	3月28日	65.0%	49.5%	不明

資料.国土交通省住宅局「応急仮設住宅着工・完成状況」2011年5月31日現在、岩手県建築住宅課のヒアリング（2011年7月1日）、相川俊英『週刊ダイヤモンド』2011年6月4日号。

図表12　異なる仮設住宅への取り組み

	用地	着工	事業者	被災地の建築制限、建築基準法84条、特例法
岩手県	民有地（有償含む）も対象	可能になり次第（市町村取り組み尊重）	プレハブ建築協会1万1,500戸、地元公募募集者2,500戸	指定なし
宮城県	公有地限定（その後民有地も可）	地域バランス（市町村の足並み揃える）	プレハブ建築協会のみ2万3,000戸	指定あり

資料.国土交通省住宅局「応急仮設住宅着工・完成状況」2011年5月31日現在、岩手県建築住宅課のヒアリング（2011年7月1日）、相川俊英『週刊ダイヤモンド』2011年6月4日号。

に発展した地域なので、遠くに仮設住宅を造っても住民は移りたがらない」。「公有地だけでなく有償借り上げの民有地、造成費のかかる土地も可とする」。いずれも国庫補助の対象外であるが、地域内に仮設住宅を早く建てることを最優先したという。その後、国もこの岩手方式に注目し、民有地の借り上げを認め、土地の借料も国庫補助の対象とし、さらに必要な造成費や用地の原状回復費も国庫補助の対象とする通達を出す[47]。岩手県は、被害の多い地域から仮設住宅を建設し、地域の活性化と建設後のメンテナンスを考慮して地元の建設業者にも発注している（図表11、12）。

　第二に、厚労省の調査によれば、宮城県は仮設住宅の住環境改善の取り組みに関してほとんど手つかずである。風除室の設置については、福島県の実施率（実施見込みを含む）が82.4％、岩手県で28.9％に対し宮城県は1.7％に過ぎない。断熱材追加でも岩手県28.6％、福島県7.3％に対し宮城県は0％。二重ガラス化でも岩手県42.8％、福島県11.5％に対して宮城県0％である[48]。以上のような県の差異は、被災者の生活再建の成否に重大な影響を及ぼすであろう。

3. 東日本大震災の「復興災害」

　東日本大震災の復興は、次のような「復興災害」をもたらす危険性がある。第一に、「平成の大合併」で広域化した自治体が、はたして復旧、復興の課題を遂行できるのかという問題である。大震災の半年後に毎日新聞が実施した被災地首長アンケートによれば、復興に向けた最大の障害・課題は、「自治体の事務能力や人員の限界」である。宮城県石巻市の亀山紘市長は「今後は一層、膨大な事務量が発生し、現在の市職員体制では復興事業の執行は実質的に不可能」という。石巻市は死者・行方不明者が計3,832人（2011年12月7日現在）に上り、市町村単位では最大の5,654ha（国土交通省調べ）が浸水した。だが復興を担う市職員は約1,700人にすぎない。震災直後から関西広域連合などを通じ、他自治体の職員延べ約5,890人が応援に駆けつけた。しかし、復興事業が本格化するなかで人手不足は深刻である。とくに、住宅の高台移転や土地区画整理事業を進める土木系の技術職員や、仮設住宅を回る保健師の不足が際立っている。市と県の試算を合わせると不足要員は241人に上るという。

　市の復興計画で見込む総事業費は10年間で約2兆円に対し、一般会計予算

規模は年収約700億円にすぎない。市は2012年度に職員定数増員を検討する方針だが、人件費増がたちはだかる。公共事業削減が進むなか、各自治体とも技術職員を減らしてきた。「ただでさえ少ない専門職員を長期派遣してもらうのは厳しい」(市建設部幹部)現実があり、人手不足を解消する妙案は見あたらない[49]。

　人員不足は、2005年4月の旧石巻市と雄勝、牡鹿、北上、河北、河南、桃生の6町の合併にまでさかのぼる。石巻市は、合併時の人口は宮城県内では仙台市に次ぐ約16万9,000人。合併後の行政改革で、職員と議員の定員削減、支所・公民館の統廃合、保育所の統廃合と民営化、中学校や給食センターの統廃合、ゴミ収集業務の民間委託、本庁を含めた組織のスリム化などが進められた。そのため職員は、合併前の2,111人から合併後は1,717人へと394人も削減され、特に旧町は859人から469人に390人も削減された(図表13)。議員も127人から32人へ大幅に減少している(図表14)。

　1995年に地方分権一括法により合併特例法の改正が行われ、合併特例債などの財政支援措置がなされる一方で、地方交付税の大幅な削減(地方交付税へ

図表13　石巻市の合併前後の職員数

職員数	石巻市(本庁)	河北町(支所)	雄勝町(支所)	河南町(支所)	桃生町(支所)	北上町(支所)	牡鹿町(支所)	合計
2004年4月1日	1,252	172	129	188	101	98	171	2,111
2011年4月1日	1,248	94	62	109	59	50	95	1,717
比較	▲4	▲78	▲67	▲79	▲42	▲48	▲76	▲394

出所.石巻市役所人事課資料より作成

図表14　石巻市の合併前後の議員数

議員数	石巻市	河北町	雄勝町	河南町	桃生町	北上町	牡鹿町	合計
2004年4月1日	29	20	14	20	16	14	14	127
2011年4月1日	32							32
比較								▲95

出所.石巻市議会事務局資料より作成

の依存度の高い小規模自治体にとって打撃となった）などアメとムチによる政府の強力な市町村合併が推進された。

　平成の合併の結果、1999年3月31日に全国で3,232であった市町村は、2010年3月31日には1,727と約半数にまで減少した。被災地宮城県も71市町村から35市町村に51％も減少している。岩手県は59市町村から33市町村に44％、福島県は90市町村から59市町村に34％減少している。

　筆者は、2011年5月4日から6日まで石巻市雄勝町を訪れた。雄勝町は、リアス式海岸の豊かな漁場と青い海の美しい町であった。この地形が、津波による被害を拡大した。津波が湾内に入ると急激に高まり甚大な被害を出した。震災前2010年の雄勝町の人口は3,994人で、65歳以上人口39.4％、乳幼児1.5％と少子高齢化が進んでいる（図表15）。

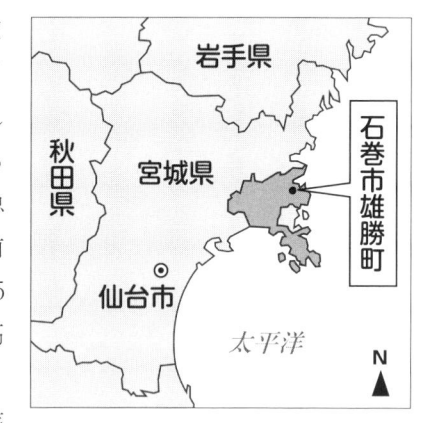

　雄勝町は、漁業、養殖業、水産加工業の他、硯は600年の伝統を誇る伝統工芸で日本一の生産量である。雄勝スレートは国の重要文化財の東京駅の屋根材として使われている。水産業は、図表16のように1965年の2,448人から2010年の410人に減少している。硯など第二次産業も同年の725人から327人と減少している。町内に10カ所ほどあった硯工場は津波に流され、硯職人も9人から6人に減っている[50]。

　雄勝町の小さな漁村である名振地区の人口は165人、7割が65歳以上の高齢者である。南アメリカのエビ漁やカツオ、マグロ船などの元船員と年金生活者が多数を占める。現在は、沿岸漁業で生計を立てる。この集落は、ウニ、アワビ、ワカメの養殖、底引き網（カツオの餌となるイワシ漁）、刺し網（雑漁）の漁業のもとでコミュニティが成り立っていた。地区の共有財産として禁漁区をもうけ、年間約1,000万円の収入を見込む漁業を営む。この財産によって、漁業に必要なクレーンや機械設備、そして冠婚葬祭や祭り清掃の費用にあてる。豊かな自然が地区の資源。宝の海。地区は、東、中、西、小浜の4組で構成され

図表15　雄勝町人口（人）

	雄勝町人口	雄勝町名振地区人口
1960年	11,179	941
1995年	5,840	357
2010年	3,994	165

資料.「国勢調査」より作成

図表16　雄勝町産業別人口

	水産業	農業	第二次産業	第三次産業	合計
1965年	2,448	121	725	892	4,186
2010年	410	7	327	834	1,578

資料.「国勢調査」より作成

人と人とのつながり、助け合いを大切にしてきた。

　まちの復興には、生活の糧となる仕事と、食料品や日用品を提供するコンビニや商店、郵便局（銀行業務も兼ねる）、学校や病院が必要である。雄勝町は漁業の再建が求められるが、宮城県は名振など字単位の漁港を廃止し大規模な漁港に集約する方向である。これではコミュニティ単位で成り立っていた漁業の経営が困難となる。さらに雄勝町と他の被災地との決定的な違いは、唯一の病院であった雄勝病院が被災し、震災前からいた医師2人とスタッフ24人が死亡し、震災で市立雄勝病院や民間診療所のすべてが全壊し無医地区となったことである。住民の強い願いにより、2011年10月に医師1人（内科専門医師の不在）、看護師3人、事務職員1人の5人体制の診療所が開設したが、震災以前の医師2人、歯科医1人、看護師などスタッフ37人の病院と比べると、脆弱な体制の運営となっている[51]。

　少子高齢化が進行した地域は、病気やけがをする割合が高くなるにもかかわらず合併や大震災によって医師やスタッフ不足によって縮小され、地域そのものの存亡が危惧されるに至っている。雄勝町のような風光明媚で豊かな漁場、そし

て硯などの伝統工芸を有する個性ある地域文化が失われようとしているのだ。

　以上のような、地域や漁業、病院などの再建の障害となっている大きな要因が合併である。旧町単位で設置された総合支所は、合併前に比べ大幅に少ない職員が震災対応を迫られ、被災者の意思やニーズが市や県に反映されにくいという問題をもたらした。雄勝町の総合支所長は、市の中間管理職であり雄勝町民から選出されていないため、町民の立場より市の立場で行動しがちである。

　石巻市も、市域が広域化しているため、被災者の意思やニーズを十分に把握できず、県に反映することも困難であった。さらに被災者が、生活再建するためには役所に出向いてさまざま申請をしなければならないが、問題となるのが役所が遠い、自治体職員がいない、だから申請行為ができない、という事態である。

　第二に、復興まちづくり、とくに職住分離と高台移転の問題である。

　①高台のニュータウンは、山を削り森林を伐採するためる環境破壊をもたらす。また山地での宅地造成は、内陸部の地震による山津波や集中豪雨による土砂災害、造成地崩落など安全上の問題がある。

　②もともと被災地の漁村は、住まい・生活と漁業とが一体となった職住近接のコミュニティを形成していた。漁師は、そこの海と土地とともに生き大切な食料をつくり、生きがいとアイデンティティを感じてきたのである。高台移転による職住分離は、コミュニティの崩壊と生活スタイルの急激な変化など被災者に過度のストレスを与える。

　③高台のニュータウンや人工基盤を造成する復興は、「災害に強いまちづくり」として土地区画整理方式が採用される。たとえば宮城県は、乱開発を防ぐために東日本大震災で創設された「被災市街地における建築制限の特例に関する法律」にもとづき、図表17のように4市3町（気仙沼市、石巻市、東松島市、名取市、南三陸町、女川町、山元町「追加指定」）を8カ月間の建築制限地域に指定した。ただし石巻市は、人口が多く建築主事を置いており、市の権限で制限をかけることができるため、区域を市が独自に指定している。制限区域は、総面積1,859.8haで阪神・淡路大震災5市1町14地区の337.1haの5.5倍の広さである。8カ月後の11月に建築制限は解除されたが、街区の早期形成や危険地域の住宅建設禁止を盛り込んだ各市町の復興計画に基づき建築制限を継続させている。

震災復興における秩序あるまちづくりは、被災者の自主的な建築を制限し、完了まで長い期間を要する。そのため、被災者が自分の住宅や店舗、工場を再建できず元の生活や営業を再建できなくなる。実際、建築基準法に基づく建築制限を実施している宮城県内7市町の被災者や事業者の間に困惑が広がっている。新築や改築が禁止され、工場や商店の再開に見通しが立たないのである[52]。そのためか、郊外の大型店は復興需要で活況を呈するが、中心市街地の商店街は廃業する業者が続出している。このように事態は、阪神・淡路大震災の復興における性急な都市計画事業が、被災者の生活と営業の再建と矛盾した現実をもたらしたことからも推察される。

　建築制限する場合、復興まちづくりにおいて重要なことは、公共の責任によって被災者がその地域で住み生活し営業できる仮設住宅・工場・店舗・医療福祉施設など仮設市街地が求められる。それができない場合、建築制限を一律に実施すべきでない。なぜなら被災者の願いは、元の地域に戻り暮らすことであり、被災者こそ復興まちづくりの主人公だからだ。

　その点、岩手県は、建築基準法による建築制限を実施していない。津波浸水地域で危険な区域を建築基準法39条の「災害危険区域」に指定して建築制限を適用する条例を市町村に求めている。しかしそのような条例を制定した市町村はなく、事実上、個人の建築は自由である。

　④土地区画整理や住宅の高台移転政策の実現可能性の問題である。宮城県

図表17「東日本大震災により甚大な被害を受けた市街地における建築制限の特例に関する法律による建築制限区域」

市町村	市町村面積 (ha)	特例法指定 (ha)	制限区域の比率
気仙沼市	33,337	465.1	1.4%
石巻市	55,578	549	1.0%
東松島市	10,186	162.3	1.6%
名取市	10,006	102.7	1.0%
南三陸町	16,374	175.7	1.1%
女川町	6,579	206.9	3.1%
山元町	6,448	198.1	3.1%
合計	82,930	1,859.8	

資料．宮城県土木部建築宅地課、2011年6月30日

は、図表18のように、人口61万人を擁する県内沿岸7市5町内の85地区と、被災市街地復興土地区画整理事業26地区、高台への防災集団移転促進事業59地区の復興まちづくりの基盤整備費を2兆1,079億円と試算した。国の負担8,064億円（38％）、県の負担3,983億円（19％）に対し、市町村の負担が8,591億円（41％）と、12市町の2010年度当初予算2,158億円の4倍にも達している。

　これは、現行の土地区画整理事業制度が国の補助率50％、防災集団移転促進事業の補助率75％で、いずれも限度額が設定されているためである。政府は、2011年度第3次補正予算案で用地造成費は全額国負担とし、地方負担をなくす方針である。だが現行の「防災集団移転促進事業」では、国の補助上限が1戸当たり1,655万円であるため、約2,400の対象世帯がある仙台市では、被災者の自己負担が3,000万円に達するといわれている。

　とくに国による被災地の土地の全面買収については、「公的負担で利用価値の乏しくなった土地を取得するという難点と、被災地が他の地域に移転した場合、地域の再生や復興には直接つながらないという難点がある」（復興構想会議「復興への提言」）と消極的である。また「復興特区」制度は、住宅の高台移転などの再開発事業を担う不動産開発業者に対する低金利融資や法人税の免除、農地の宅地転用等土地利用規制の大幅緩和が計画されている。これらは、民間

図表18　宮城県の復興まちづくりの基盤整備費の試算

（億円）

事業名	総事業費	国負担 （　）割合	県負担 （　）割合	JR等 （　）割合	市町村負担 （　）割合
被災市街地復興 土地区画整理 （1,640ha,28,800戸）	5,850	1,681（28％）	26（1％）	48（1％）	4,095（70％）
防災集団移転 促進事業 （772ha,13,900戸）	4,250	1,420（33％）			2,830（67％）
国道・県道・ 市町村道	3,223	1,289（40％）	558（17％）		1,376（43％）
JR線	720	168（23％）	151（21％）	393（55％）	8（1％）
防災緑地等	7,036	3,506（50％）	3,248（46％）		282（4％）
合計	21,079	8,064（38％）	3,983（19％）	441（2％）	8,591（41％）

資料．宮城県知事村井嘉浩委員の復興構想会議に提出した資料

大資本を支援して被災地を儲けの対象にするが、いままで暮らしていた高齢者、低所得者、中小零細業者など社会的弱者は住めなくなり、人口減少と地域衰退を招く危険性がある。そもそも宮城県知事のトップダウンによる、広範囲にわたる建築制限区域の指定と土地区画整理方式が、大震災の復興計画にふさわしいものなのか再考すべきであろう。

　問題の核心は、今回の地震と津波被害から住民の生命と財産を守るためのまちづくりをどう構想し計画するかである。かつて柳田国男は、明治三陸大津波（1896年）から25年後に三陸地方を旅し「雪国の春」を著した。安全のために「元の屋敷を見捨てて高みへ上った者は」経済的利便性を欠いたために「それ故にもうよほど以前から後悔して居る」。「之に反して夙に経験を忘れ、またそれよりも食ふが大事だと、ずんずん浜辺に近く出た者は、漁業にも商売にも大きな便宜を得て居る」[53]と述べ、住環境の安全性と経済の矛盾を指摘した。

　最も重要なことは生命を守ること、つぎに財産を保全することである。「津波が来ても被害を受けない」巨大な防潮堤のまちづくりは、今回の想定外の自然災害で脆くも崩れ去った。むしろ大切なのは、「いつでも避難できるまちづくり」であり、財産を失っても生命を守るまちづくりである。災害で失われた財産は、立法政策によって回復可能である。それゆえ高台移転を一律に否定するわけではないが、地域の伝統や暮らし方、住民の意向など実情にあったまちづくりを構想・計画することの方が現実的であり復興への近道であろう。その場合、住民に寄り添い信頼されるプランナー、弁護士、大学研究者などによる中間支援組織と、被災市町村の意向を尊重した国や県の全面的な支援が求められることはいうまでもない。

　第三に、中小企業庁管轄の「中小企業等グループ施設等復旧整備補助事業」の問題である。対象となる経費は、東日本大震災により損壊若しくは滅失または継続して使用することが困難になったもののうち、中小企業等グループが復興事業計画に基づき事業を行うのに不可欠な「施設・設備を復旧するのに要する経費」である。補助率は国1/2以内、県1/4以内、自己資金1/4以上である。同事業は、活用の仕方によれば被災地経済の復興に寄与する。なぜなら中小企業は、地域の経済や社会において重要な役割を担っているからだ。今回の大震災でも、地域住民の暮らしを支えるなど中小企業の重要性が再認識された。中

小企業は、わが国の企業数の99.7％、雇用の約70％を占め、その割合は人口規模の小さい市町村で高いのである。

　日本銀行仙台支店の調査によれば、電子部品や輸送機械など生産設備が内陸部に集積している業種などは、6月には震災前の9割以上の水準にまで回復している。一方、鉄鋼や紙・パルプは、沿岸部の主要生産設備が津波により甚大な被害を受けた影響から、他の業種に比べ回復が遅れている。また宮城県の食料品の生産指数も6月段階で46.1％しか回復していない[54]。

　宮城県の2011年度の同補助事業は1,164億円で、内訳は、（1）サプライチェーン型（当該中小企業等グループ外の企業や他地域の産業にとって重要な役割を果たしている）が81億円（7％）、（2）経済・雇用効果型（事業規模や雇用規模が大きく、県内の経済・雇用への貢献度が高い）が23億円（2％）、（3）地域に重要な企業集積型（県内の一定の地域内において、経済的・社会的に基幹となる産業群を担う集団であり、当該地域における復興・雇用維持に不可欠）が372億円（32％）、（4）水産（食品）加工業型（地域資源、農林水産資源を活用する産業群であって、当該中小企業等グループ外の企業や他地域の産業にとって重要な役割を果たしていること、または、県内の一定の地域内において、経済的・社会的に基幹となる産業群を担う集団であり、当該地域における復興・雇用維持に不可欠）が675億円（58％）、（5）商店街型（地域住民の生活利便や消費者の買い物の際の利便を向上させ、地域の人びとの交流を促進する社会的機能を有する）が12億円（1％）である。同補助事業は、図表19のように、申請件数527に対し採択が61と12％、補助金要望額4,031億円に対し決定額1,164億円と29％にすぎず、補助金の絶対額があまりにも少なく、被災地の中小企業の再建に十分に貢献していない。

　さらに復興には、早急な立ち上がりが必要であるが、一次での支援は、図表20のように「地域に重要な企業集積」や「水産（食品）加工業」よりも、グローバル企業や大企業の部品生産のサプライチェーンを優先している。同事業は、募集期間がきわめて短く、短期間のうちにグループをつくって事業計画を作成して提出しなければならない。小さな事業所が外される一方で資本金1,000億円を超える大企業が含まれるなどの問題がある。

　第四に、「新自由主義の創造的復興」の象徴というべきものがTPPである。TPPは、「ヒト、モノ、カネ、サービス」の移動の自由化、つまり貿易の自由

図表19　宮城県「中小企業等グループ施設等復旧整備補助事業」

申請期間	申請件数	採択件数	採択事業者	補助金要望額	補助金決定額
1次（6月）	217	14	64	1,250億円	65億円
2次（9月）	146	16	192	802億円	58億円
3次（10-11月）	164	31	816	1,979億円	1,041億円
合計	527	61	1,072	4,031億円	1,164億円

資料．宮城県 経済商工観光部 新産業振興課資料より作成

図表20　宮城県の機能別「中小企業等グループ施設等復旧整備補助事業」

申請期間	機能型	グループ件数	事業者数
1次	サプライチェーン	7	23
	経済・雇用効果	2	14
	地域に重要な企業集積	3	16
	水産（食品）加工業	2	9
	商店街	0	0
2次	サプライチェーン	9	21
	経済・雇用効果	0	0
	地域に重要な企業集積	2	17
	水産（食品）加工業	2	54
	商店街	3	79
3次	サプライチェーン	8	55
	経済・雇用効果	1	4
	地域に重要な企業集積	13	376
	水産（食品）加工業	7	367
	商店街	1	14

資料．宮城県 経済商工観光部 新産業振興課資料より作成

化だけでなく、金融サービス（保険、証券関連を含む）の貿易や投資の自由化、すなわち「経済的規制」の撤廃・緩和と「社会的規制」の撤廃・緩和を進めるものである。

　TPPは、1990年代初めの「日米構造協議」における米側の主張（日本の制度をアメリカ並みに変えよ）と同じスタンスである。それは、「米国の自由貿易協定（FTA）」をモデルとするもので、外資系多国籍企業を国内企業と同等に扱

第二章　東日本大震災と地域再生

わなければならず、多国籍企業の投資家の利権の保護などを押しつけられる危険性を内包している。具体的には、農林水産省の試算でも、TPP参加で関税ゼロになれば、食糧自給率は40％から13％に低下（農水省試算）する。さらに食品の安全基準（残留農薬、食品添加物、遺伝子組み換え作物の表示義務など）の緩和、「医療・教育・福祉・保険・郵便などの分野」、公共事業の入札などの規制緩和と競争原理がもちこまれる。そうすれば国民皆保険制度の崩壊、TPP加盟国から外国人労働者流入による失業増大、環境規制の緩和による環境破壊のおそれがある。とくに甚大な被害を受けている被災地の農漁業は、さらなる打撃で壊滅する可能性が高い。

　第五に、「水産業集積拠点の再構築、漁港の集約再編及び強い経営体」は、地元の漁業者や漁協を優先した漁業権と、かれらによる漁業資源の共有管理の仕組みを解体し、法人が漁業できる制度をつくり競争させようとするものである。「特区」制度によって民間企業にも漁業権を与えることで、「効率性」を優先した経営が行われ、漁業資源を食い荒らし、その利益は本社のある東京などに還元される。もし利益が上がらなければ地域を撤退してしまう。また地元の漁業者は、長年培ってきた職人技が生かされず、自立性や意欲がそがれ、競争で淘汰され廃業に追い込まれる危険性が高い。また「広域的で大規模な土地利用や効率的な営農方式の導入」や「法人化」は、農地を大資本の営利企業に経営を委ねる方針で、零細農家や有機農業家などは駆逐されるであろう。

　以上、「新自由主義の創造復興」は、被災者と被災地を置き去りにした市場主義を推進するため、働く場と大幅な人口の減少をもたらし、地域そのものが消滅する「複合的復興災害」を引き起こす危険性が高い。

Ⅵ 「創造的復興」思想の源流 ――「産業主義」

　いままで検証してきたように「創造的復興」には、「開発主義」と「新自由主義」があり、いずれも「産業主義」という源から発し開発・成長を指向している。村上泰亮によれば、「産業主義」は人間が自然を把握し征服できるし、それが正しくもあるという信念である。それゆえ「産業主義」は、単なる制度変革ではなく定着農耕の開始や有史宗教の誕生と同じスケールの人類思想であ

り、それだけ根が深い問題なのである[55]。

また「産業主義」は、デカルト主義的な世界認識に象徴される西欧的近代の基本テーゼであり、人間中心的な近代科学への信頼と軌を一にし、現在では一人当たり生産ないし所得の持続的成長を目的としている[56]。たしかに「産業主義」は、先進諸国に物質的な豊かさをもたらしたが、原発における被曝労働や放射性廃棄物などにみられるように、貧困弱者や未来世代に犠牲を強いることなしに成立しないという根本的な問題をはらんでいる。

E.F.シューマッハによれば、「産業主義」は産業活動の大部分が私的な金銭的利益のために追求されることによってさらに倍加され次のような害悪をもたらす[57]。

1. 社会のなかにある、ある種の有機的な関係を分断してしまったばかりか、いまだに分断している。その結果、世界人口があくなき成長を続けたあげく、ついに生存しつづけることのできる人口水準さえ超え、食糧不足などをもたらしている。
2. 主に燃料と鉱物など、すでに乏しくなった再生不能の鉱物資源の収奪を急速に続けている。
3. 人間の徳性と知性の堕落を誘い、高度に複雑な生活様式を生み出している。
4. 暴力を醸成する。それは自然に対する暴力であり、これはいついかなる瞬間にも、人間同士への暴力に発展しかねない。

以上のような「産業主義」の悪の背景には、「産業主義」が、自然界からみずからを絶縁し機械的で人工的であり、しかも人間の秘める潜在能力のうちの極小部分しか活用しない傾向を持つからである。そのため「産業主義」は、ほとんどの形態の仕事をまったく無味乾燥で無意味なものにしてしまい、個性を窒息させてしまう。「産業主義」は、大部分の労働者に人間的成長もなければ、『真』『善』『美』のいずれも欠いている。現代産業主義の基本的な目標は、労働者を満足感にあふれたものにすることではなく、生産性を上げることにあり、最も誇るべき業績は省力化にある[58]。

以上のような「産業社会のもつ類をみない醜悪さこそ、核爆弾を生む母胎であり、まぎれもない暴力行為の証拠にほかならない」[59]。つまり核の問題は、私たちがいかにして「産業主義」を克服できるのか、を問いかけている。

Ⅶ　東日本大震災の真の復興のために

　核は、自然と人間を最も深刻な危機に陥れる問題を孕んでいる。高木仁三郎によれば、問題の本質は、原子力発電技術の危険性についてのあれこれの事柄よりも、核技術というようなことを通して、自然と向き合わざるを得ないところの、われわれの自然に対する向き方の姿勢にこそある。私たちの自然観は、科学的・理性的なものと、感性的・身体的なものとに鋭く引き裂かれてしまっている。そして、そのことによって私たちは自然とのトータルな結びつきを失っている。この状態から私たちの精神を解き放つ努力抜きに、現代の危機の根源に立ち向かうことはできない[60]。

　シューマッハによれば、現代の危機は、人間にとっての二人の教師を見捨ててしまっていることにある。一人は生きたままの自然である。都市の文化は自然のシステムと絶縁してしまっている。もう一人の教師は伝統の価値観であり、それは人類にとっての伝統の英知であって、われわれが客観的科学とか称するとてつもない代物を採用することによって拒否してしまった価値観なのである[61]。深刻な自然と社会の危機を克服するには、二元的に私たちの精神の内部で引き裂かれた自然観を、より新しい観点で統一的に把握しなおすような根源的な作業が不可欠である[62]。それには、近代が捨て去った伝統の英知を創造的に再生することが必要であろう。

　今回の福島原発事故を受けドイツのメルケル首相は、諮問機関として「原発問題倫理委員会」を設置し、その答申を受け2022年までに全原発を停止することを決定した。「原発問題倫理委員会」は、原発停止において伝統的英知であるキリスト教の伝統とヨーロッパ文化を重視している。「倫理委員会」によれば、問われているのは、人間の自然との付き合い、すなわち社会と自然の関係に関する問いである、という。キリスト教の伝統とヨーロッパ文化は、自然に対する人間の特別の義務を課している。それは、人間が自然に対して生態学的な責任を持ち、環境を保存・保護し、環境を自分たちの目的のために破壊することなく有用性を高め、未来における生活条件の保障の見通しを保持することを目指さなければならない、というものである。

　人間は、技術的に可能なことであれば何をやってもよいわけではない。だが

ら、倫理的判断が必要なのである。とりわけ原子力エネルギー技術が、「永続的な負荷」という性格を持つため、批判的な評価はとくに重要である。すなわち、原子力エネルギーの利用やその終結、他のエネルギー生産の形態への切り替え等に関する決定は、すべて、社会による価値決定に基づくものであって、これは技術的あるいは経済的な観点よりも先行している。その際に、鍵となる概念は、「持続可能性」と「責任」である。安全は、環境が損なわれていないこと、社会において正義が成り立っていること、経済が健全であるという持続可能性の三つの柱の上に成り立つ。これらの原理の上に整備されたエネルギー供給は、国際的競争力を持った経済や、また国内の雇用や生活水準や社会平和にとっての長期的な基盤なのである[63]。

シューマッハも、伝統の英知から学ぶべき指針として次のことを強調する。

第一は、精神的な存在として行動すること。いいかえれば、自分の道徳につき動かされて行動することである。宗教的な存在としての人間がそれである。

第二は、隣人として行動すること。自分の仲間のためになることである。社会的な存在としての人間がそれである。

第三は、力と責任の主体的な中枢である個人として行動すること。われわれに与えられた才能を利用し伸ばしながら、創造的な仕事をすること。

この三つの基本的な要請に応えるなかに人間の幸福感が存在し、それがかなえられぬところに挫折と不幸がある[64]。シューマッハの議論にさらに付け加えるべきは、自然を把握する人間の知識や科学・技術などには限界があり、その限界を知ることが伝統の英知であるということだろう。以上の伝統的英知こそ東日本大震災の復興に生かすべき思想である。

次に日本の伝統的英知ともいうべき「人間発達の『知識結』」の取り組みと中間技術を検証しよう。

被災者の「人間復興」のためには、被災地の自然や文化資源を活かすべく、日本の伝統ともいうべき「知識結」の取り組みを発展させることである。この場合の「知識」とは、同じ志を持って一つの事業を行う友のことである。「結」とは、田植えや稲刈り、住居の普請、冠婚葬祭など民衆の暮らしにかかわる共同作業のことである。今を遡ること約1400年前の天平時代、政変、飢餓、疫病、大地震などのさなかにあって仏僧行基は、「人びとがそれぞれの能力・資財・

技能を提供し協力して民衆を救済」する「知識結」による「人間復興」とコミュニティづくりを指導した。とくに注目すべきは、行基は薬草の知識を持ち、有馬温泉を庶民に開放させるなど生命と健康を大切にし、橋や道路、ため池、灌漑などを行う技術者集団を率いていたことである。関東大震災では賀川豊彦や東京大学生などのボランティア活動が行われ、阪神・淡路大震災も「ボランティア元年」として1998年のＮＰＯ法の契機となった。それは、日本の伝統に根ざしつつ、それぞれの持ち味や専門性を生かし被災者と支援者がともに人間として発達していく「人間発達の『知識結』」というべきものであった。

「人間発達の『知識結』」という概念は、池上惇が提起した「知識結」を、筆者が「人間発達型の『知識結』」として問題提起し議論するなかからつくり出されたものである。人間発達という思想は、池上惇がT.ペーンやアダム・スミス、K.マルクスなどが提起した人権と民主主義思想を発展させたものである。また「知識結」という思想も、池上惇が行基や空海などに代表される先人の地域づくりの取り組みを創造的に発展させた。かれらは、飢餓や貧困などで苦しむ人びとを救済するために、インドや中国、朝鮮などの大陸文化（仏教や知識、技術など）を学び、智慧や技、資金、土地、労働などを提供しあうなかで、協力し信頼しあうコミュニティを形成しようとした。だが行基や空海の時代は、現在のように個人の権利や責任が法的に認められていたわけでなく、「個性を活かし創造性を培い合う人間として発達する」という明確な目標は持ちにくい。たしかに日本の地域社会には、地域住民が農漁業や冠婚葬祭などで話し合い、助け合い、心を通わせる「結」や「もやい」という自治的な伝統が根づいていた。しかし「結」や「もやい」は、ともすれば共同体や国家、企業といった組織のために活用され、一人ひとりの人間発達に貢献しない、むしろ犠牲にされる場合もあったのではないか。それゆえ、個人の人権や個性が尊重された「人間発達の『知識結』」の方が、創造性が求められる現代社会にふさわしい概念であろう。

さらに奥山清行によれば、日本の伝統文化のなかに、職人による仏像をはじめとするモノづくりにおいてモノに命を吹き込むという考え方がある。基本的に「もの」に対する尊敬がある。だから「もったいない」とか「たいせつにしなければいけない」といった考え方も出てくる。針供養や人形供養のように、

長年使ったり親しんできた「もの」に、感謝の気持ちを表す行事も行われてきた。その背景には、生物、無生物、自然現象のすべてに生命（魂）が宿り、本質的に平等であるという世界観がある。人間と自然との関係は、征服し征服される関係ではなく、お互いに与えあう互酬関係とみる[65]。

　以上のような伝統的な職人技の生きる世界は、シューマッハの中間（適正）技術と呼ばれたもので、一般的に農業が大規模な大量生産の向上には適さず小規模であるというように特定の状況に適合するものである。また中間（適正）技術は、「自分が貧しい人の身にならぬかぎり、本当のことはわからない。その身になってこそ、何が必要なのか体得できるのだ」という想像力を必要とする[66]。さらに中間技術は、低い効率でも生の充足を個人に取り戻す可能性をもつものであろう。つまり中間技術は、単なる技術ではなく、伝統的文化を継承しつつ地域と産業に適合した組織のあり方や、他者に対する共感や想像力などのモラル、労働や生活の生きがいなどを統合した概念である。

　今回の大震災復興においても、まちづくりの伝統と習慣のなかで培われてきた自然との付き合い方や生き方、そして漁師や農民、大工、建築家などの職人たちの技術を生かす特筆すべき取り組みがみられる。

　第一に、被災地の岩手県住田町では、優れた伝統的建築技術を持つ地元の気仙大工などの職人によって気仙杉を使い、1戸ずつ独立した木造仮設住宅を建設している。そのメリットは、①地元に復興資金が循環し被災地経済の活性化に役立つ、②プレハブの仮設住宅は、建設しても2年後に解体しなければならず総費用は一戸当たり約500万円もかかる。木造にすれば、1戸当たり約250万円で建設でき、解体せずに災害公営住宅として使用することができる、③被災者の仮設住宅から災害公営住宅への引っ越し費用や引っ越しに伴う心理的負担が軽減される、④鉄骨系プレハブよりも除湿性や断熱性など居住性が優れている、⑤日本は国土の7割近くが森林であるが、木材自給率は3割にも満たない。身近な森林の木材を活用することで地球環境保全にも貢献できる、などのメリットがある。以上の背景に、住田町の自然資源と伝統文化を活かしたまちづくりの取り組みがあった。

　住田町は、人口6,394人（2010年4月1日時点）、総面積33,483haで森林面積が30,289haと総面積の90％を占める。森林面積のうち人工林が53％、町有林は

40％である（2010年）。同町は、貿易自由化による木材価格の低下に危機感をもち、町の自然資源である森林を生かすべく、1978年に町長をトップとした林業関係者などの住田町林業振興協議会が中心となり、20年計画で「木材生産、流通、加工これに住宅生産、販売を通じた地域経済の発展」をめざす「住田町林業振興計画」を策定した。さらに1994年には、「豊かさの創造」を題目に「情報を媒体とした生産、流通、加工のシステムの構築と、真の『豊かさ』の源泉としての森林保全の林業」をめざす「第2次計画（10年計画）」が策定された。このような計画を実行すべく、1982年に第3セクター「住田住宅産業」を設立し、気仙杉を使った「気仙大工」の伝統技法を生かした産地直送住宅の供給を開始した。1993年には大工職人の担い手不足を補うとともに工期の短縮、付加価値の高い地域材の大量かつ安定的な供給を目的に「けせんプレカット事業協同組合」を設立し、1998年に国産スギ養成材の工場「三陸木材高次加工協同組合」を設立している。さらに2002年には、森林所有者への利益還元、川下へ安定的に木材を供給するために「協同組合さんりくランバー」が木材加工システムの最終施設として設立された。図表21のように、生産・流通・加工販売という「川上から川下まで」の地域林業システムは、木材の流れが良くなることで、山も工場もメーカー、さらには施主まで良くなる仕組みである。さらに四つの事業団体で計234人もの雇用を生み出している（図表22）。これ以外に気仙地方森林組合（住田町、大船渡市、旧三陸町の森林組合が合併）は、78人（正規18人、臨時2人、作業員58人）を雇用している。さらに林業だけではなく、山が良くなることで、川や海の人にも喜んでもらえるのである。

　同町は、「森林・林業日本一のまちづくり」をめざし、①環境と調和しながら循環する森林・林業の実現、②「住田町」自身を森林・林業のブランドとして発信、③森林・林業日本一のまちづくりに対する町民の理解と協働を目標としている。

　以上のようなまちづくりで注目すべきは、職人集団の気仙大工である。気仙大工は、もともと気仙地区（大船渡市・陸前高田市・住田町）を中心とした大工集団で、民家の建築はもちろん、寺院造営、建具づくり、細工までもこなす多能な集団である。藩政時代から「南行き」と称した出稼ぎをしていたが、明治期の東北本線の開通以来、関東地方や北海道など、出稼ぎ範囲が広がり、関東

図表21　住田町の林業循環型システム（住田町 林業振興協議会資料より作成）

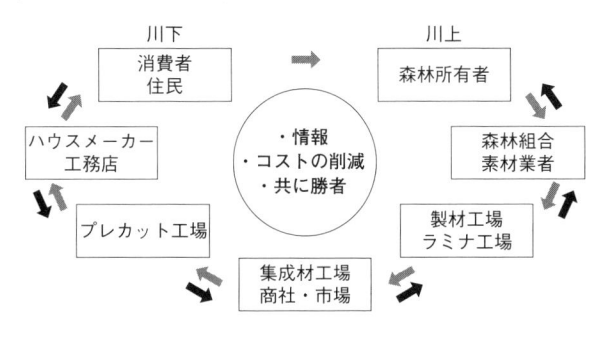

```
        川下                    川上
    ┌─────────┐           ┌─────────┐
    │ 消費者  │    →      │森林所有者│
    │  住民   │           │         │
    └─────────┘           └─────────┘
         ↕         ・情報        ↕
    ┌─────────┐  ・コストの削減  ┌─────────┐
    │ハウスメーカー│ ・共に勝者  │森林組合 │
    │  工務店  │               │素材業者 │
    └─────────┘               └─────────┘
         ↕                        ↕
    ┌─────────┐               ┌─────────┐
    │プレカット工場│            │製材工場 │
    │         │               │ラミナ工場│
    └─────────┘               └─────────┘
         ↕                        ↕
              ┌─────────┐
              │集成材工場│
              │商社・市場│
              └─────────┘
```

図表22　住田町林業関係従事者数（2011年）

事業者	雇用数	正規・臨時	男・女別
住田住宅産業 K.K	10人	正規 10人	男　8人
			女　2人
		臨時　0人	
けせんプレカット事業協同組合	139人	正規113人	男　96人
			女　17人
		臨時 26人	男　21人
			女　5人
三陸木材高次加工協同組合	65人	正規 56人	男　51人
			女　5人
		臨時　9人	男　4人
			女　5人
協同組合さんりくランバー	20人	正規 10人	男　10人
			女　0人
		臨時 10人	男　4人
			女　6人
合計	234人	正規189人	男165人
			女　24人
		臨時 45人	男　29人
			女　16人

資料．住田町産業振興課資料より作成

大震災後の復興、東京・銀座の歌舞伎座の建築や大阪城天守閣の復元などでも活躍した（岩手県ホームページ）。

多彩な技能を持つ気仙大工の源流は、東北地方の木地師といわれる。木地師は、木取伐採を行い、これが林業経営上では除伐作業となり、美林の育成を助けることから、木地師は各地林業地帯の大恩人であった。さらに日常生活で使用される什器類や原始宗教崇拝の対象物またはそれらに供えられる器物も生産したのである。木地師は、郷土史家の山田原三によれば、豊臣秀吉天下統一のとき、会津地方を領有した蒲生氏郷が近江地方より商人、木地挽等を移住させたのがはじまりといわれる[67]。

蒲生氏郷は、楽市楽座の制度を取り入れ商工業を振興するなど文武にすぐれ、近江商人発祥に大きな影響を及ぼした。近江商人は「三方よし」といわれるように、自分の利益だけでなく相手の利益、そして社会の利益も大切にしたことで厚い信用を得たが、近江の「木地師も生産技能者でありながら、直接販売にも携わることを苦にしなかった。今日でいう製造・販売の能力を備えていた集団だったといえる。……木地師は、技能者であり農業生産・狩猟者であり商売人など多彩な性格」[68]を持っていたのである。

住田町は、自立・持続のまちづくりをめざすべく、平成の合併に便乗せず、①町民の協働・参画、②役場職員の意識転換・能力向上、③行財政運営の効率化・健全化、④広域対応の推進を図っている。小さい町だから可能な行政・県立病院・開業医・消防署・福祉団体・福祉施設等の連携・一体化によるきめ細かなサービスを提供する「住田型福祉」、米、園芸、畜産等の集約的複合経営形態を特色とした「住田型農業」、そして森林の整備（造林・下刈・間伐）から木材加工・流通までを有機的に結んだ産業循環を図る地域林業を推進している。とくに持続可能な森林経営を目指す森林認証を受けた木材を利用した住宅の建築や、環境に優しい負荷のかからない木質バイオマスなどのエネルギー政策を進めている[69]。

木質バイオマスは、住田町が1998年に集中豪雨に見舞われ、土場や山林に放置された残材の一部が流失し、洪水に拍車をかけ大水害が発生し、下流域に大きな被害がもたらされたことが契機となっている。このような災害を繰り返さないために、山林の荒廃を防ぐための森林管理の徹底が必要であるが、同時

に林業廃棄物をエネルギーとして利用すれば、自前のエネルギー資源となる。それは、化石燃料の削減・地球環境問題への寄与、さらには新たな雇用創出などによる地域産業振興につながるのである。

　第二に、被災地の豊かな森や海、大地、人材など自然と文化の多様な資源を最大限に生かす取り組みである。被災地青森、岩手、宮城、福島、茨城、千葉の６県は、日本の漁業や農業で重要な位置を占める地域である。たとえば漁業・養殖業の生産額は、2,542億1,900万円で全国の16.5％、かき類種苗は宮城県が全国の83％を占める（農林水産省「2008年漁業・養殖業生産統計年報」）。また６県の農産物生産額は１兆7,792億円で全国の21.1％である（農林水産省「生産農業所得統計2007年度」）。世界の三大漁場の一つとさえいわれる豊かな海と森林、文化や伝統などの資源を最大限に活かし産業を復興させることである。たとえば、宮城県の気仙沼市の漁師たちの「森は海の恋人」の取り組みが注目される。彼らは、森に木を植えて海の水質を改善し、漁業の発展に結びつける活動を展開してきた。自然環境も産業も大切にするという思想である。この思想は、気仙沼市唐桑町舞根地区の震災復興で、地元のＮＰＯ法人「森は海の恋人」が、海と山が織りなす美しい舞根湾の自然を「干潟」として再生させるべく、宮城県が計画する高さ9.9メートルの堤防新設に反対する取り組みに現れている。高台に住み、津波の脅威を語り継げば、堤防がなくても命は守れる。海と森が一体となったこの地で暮らし続けたい、という[70]。

　第三に、民間の土地や住宅、そしてコミュニティの共有財産を活用し被災者の生存権の保障や労働、営生の機会と選択の幅を拡大させることである。宮城県南三陸町歌津の海辺の集落では、町の高台に移す計画が住民主導で動き始めている。中心となるのは、江戸中期から続く地元の住民互助組織「伊里前契約会」である。「契約会」は、冠婚葬祭の相互協力や共有地の管理運営が主な事業。かつては雑木を燃料にしたり、木材を共同で販売するなどしていた。「契約会」は、400－500戸以上の住宅建設が可能な20ヘクタールの共有地を供出することで、災害に強い新たなまちづくりにつなげたい考えだ。同地域は、標高が高く海岸から車で５－10分と近く、これまで通り漁業を続けることができる[71]。このような民間の自主的な取り組みを行政がサポートすれば、まちの復興はスムースに進むのではないだろうか。

Ⅷ　おわりに

　東日本大震災の復興には、伝統的英知と生活を支える中間技術が求められている。日本の伝統的英知ともいうべき「知識結」を実践した行基も、困窮した被災者や貧困者を救うべく、生活を支える知識と技術、すなわち病を治す薬草の知識や、灌漑、橋、道路などの土木・建築技術者集団を率いていた。もともと技術は、切実な生活問題、とくに食料問題を解決しようとする民衆の労働と知恵の結晶である。この技術の本来の姿を科学技術時代のエンジニアやいわゆる「科学主義者たち」は忘れがちである。結局そのためにかれらは民衆の生活よりも、むしろ「科学」より「技術」が生まれたのだという倒錯した観念をいだくようになる[72]。倒錯した観念の顛末が、原発事故であったといえるかもしれない。

　井野博満も成熟技術と「生活圏」を強調する。井野によれば、生活（環境）を維持し改善するためには、新技術（ハイテク）もときとして役立つ。だが人びとがコミュニティをつくりあげるなかで、人びとの知恵として蓄積されてきた成熟技術（ローテク）と人びとの連帯が重要である。これらのことは、阪神大震災や中越地震などの災害に際し学んだことでもある。これからは、省力技術よりも、風力、太陽光、バイオマスなど省資源・省エネ技術を使って、生活環境の改善をはかる市民主導型の中間技術が求められる。それらは概して金はかからないが、人手がかかる技術や事業ということになる。内需振興・雇用対策という方向性ともマッチする。たしかにこれらの生活重視産業は、「経済成長」にさほど結びつかないだろうが、人びとの生活を確実に豊かにし、雇用を増やし、働く喜びを復活させるであろう[73]。

参考文献
1）野口武彦『安政江戸地震－災害と政治権力』筑摩書房、1997年。
2）上島武「ソ連崩壊の原因」rodo.info/oldsite/bulletin/bn/0311/soviet2.html
3）堤未果『ルポ　貧困大国アメリカ』岩波書店、2008年。
4）東京大学先端科学技術研究センター教授・児玉龍彦「衆議院厚生労働委員会発言」2011年7月27日。
5）福田徳三『復興経済の原理及若干問題』同文館、1924年、145-173ページ。
6）西沢　保「福田徳三の厚生経済研究とその国際的環境」一橋大学経済研究所「経済研究」Vol. 57, No. 3, 2006。
7）福田徳三『経済学全集　第1集　経済学講義　第1分冊』同文館、1927年、169-171ページ。
8）福田徳三『経済学全集　第6集　経済学講義　第3分冊』同文館、1927年、1064-1075ページ。

9）福田徳三『経済学全集　第6集　経済学講義　第3分冊』同文館、1927年、1262-1263ページ。
10）福田徳三『経済学全集　第6集　経済学講義　第3分冊』同文館、1927年、1085-1086ページ。
11）『毎日新聞』2011年10月26日。
12）高木仁三郎『チェルノブイリ－最後の警告－』七つ森書館、1986年、180ページ。
13）河北新報2011年9月14日。
14）児玉龍彦『内部被曝の真実』幻冬舎、2011年、13ページ。
15）「JCO事故から12年－東海村村長の脱原発」『毎日新聞』2011年10月18日。
16）『朝日新聞』2011年6月12日。
17）国連開発計画（UNDP）「人間の安全保障」『人間開発報告書』1994年。
18）高木仁三郎『チェルノブイリ－最後の警告』七つ森書館、1986年、179-182ページ。
19）樋口健二『闇に消される原発被爆者・増補新版』八月書館、2011年、樋口健二『これが原発だ』岩波ジュニア新書、1991年。
20）1991年、田中利幸・広島平和研究所教授「今こそノーモアヒバクシャ」『広島ジャーナリスト』2011年6月15日、「ヒロシマ・ナガサキからフクシマへ」2011年8月3日。小林圭二・元京都大学原子炉実験所講師「プルサーマル問題」www.geocities.jp/alfalfaljp/begin/began/pulthermal/top.html。
21）飯舘村・菅野典雄村長のインタビュー「東洋経済オンライン2011年4月」東京電力福島第一原発から北西に半径30～50キロ圏にある福島県飯舘村。原発事故からの放射能漏れが原因で、高い放射線量が検出されていることから、政府は同村を避難指示区域に指定、計画的な村民退避を要請した。http://lib.toyokeizai.net/business/interview/detail/AC/538c40ceaf8d80e1d6d39c41de9c208a/page/1/
22）林武『技術と社会－日本の経験』国際連合大学、1986年、43ページ、53ページ。
23）武谷三男『原子力発電』岩波新書、1976年、2-3ページ。
24）朝永振一郎『物理学とは何だろうか（下）』岩波新書、1979年、203-217ページ。
25）大江健三郎『ヒロシマ・ノート』岩波書店、1965年、164ページ。
26）NHKドキュメンタリー「原発導入のシナリオ－冷戦下の対日原子力戦略」1994年放映、http://chikyuza.net/n/archives/12753。
27）「共同通信」2011年7月23日。広島平和研究所・教授　田中利幸「『原子力平和利用』と広島」peacephilosophy.blogspot.com/2011/05/yuki-tanaka。
28）大江健三郎「history repeats」『the new yorker』2011年3月28日付け、森岡孝二の連続講座「第76回　原子炉の損傷事故と広島・長崎の被爆」http://hatarakikata.net/modules/morioka/details.php?bid=139。
29）村上春樹「非現実的な夢想家として」『毎日新聞』2011年6月14日、15日、16日夕刊。
30）日本経団連「緊急提言」3月31日、御手洗富士夫・前日本経団連会長「今は東北を復興特区に位置付け、産・官・学の連携で新しい日本をつくる時」『財界』2011年6月21日号、経済同友会「第二次緊急アピール」4月6日。
31）鶴見祐輔『後藤新平』（第2巻）1933年、814-817ページ。
32）児玉徹『欧州住宅政策と日本—ノン・プロフィットと実験』ミネルヴァ書房、1996年、159ページ。
33）広島県『広島県史　原爆資料編』1972年、椎名麻紗枝『被爆者援護法—制定を拒むものは誰か』岩波書店、1991年。www.pcf.city.hiroshima.jp/Peace/J/pHiroshima2_4.htm。
34）村上泰亮『反古典の政治経済学　下』中央公論社、1992年、5-6ページ。渡辺治「現代日本政治の再編成と《構造改革》」『ポリティーク』2001年創刊号、労働旬報社、15-16ページ。広原盛明編著『開発主義神戸の思想と経営』日本経済評論社、2001年、36、39ページ。
35）NHKドキュメンタリー「原発導入のシナリオ－冷戦下の対日原子力戦略」1994年放映、http://chikyuza.net/n/archives/12753。
36）池田清「開発・成長型都市政策と貧困化」塩崎賢明他『大震災15年と復興の備え』クリエイツかもがわ、2010年、16ページ。
37）「神戸新聞」2011年4月7日。
38）中山久憲『神戸の震災復興事業』学芸出版社、2011年、195ページ。
39）「神戸新聞」1999年11月24日。
40）額田勲『孤独死』岩波書店、1999年、44ページ。

41)　NHK総合テレビ「東日本大震災助かった命がなぜ」2011年11月13日。
42)　「朝日新聞」2010年1月16日。
43)　ナオミ・クライン『ショックドクトリン（上・下）』幾島幸子・村上由見子訳、岩波書店、2011年。
44)　『財界』2011年6月21日号。
45)　「毎日新聞」2011年6月11日。
46)　「河北新報」2011年4月18日。
47)　宮城県と岩手県の仮設住宅の比較分析は、相川俊英の次の文献を参考とした。相川俊英「仮設住宅建設の立ち遅れの裏に地域実情ないがしろの『官の論理』」『週刊ダイヤモンド』2011年6月4日号。
48)　「週刊東洋経済」2011年10月22日号。
49)　『毎日新聞』2011年12月11日。
50)　「河北新報」2011年5月4日。
51)　高橋健介「東日本大震災後の宮城県石巻市雄勝地区における保健福祉医療システム再構築についての調査報告書」2011年4月27日。
52)　「河北新報」2011年7月18日。
53)　柳田国男「雪国の春」『柳田国男全集　第3巻』筑摩書房、1997年、695ページ。
54)　日本銀行仙台支店「東北地域における東日本大震災後の生産動向」２０１１年９月９日。
55)　村上泰亮『反古典の経済学　上－進歩史観の黄昏』中央公論社、1992年、348ページ。
56)　村上泰亮『反古典の経済学　上－進歩史観の黄昏』中央公論社、1992年、54-55ページ。
57)　E.F.シューマッハ『宴のあとの経済学』長洲一二監訳、筑摩書房、2011年、45-52ページ。
58)　E.F.シューマッハ『宴のあとの経済学』長洲一二監訳、筑摩書房、2011年、42ページ。
59)　E.F.シューマッハ『宴のあとの経済学』長洲一二監訳、筑摩書房、2011年、53ページ。
60)　高木仁三郎『チェルノブイリー最後の警告』七つ森書館、1986年、175ページ。
61)　E.F.シューマッハ『宴のあとの経済学』長洲一二監訳、筑摩書房、2011年、184ページ。
62)　高木仁三郎『チェルノブイリー最後の警告』七つ森書館、1986年、175ページ。
63)　安全なエネルギー供給に関する倫理委員会『ドイツのエネルギー転換－未来のための共同事業』松本大理・吉田文和暫定訳、2011年
64)　E.F.シューマッハ『宴のあとの経済学』長洲一二監訳、筑摩書房、2011年、153-154ページ。
65)　山田孝子『アイヌの世界観』講談社選書メチエ、208ページ、奥山清行『伝統の逆襲　日本の技が世界ブランドになる日』祥伝社、2009年、131-133ページ。
66)　E.F.シューマッハ『宴のあとの経済学』長洲一二監訳、筑摩書房、2011年、173-177ページ。
67)　山田原三編著「気仙之木地挽　古里の足跡2」共和印刷企画センター、1999年。
68)　「木地師と気仙大工」『東海新報』2009年1月24日付け。
69)　住田町のまちづくりは、2011年12月26日の住田町長と産業振興課、福祉課のヒアリングと、「住田町林業振興計画書」1978年、「第2次住田町林業振興計画」1994年、「住田町史　第3巻　産業・経済編」2001年発行、住田町HP「地域経営に関する研究レポート」2003年、などを参考にした。
70)　「命守る〈干潟〉に」『毎日新聞』2012年4月20日。
71)　「河北新報」2011年5月9日。
72)　『島恭彦著作集6　東洋社会論』有斐閣、1983年、140ページ。
73)　井野博満「技術とは何か」現代技術史研究会編『徹底検証　21世紀の全技術』藤原書店、2010年、413-416ページ。

　　和田武によれば、ドイツ最北端のローデス村は、人口430人余の高齢化と過疎に悩む地域であった。だが2000年に「再生可能エネルギー法」が誕生し、太陽光発電電力を電力会社が20年間、高価に買い取るようになってから大きく変貌した。村民たちが出資して「太陽光発電ローデネ（SPR）社」を設立し、村の電力消費の数倍に相当する700-800戸分の電気が得られ、その売電収入が村民の暮らしを豊かにしている。またSPR社は、近隣の自治体に太陽光発電所や太陽光発電設備を建設し普及に貢献している。SPR社の従業員は約70人まで増加し、他地域からの若者も増え、社会的に意義ある仕事として評価されるまでにいたっている（和田武「草原太陽光発電所で地域活性化」『全国商工新聞』2011年11月21日）。

第三章

二宮尊徳における
地域再生構想と実践の道
一円融合の理

　本稿は、二宮尊徳の地域再生構想を研究して、その現代的意味を解明する。とりわけ、尊徳の「荒蕪(こうぶ)を開く」構想に焦点を合わせた。

1. 社会的背景、とくに、不二講活動との関係
2. 内在的な徳行が富の形成につながる発展
3. 富が自然や社会の信託財産として、超公共財に転化する過程の理論化
4. 総有概念の確立
5. 政道としての尊徳思想の歴史的位置
 を説明する。
　結論として、尊徳思想を、次のように、特徴づける。
　「荒蕪を譲で開き、対等な人々の自覚的な協働によって、『自然(天道)から学び自然を"人道"によって活かす"一円融合"の世界』を展望する。
　そして、我欲による社会的混乱を克服し、徳を高めて富を増加させ、推譲によって民衆を救済し、地域を再生して、公正な政道を実現する」

I　はじめに——尊徳における地域経営の道
——「荒蕪を譲で開く」

1．尊徳思想形成の歴史的背景——不二講仲間との交流・相互支援

　不二講と報徳の研究家、岡田博氏は、ご著書『二宮尊徳の政道論序説—報徳書　獺祭＊（だっさいまたは、たつさい）記』（岩田書院、2004年）において、尊徳思想形成の歴史的な背景を研究された。

> ＊獺祭とは、カワウソが多く得た魚を前にお祭りをすること。転じて、詩文を創るときに、多くの参考書を広げ散らすこと。出典・『談苑』「李商隠れて文を為す。閲覧した書冊を多数調査し、左右に次々と開き、獺祭魚と号す。」小柳司気太『新修漢和大辞典』博文館、941ページ。

　そのとき、最も注目されたのは、尊徳が文政12（1829）年1月に実行した成田参籠（下総）前後の「不二講仲間」との密接な関係である。岡田氏によれば、有名な桜町仕法を村の内部から支えたのは、地元の不二講仲間であり、かれらは、農業技術に優れ、尊徳によって、商業の道を教えられて、商人となり、尊徳配下の米取引ネットワーク（鬼怒川、利根川水運利用業者、宇都宮、下館、常陸など）に参加していた。

　かれらは、大阪米商人の不当な年貢米低価格に対して、合理的価格での買いつけを行い、農家や藩の経営を支え、飢饉に際しては、近隣の米供給体制を支えたと評価されている（同上、126-130ページ）。良心経済の原型である。

　指摘では、尊徳自身が米商人の胴元となって不二講仲間も参加する良心を持つ商人のネットワークを組織された。至誠・勤労・推譲・分度などの実践は、個々人の内面から特性を高めて家業精進を可能にするだけではない。農民から商人が育ち、生存や生活を支える事業が発展し、一人ひとりが富や貴を得てゆく。

　この富貴が貧者を支配せず、逆に、人間を平等に扱い、タテ型社会をヨコ型に転換し連携しあって各人の発達を保障してゆく世界。これを政道にしてゆくこと。

　これが尊徳の描く理想社会であった。

2．内発的な「超公共財」の誕生
——内清浄から富貴へ・権力制御による民衆救済事業

　不二講は、富士山を御神体とする「神・儒・佛一体」の山岳宗教であるが、幕藩体制確立期当初の加持祈祷による病気の治癒などの効能から脱し、この時期には、飢饉、物価騰貴、一揆、打ち壊しの激発の末世を「身禄の御世」に転換する道徳運動の波をつくり出していた。これを主導したのは不士講の「身禄派」とされた食行身禄であった。かれは江戸に多かった伊勢商人の一人、伊藤伊兵衛であり、家職に励み農民から行商を経て油商人となり富を得る。享保18（1733）年1月、江戸に起こった最初の大規模な打ちこわしを目の当たりにしながら暴力的一揆ではなく、民衆の内心のあり方を変革して家業を起こし、商業を盛んにし富を得て、これを公共の資産として、民衆救済活動を行うよう呼びかけた。

　安丸良夫氏によれば、身禄の教えは、「財産を持っているからといって"指当たる徳（財産）"にまかせておしかすめ、貧しい人々を苦しめてはならない。財産は、仙元大菩薩からの預かり物であり、所有者はその管理を任された"役人"なのだから、私欲のために利用することは許されない」（安丸良夫「富士講」家永三郎ほか編『民衆宗教の思想』日本思想体系67、岩波書店、1971年、643ページ）ことを意味した。

　当時の権勢や財力を誇る人びとへの痛烈な批判であり、衰退する世を再生させるには、「外見的な垢離、精進」ではなく、「内心の在り方＝"内清浄"」こそが必要である。家職を務め、日常道徳を実践すれば、かならず救済と幸福が約束される。

　道徳と経済は一体である。

　こうした実践によって「今日より明日直に生まれ増」「富貴自在の身に生まれ増」のであり、「生まれ増」とは、今日より明日、さらに未来や後世へと、ますますゆたかで、幸福な人間に生まれかわってゆくことであった。（同上、643ページ）

　この平和主義に徹した社会改革の思想は、尊徳の政道論と重なり合うところがあり、ラスキンや、ガンジーの思想とも相通じるところがあって興味深い。

3. 身禄の生命観

　身禄によれば、宇宙は、世界の根本神、仙元大菩薩である富士山と同体同霊である。この「元の父母」から、人間が生まれた。それゆえに、人間と富士山＝仙元大菩薩は、元来、一体のものであり、人間が独自の世界を開くまでは、仙元大菩薩が直接に世を治められた。しかし、人間は知恵がついて欲が出てきて、仙元大菩薩の眼の届かぬところで、悪を為すようになった。

　そこで、大菩薩は、天照大神を遣わされた。この神は、月と太陽の子分として、人間に、恵みを与え、人間のこころを和らげて善導することになる。

　　（岡田博『二宮尊徳の政道論序説—報徳書　獺祭記』岩田書院、2004年、156–160ページ）

　もしも、この善導を「推譲」とするならば、尊徳の考えとも響きあうところが出てくるかもしれない。かれは、「思うに、天照大神の開国の術は、譲道にある」と述べているからである。

　同時に、この譲道には、いささかも神話性がない。

> 　「わが開墾の法は、一両の金で荒地一反歩をひらき、その産米を一石と見る。これを全部食って譲りのこすことがなければ、百年たってもその田はただの一反に過ぎない。ところがそのうち九斗を食い、あとの一斗を譲って、雛形の通り年々起こして返してゆけば、60年の後には相当の反別になる。
> 　あるいはそのうち二斗を譲り、あるいは三斗から五斗と、多く譲るにしたがって、その数はますます大きくなり、天下の荒地という荒地がひらきつくせるまでになる。これが天照大神の開国の術にほかならない」
> （岡田、同上、156ページ）。

　人は、「一佛一体」を体現している。人間が至誠、推譲などを実践して修行して菩薩になること。これが人生の目的となろう。

　同時に、富士山は一切のものを育てる火（太陽）と水の源である。人間が生きるうえで欠くことのできない米もまた、水火に養育されて育つ。これらの根源的な同一性に気づき、一つの心を持つものとして自らを弥勒とする（同上、

644ページ）。

　ある意味では、富士の自然と一体化した人間は、どのような社会的地位にあろうとも、平等であり、互いに心を通じ合える仲間である。社会的な階級や階層を超えた連帯を生み出してこそ、人びとは救われる。
　ここでは、女性もまた人格において男性と対等平等であり、生命を生み育てる点において、月に比すべき重要な役割を演じる。
　不二講においては、元来、富士山の姿は女性であり、男女の交わるところを持ち、太陽、月、星の融合によって、山頂で天と人が一体化する。
　原初の日本人の祖神の図も、あるいはこのようなものかと、驚かされるが、人間の原生的な"つながり"や"ひろがり"についての想像力とは、案外共通していた。

4．尊徳の人生と思想

　尊徳の研究において、二宮康裕著『日記・書簡・仕法書・著作から見た　二宮金次郎の人生と思想』（麗澤大学出版会、2008年10月刊行）は画期をなす位置を占める。
　この研究は、尊徳の弟子による口述筆記など、従来の研究の基礎とされた資料からではなく、尊徳自身の日記・書簡・仕法書・著作によって"人生と思想"を創造的に解明したからである。
　この研究によって、尊徳は「語られる金次郎（小学校における薪を背負い本を読む姿を含めて）」から「語る金次郎」へと転換された。
　この研究によって、尊徳の思想は、「荒蕪を譲で開き、対等な人々の自覚的な協働によって、『自然（天道）から学び自然を"人道"によって制御する"一円融合"の世界』を展望する」に至っている。（二宮四郎述「譲の道——二宮尊徳の考え方」神谷慶治編『譲の道』ＡＢＣ出版、1992年、13ページ、19ページ、23ページ、29ページ、33ページ、49ページを参照。）

　　点としての個人を、・・・・・・・・・・・・・で表すと、
　　ヨコにつながって、線となり、――――――――――――――
　　線が円となり、円の中心からの主体的な関わりによって、融合の相が生まれ

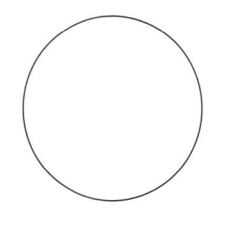

　　　　　　　る。人は他人のなかに、天地人の徳あるいは万物を育てる潜在力と、互いに譲り合えば、大災害や戦争などの厳しい道を、人間相互の理解と協働によって制御できる。
　　　　　　　この新世界は、尊徳自身の内面における我執との闘いを通じて、自己の自然的な感性が生み出す"他者との融合"を原点とする。
　また、この融合は、人びとが、私有財産を提供（無利子無担保融資と寄付）しあって荒蕪に、自然から学び、仕事を起こし、心を耕して開きあい、実際に、社会的な差別や階層を超えて社会的包摂を実現する。

　さらに、この"営み"は、自然の恵みを生かしつつ、創意工夫・職人技の発展を基礎とした増産を実践し、農業、手工業、サービス業などの発展、商業の全国的ネットワーク、公共事業による神社仏閣や、交通手段の整備と結合された。
　尊徳は、公共事業において、農業基盤の整備とともに、心の拠りどころとしての神社や仏閣の再生を重視し、また、荒地を起こす土木開発公共事業者であり、農産物や地場産業製品を売りさばく商人たちの胴元となり、関東一円に、商業ネットワークを構築した。かれらは、広域経済圏を持ち、近江（日野）商人と協力して凶作地帯へ米を供給しうる力量を持っていた*。

　　＊近江（日野）商人、山中兵右衛門は、天保8（1837）年、天保大飢饉のとき、小田原藩の報徳事業を実践した二宮尊徳に対して、米を提供した。尊徳の受取書は複数残されており、その内容は次の通り。「金十両也　報徳のために出してくださったお金を確かに受け取りました。困っている人を救うために使います。お金と引き換えに、この文書をお渡しします。天保八年三月　二宮金次郎　御厨御殿場村（現・静岡県）　日野屋忠助（山中兵右衛門）殿」。現在、山中家に保存されている『報徳寄附帳』には、金次郎に出したお金が、何を倹約して捻出したものか、一つひとつにその理由が書かれている。それらは、"婚礼時の祝儀、同　三ツ目祝い、初うぶぎ、産立祝い、三つ七つ祝い、初雛小、元服改名、忌中明、法事志、神仏参詣祝い、ほうそう祝儀"などであった（駒井正一『日野商人―隠れたる北関東での謎』自費出版、藤田印刷、2002年9月、39-42ページ）

　尊徳の思想と実践の特徴は、荒廃した地域に「仕事を起こし、心を耕し」て、社会的差別を超え、自然の力を人の創意工夫と努力によって生かした。
　それによって家業や地域の物産を増産し地域の富を増やし、公共事業や商業によって開かれた市場とのつながりを生み出したことである。荒廃した地域に公共事業を起こし土壌を変え、その地に固有の熟練や技巧、判断力を生かす。
　伝統文化に創意工夫を加えて農業や手工業を起こし、生産物を各地に運び販

売する。各地の物産を持ち帰り、双方の地域でいっそうの産業振興を図る。

　楽市楽座以来の自由営業の広がりと、生産力向上を伴う社会事業と生産活動の結合。ここに尊徳の卓見と構想力、実践力の源泉があった。

　これは新たな民富の形成による自治能力の再生である。

Ⅱ　尊徳における人格協働態の現代的意義
——「荒蕪を譲で開く」場を創る

1．現代の企業経営における人格協働態

　尊徳は、指導者というよりは、民衆救済のための出資行為をともなう、コーディネイターであり、仕法という道徳的なルールを提起して、正義が通用する場を創り、それを苗代として、人々が育ちあう場を生み出す。

　現代の経済学では、A.スミスが提起した「コモン・ストック」という概念が注目されている。それは、市場経済や分業社会が一人ひとりの才能を開花させ、その差異を「コモン・ストック」として互いの良さを生かしあう場が生まれるということを意味していた。そしてコモン・ストックの重要な媒介者として商人を念頭においた。（第八章参照）

　それまでのコモン・ストックは社会の共同財産という意味であったから、私有財産制度を前提とし、労働による自立によって経済的自立を果たし、それぞれの個性を生かしあって市場経済の下での「コモン・ストック」を構想したのである。

　現代の経営学では、「文化資本の経営」という概念があって、経営者と社員が我執を克服し、企業を営利の場ではなくて「人格協働態づくりによる各人の人格的成長の場」に転換しようとする営みがある。

　ここでは市場経済の下で形成されたコモン・ストックが、背景となりながら、労働市場を媒介とした企業の人間関係の場で、新たな「コモン・ストック」が形成される。

　A.スミスの研究者である荒木一彰氏は、同氏の最近のブログで、「現代に通じるコモン・ストック論」を展開している。私の文化資本経営論に対するコメントであるが、その一節に次の指摘がある。

要約すると以下のとおりである。（　）内は池上のコメント。

池上によると「"文化資本の経営"の出発点は、企業という器に結集した人のために責任者＝経営者が"互いに研究教育し合う場"を創り出すことである」

文化資本の経営における経営者像は「"場づくり"に徹して、各自の個性的な文化資本を交流させ、相互学習からより高次のものを生み出すよう支援する」となっており、命令服従関係を一般とする企業論とは明確に異なっている。文化資本の経営を実践する企業は、おそらく企業という枠すら超えているのかもしれない。

このような文化経営は、（市場経済という環境の中で、事業を展開している企業組織の中での）（市場における経済活動を通じない、経営者と社員たちが生み出す）コモン・ストックの形成の好例だと思われる」

「企業が文化経営を実践すれば、（経営者や）社員の文化資本が響き合って創造的成果が生まれ、それを市場で価値実現すれば、（企業の）コモン・ストックとなる。（このコモン・ストックは経営者と社員の協働のあかしであり、心の拠りどころとなる）」

2．家族と地域における文化資本の響きあい

企業内で文化資本を発揮した社員は、家路に着いて、そのことを家族に話すであろう。そうすれば、家族内でも響き合いが生まれる可能性がある。

家族というのは、他者の集まりのなかでも最小単位の組織であり、相互の差異を最も感受しやすく、信頼関係も生まれやすい。異性という点でも、世代という点でも、家族は差異性を活かせる絶好の場と思われる。（このことが逆に働けば、すなわち相互の差異を認め合えなければ、家族は崩壊することになり、離婚へと至るであろう）

次は、地域のコモン・ストックである。これは、その地域に立地している企業が文化経営を行うことで生まれる。地域にはさまざまな組織が存在しており、それらが地域文化という点で共通点を持っているということが重要である。地域文化という共通の土壌において、各自の組織（家族、町内、企業、NPOなど）が響き合うことで、また新しい創造的成果が生まれる。このような「共

響」を生み出す場こそ重要である。

　このように考えていくと、一企業の文化経営の波及効果は計り知れないものだということがわかる。従来の産業連関を超えるものは、計測し難いが価値が高い。

3．尊徳の視点と現代経営
　荒木一彰氏の提起を受けて、企業におけるコモン・ストック形成の諸要因を考察しよう。
　まず、「"文化資本の経営"の出発点は、企業という器に結集した人のために、責任者＝経営者が"互いに研究教育し合う場"を創り出すことである」という基礎概念について。
　ここでは、荒れ果てた職場を再生するために、経営者と社員が対等な人間関係におかれている。(二宮尊徳は、当時の農村再生を「荒蕪を開く」と表現した)
　この対等性は、従来の管理論にはない要素が含まれている。
　それは、経営者と社員や、幹部社員と社員との間には、「文化資本の蓄積」の点で差異があり、実績の差があるにもかかわらず、「対等平等に学び合う」ものとして、活動を出発させていることであろう。ここでは、J.S.ミルがいう「スタートラインの平等」が確保されている。これは、「経営者は全体情報を独占し、社員は部分情報が配分されて、目標が与えられ、社員は目標に向けて業績を競う」という、従来型の管理論と基本的に違っている。

4．幸福を永遠にする推譲の法則
　では、この対等平等性は何によって可能となったのか。
　東洋社会の常識では、「仁」＝思いやり、分かち合いの思想が人びとに共有されていることである。たとえば、弘法大師は「仁なくして学なし」といった。
　二宮尊徳によれば、「幸福を永遠にする推譲の法則」、つまり『譲りの道』を人間が体得してこそ、互いの文化資本を生かしあって創造的成果を生み出し、これを企業のシンボルとしたり、商品化したりすることができる。
　尊徳翁のことばにこうある。

「およそ、手もとにはいるのは出ていったものが帰るのだ。手もとに来るのは推し譲ったものがはいってくるのだ。

　たとえば農民が田畑のために精を出して、こやしをかけたり干鰯をやったり、作物のために力を尽くせば、秋になって収穫が必ず多いことはいうまでもない。

　ところが、種をまいて、芽が出れば芽をつみ、枝がでれば枝を切り、穂を出せば穂をつみ、実がなりかければ実をとる、こんなことをすれば決して収穫がない。

　商業もこれと同じで、おのれの利欲だけをもっぱら考えて買い手のためを思わず、むやみにむさぼっておれば、その店の衰微は眼前だろう」
（福住正兄原著・佐々井典比古訳注『訳注　二宮翁夜話（上）』一円融合会、2008年（小訂）、172ページ。）

　経営者が、この考え方を、企業における文化経営に向けたとしよう。

　尊徳の譲りの思想が最も凝縮された形で現れるのは、彼が桜町で、文政11（1828）年5月の大水害で収穫半減といわれる年、出世本位の役人による農民への圧迫に怒り、辞表を出した。藩が反省するまでの間、翌文政12年1月、年始を理由に約3カ月失踪した。（児玉幸多「人間と大地との対話」『二宮尊徳』日本の名著、26、中央公論社、1970年、22ページ。）

　下総の成田山新勝寺に参籠し、21日間の願をかけ、断食行を行った。

　この経過の研究は、まだ、不明の部分が多いが、尊徳高弟の岡田良一郎の僧からの聞き取りは、以下のように記述している。

「吾は君命の為に国家復興の道を立て民を水火に救わんと欲するのみ。天地神明苟くも此の誠心を信とせずんば死すとも食せず民を水火に救ふ能はずんば身を猛火に投ぜん是れ吾が当山に来て祈誓する所以なり」（二宮康裕著『日記・書簡・仕法書・著作から見た　二宮金次郎の人生と思想』麗澤大学出版会、2008年、118ページ。）

　己を滅ぼして民衆を救うとの決意は、尊徳自身が推譲の"営み"によって桜町仕法に大金を提供し、現地で精励、創意工夫するなかで大きな障害に直面

し、困難のなかで己をむなしくして自分を客観化し、みんなとともに天地人の恩に報いる自然な"営み"――、これは、天道を知り、努力によって人道を推進する活動への決意を生む。

　我欲を去って「荒蕪を譲で開き」自然の大道につく（報徳に徹する）、と表現できよう（二宮康裕、同上、119-130ページ）。

　また八木繁樹氏は、そのときのお告げが「夜光の珠は尊とけれど、食らうべきものにあらず。正義は人の至誠なれど、これをもって民をなつけんこと難し。仁愛は誠の花なり。花もて人の心をやわらげよ。敵を愛する大愛こそ人道の極致なり」とあったとされる。

　論拠は明確ではないが、八木繁樹氏は「正義プラス仁愛」ということが大切だというお告げを受け、「そこから新しい道を発見して、ついに、あの桜町仕法を完成させた」と指摘されている。（神谷慶治編『譲りの道』ＡＢＣ出版、1992年、120ページ。八木氏によると、森信三先生のご揮毫に「笑顔にひらく　天の花」がある由である）

　我欲を去って自己を客観化し、「正義プラス慈愛」を体得する。

　これらの行為や思想は、現代企業における各自の文化資本共生にとって貴重な意味を持つと考えられる。

　修業は、まさに、自分の行いを反省して、過去の実績を、いったん無にし、新たな他人の行いや、実践経験に学び、至誠の極にある仁愛、おもいやり、分かち合いの"倫理と経済"（ここでの経済は民衆救済事業を起こすこと）を構想することである。

　「花もて人の心をやわらげる」"営み"が、至誠、勤労、分度、推譲の仕法を媒介し、推進してゆく。ここには、人びとの内発的な自然的感性が響きあうとの、「実践に裏打ちされた確信」が示されている。

　今後の文化資本を生かしあうコモン・ストック研究にとっても、貴重な内容であった。

Ⅲ　尊徳の農業道

1. 道の展開――"ひろがり"と"つながり"

　日本の公共哲学思想では、石田梅岩の商人道や尊徳の農業道など、道に関す

る指摘が多い。

　職人にしても、職人技だけでなくて、職人道が大きな意味を持ってくる。

　私が従来参考にしてきた、尊徳の「農業道」は、現代にも通用する内容がある。

　いま日本の各地で、厳しい大不況と地域衰退の現実のなかで、地域再生の動きが活発化してきた。それは文化的な生活の伝統の再生や、農業・地場産業を中心とする生業再生の動きに現れている。祭りや文化財の再評価や、芸能再生、工芸の再生など、文化的な要素を持つものが多く、また生活の基礎的な必要から、小売業、交通・運輸業、ガソリン・スタンド、自然エネルギー利用システムなどにも及び始めている。

　その際注目すべきことは、地域の農業や地場産業、都市（大都市を含む）内の農業・伝統的工芸品に比すべき中小の製造工業など、地域・都市の文化的伝統を担ってきた「地に根差す産業」に再生の動きがみられることである。

　これらの産業の担い手は、利己的な営利を目的とするというよりも利他的な家業や生業自体の再生や発展を視野に入れ、「生業の再生による職人技の再生」「新たな技術や技能を持って経験による人的能力の開発」を行う傾向がみられる。

　このような仕事起こしの場における人間の人格的な関係は、利己よりも利他を重視する信頼関係を持ち、「結い」の伝統などを継承して、コミュニティ再生に資するものも多い。

　したがって、生業を通じての職人技の体得など、職業能力としての人間発達にとどまらず、倫理性の高いコミュニケーション能力を持つ人材が発達する可能性が拓かれてきた。

　各領域における職人は「技」を持つだけでなく「職人道」というべき人格的な高さを持ち、内発的な良心と公共性によって、場を共にする人びとと多様な文化性を互いに生かしあう。

2．尊徳の農業道──前近代的秩序の転換

　日本社会において、農民の職人道については二宮尊徳の示唆がある。それはつぎの指摘によく示されている。

「(二宮尊徳＝引用者)翁のことばに、およそ物のうちで根元となっているものは、かならず卑しい(社会的地位が低い＝引用者)ものだ。卑しいからといって根元を軽視するのは誤ちだ。家屋でも、土台があってのちに床も書院もあるようなもので、土台は家の元なのだ。ということは民が国の元だという証拠になる。

さて、その民のいろいろな職業のうちでも、農業がまた元である。なぜかといえば、みずから作って食い、みずから織って着るという道を勤めているからだ。この道は、一国ことごとくこれに従事してもさしつかえないものだ。こういう大本のわざが卑しいとされるのは、根元であるからだ。およそ物を置くのに、最初に置いた物が必ず下になり、あとから置いたものが必ず上になる道理で、すなわち農民は国の大本であるために卑しいのだ。

そもそも、天下のすべての者が一様に従事してさしつかえない仕事こそ、大本なのであって、官員が立派だといっても全国民が官員となったらどうか。決してたちゆくはずがない。兵士は貴重なものであるが、国民ことごとく兵士となったら、やはりたちゆかない。工業は欠くことのできない職業だけれども、全国がみんな工業では決してたちゆかない。商業でもおなじことだ。

ところが農業は大本なのだから、全国の人民がみんな農業になっても、さしつかえなく立ちゆくだろう。こうしてみれば、農業が万業の大本であることは明了だ。

この道理を悟れば、千古の迷いが破れ、大本が定まって、末業がどうあるべきかおのずから知れよう。天下一般が従事してさしつかえのあるのを末業とし、さしつかえないのを本業とする。公明な議論ではないか。

このとおり、農は根本であるから、厚く養わねばならぬ。根本を養えば、枝葉が自然と繁栄することは疑いない。枝葉とて、みだりに折ってよいものではないが、根本が衰えた時は、枝葉を切り捨てて根を肥やすのが培養の法なのだ」(福住正兄原著、佐々木典比古訳注『訳注 二宮翁夜話(上)』現代版報徳全書8、一円融合会(報徳文庫)1958年初版、2008年小訂、14

刷、145-146ページ。)

　この指摘には生業の本質ともいうべき内容が含まれている。それは「天下のすべての者が一様に従事してさしつかえない仕事」という点であろう。たしかに農業は「みずから作って食い、みずから織って着るという道を勤めている」
　営農道ともいうべき、この道は、人間の生命・生活の再生産を自律によって実現する。これは、人間の天職であり、単なる職業ではなくて、みずから勤めて自立し、他人には迷惑をかけない。さらに、ゆとりがあれば、他者を愛し慈しむ媒体ともなりうる。これは、利己が同時に利他となりうる、より高次の統合性を意味する。
　人間としての、きわめて高い倫理性を示しているといえよう。

Ⅳ　分度・推譲簿記学——渋沢栄一と二宮尊徳

　尊徳は、「鏡」などの表現で、村の経営における数字を確実に記録し、過去の実績を計算して、分度や推譲を実行した。
　たとえば、渋沢栄一は、つぎのようなエピソードを残している。

1．尊徳地域経営学の継承
　渋沢は、尊徳の経営手法を高く評価し、実現はしなかったが尊徳の相馬における実践を国の財政活動に適用しようとしていた。
　渋沢は、1871年当時、井上馨のもとで財政改革に取り組んでいたが、ある日参議の西郷隆盛が自宅に来て、「相馬藩から、二宮尊徳先生の興国安民法を廃止しないようにとの申し入れがあったので、受けいれてやってくれないか」との相談を受けた。
　西郷はこの「法」の内容を知らなかったようで、渋沢は詳しく説明したのち、相馬藩といわず、この法こそ国の財政法として絶対に必要であると力説したようである。
　西郷は、『それは収入を把握して、支出を決める』という昔の教えにもかなっていて、結構なことだから廃止しなくてもよいと、納得したそうである

が、財政法については黙ったたまま帰って行った由。(渋沢栄一・守屋淳訳『論語と算盤』ちくま新書、2010年、131-134ページ。)

　渋沢の評価によれば、尊徳の法は、過去180年間における細かい藩の収支を詳細に調査して、平均収入額を合理的な方法で計算した。さらに、180年を90年ずつに分けて、各平均収入の少ないほうを相馬藩が支出してよい基準額とした。

　これは「分度」と呼ばれる方法で、藩の財政活動の上限を決めて、年貢の取りすぎを防止し、あわせて収入に標準以上のものが生じたときは、その資金を新田開発に回し、事業に成功すればその地を開墾者に与える。

　渋沢が尊徳の手法を高く評価していたとすれば、かれは財政が民間の経済活動に依存し、本来は、長期的な財政収入の趨勢を把握して、財政膨張を制御しながら、自然増収があれば民間委託して新田を開発させ、民間に活用させることによって、民間の経済活動を振興する方策を推進したと考えられる。

　この尊徳構想は、地域の経験を理論化して国の経営をも健全化しうるものであり、国レベルにおける創造型経営の手法でもあった。

　明治政府は、渋沢が実業界に去ったこともあってか尊徳の業績を財政や国家経営に生かすことができなかった。これは、今日の眼から見ると非常に残念なことである。

　明治政府の地租改正と、重税による農家経営における債務の増大や農民の高利貸しへの従属、さらには土地を失って小作人化してゆく過程は、尊徳が構想した自立した農家経営と全く逆の方向である（池上惇『日本財政論』実教出版、2000年）。東日本はとくに小作人の増加が著しく、米を現物で50％の「高率小作料」が徴収されている。富国強兵のための地租であった。

2. 倫理的な協働態による創造型経営

　尊徳は、領主の権力を制御して農民自治の枠組みを「尊徳仕法」として、承認させている。

　かれは、「至誠」の根本は天理を知ることと主張した。日本国土の各地における風土、気候、植物、水系、適切な営農指導技術などを研究して、新田開発法や農業技術の研究を進め、これらを踏まえて実地に指導できる人材を育成し

ている。

　その方法は、尊徳仕法という枠組みの下で農民自治による改革構想を示す。この構想は、「荒蕪を開く」ものであった。

　土地が遊休し、資金が高利貸しにしか運用できず、人が大量に失業している。

　ここで、御仕法金として尊徳が提供する資金、現地の有力者が提供する土地や資金があり、これらの資源を活用しうる人材がいる。さらには各自の農民が持ち寄る土地、資金、人材など、構想の基礎となるものが一方にある。

　そして他方には、これらの資源を使って耕作すべき土地や神社の修復や、交通路の整備、農産物販売の確保、備蓄など、構想を実現する計画表がある。

　これは一種の公共会計であって、一方には、多様な「準備された資源を現金に換算した"資源源泉表"」と他方には、「生業や公共基盤整備のための"支出計画表"」がある。

　これは至誠・勤労や創意工夫によって、尊徳が蓄積した財産や、農村地域の篤志家が持つ、資金・土地、農民の土地や資金などを農村再生計画に出資させること、それらを総合的に生かして生業と公共事業を再生するのである。

　この背景には推譲や分度の思想があり、天地人の恩に報いる人びとの"営み"があり、豊かな自然環境・資源への感謝の念をもって生きる姿勢があるとみてよい。

　天道を活かす人道である。

　当時の農村自治と倫理的協働態は、これらの資源集積を背景にして尊徳の調整の下に、各自の生業再生・家計再建および農村再生構想と公共予算を編成している。

　村の投資元本ともいうべきものは、無利子無担保、無地代で活用され、必要に応じて給付され、公共事業の原資となる。

　ここに倫理的な協働の本質があった。すなわち、人は科学的に自然を研究し、誠意と勤労精神、譲の徳などによる実行力を引き出し、天地人への誠心への志向・隣人愛・創造性を生かして人、職人を育てる構想である。

　換言すれば、一種の倫理的協働態を融資や給付方式で、しかし利子・地代は取らずに人を生かして実を取る方式である。ここでは金銭は手段であって目的ではない。

これらの投資は遊休土地を活用土地に転換する動きを生み出すが、それは地代を要求しないし要求させない。資金を活用して農産物を生産し売却して売上金や利益が出てくるが、利子を要求しないしさせない。利益が出て農民が自立できれば、冥加金と称する「感謝のしるし」を投資元本に加えればよい。そしてより大規模に遊休地、新地が開墾される。富が生まれて、より推譲が進む。将来世代と地域社会への"ひろがり"と"つながり"がうまれる。

3. 総有による地域経営

　この仕組みでは、個々人の私有財産は個人の潜在能力や、誠意や、智慧・知識、職人技の継承、創意工夫の力量などである。これは「ココロ」「知識」「ノウハウ」などの私有である。「ソフトだけの私有」ともいえよう。同時にこれらはすべて、共感による交流や気づき、人から人への継承が可能である。

　「ハード」すなわち、土地や資金、種子、原材料、家屋、など「モノ」も、形は私有で内容は個人が協力し合って機能を生かしつつ公共活動を行っている。

　これは、総有というべきものであろう。

　さらに、田や畑を耕すのは、自分が食べてゆくためではあるが、同時に隣人とともに、地域を再生する公共活動である。

　土地を耕して収穫するなどの機能は、他人との協働のなかでこそ動いてゆく。

　そして生産物が生み出されれば市場で販売できるから貨幣価値を生むが、利子や地代を生まないから、貨幣価値は生活費を除いてすべて公共の目的に活用しうる。

　貨幣の形をとる財産は、ご仕法金、土台金など元本の増加を意味し、私有とはいえないが自分自身の私有する各自の創意工夫や構想の下で発展するのだから"自分のものとして動いている"ことには間違いがない。

　"自分のもの"であって、"みんなのもの"でもある所有。

　これは、私有でもなく共同所有でもない。

　しかし、よく考えてみれば、土地を私有するといっても我欲によって勝手に利用するわけにはゆかない。例えば文化法制、環境法制や、景観法によって利用形態が制限される。

それは文化財を持ち、生態系を持つ。自然や社会の動きを担っているから、それらを無視して勝手に活用できるわけがない。多くの法制は土地法という独自の体系を持つ。公共性の尊重というモラルは私的所有を超えて公共性を土地に付与する。また、私有制をやめて直ちに共同所有に移行する必要はない。

　従来の法体系からいえば、知識や創造的成果も知的所有権制度という独自の法体系を持つ。

　創造的な芸術的成果や学術的成果はそれを開発した人の私有財産になるが、本人が承諾し、創造者の名を表示さえすれば「みんなのもの」である。

　私有か、共同所有か、という二分法ではなくて、両者を超えた「超所有」が存在する。

　この超所有の下にあるものを、人びとの総意を踏まえ、超公共財として運用してこそ、倫理や道徳が勤労や創意工夫を経て富を生み出し、さらにより高度な超公共財の活用が可能となる。

　同時にこれらの財産は、隣人とともに動いていて、「みんなの財産」として規模が大きくなってゆく。

　ここでは、ソフトとしての「私有と協働の下での人間発達」と、ハードとしての生産手段や自然資源から生まれる「みんなの貨幣財産の増加」が並行して進む。

　永続的な経営が可能となり、文化的価値や公共的価値の生産と貨幣価値の生産が並行して進む。

　こういう「所有」を「総有」という。

　これは、私有でもなければ共有でもない。「財産の機能」からいえば、個人の機能であって同時に集団の機能でもある。

　このような新しい所有形態を発見して開発し、活用し、地域の発展に永続性を与えたのは、尊徳の偉大な功績であろう。

参考文献
池上惇『文化と固有価値の経済学』岩波書店、2003年。
池上惇『財政思想史』有斐閣、1999年。
池上惇『日本財政論』実教出版、2000年。
池上惇『財政学―現代財政システムの総合的解明』岩波書店、1990年。
池上惇（1987）「社会の共同資産と財政学－A. スミスにおけるcommon stock概念を中心として」『経済論叢』第140巻1・2号、1987年7・8月。
池上惇『文化経済学のすすめ』丸善、1991年（韓国語訳は、姜応善訳、毎日経済新聞社、1966年）。
池上惇編（1991）『文化経済学の可能性』芸団協出版部、丸善配本、1991年。
Ikegami, J. (1992)"Economics of Intrinsic Value-A Note on the Value Theory of J. Ruskin and A. Sen", *Kyoto University Economic Peview*, Vol.LXⅡ, No.1,Whole No.132, April 1992.

池上惇『生活の芸術化―ラスキン、モリスと現代』丸善、1993年。
池上惇、山田浩之編著『文化経済学を学ぶ人のために』世界思想社、1993年。
池上惇『情報社会の文化経済学』丸善、1996年。
池上惇『現代経済学と公共政策』青木書店、1996年。
池上惇、植木浩、福原義春編著『文化経済学』有斐閣、1998年（韓国語訳は、趙相浩訳、世界出版、1999年）。
Ikegami, J. (1999b) "Music Festival and Financial Source in Creative Cities", L. Uusitalo & J. Moisander, eds., Proceedings-Actes, Vol. 1, *5th International Conference on Arts and Cultural Management*, Helsinki, June 13-17,1999.
池上惇（2000）「書評・福原義春他『文化資本の経営』ダイヤモンド社、1999」『文化経済学』第2巻第1号（通算第8号）（2000年3月）
池上惇・小暮宣雄・大和滋編著『現代のまちづくり－地域固有の創造環境を』丸善、2000年。
岩崎敏夫『二宮尊徳の仕法の研究 相馬藩を中心として』錦正社、1970年。
大藤修『近世農村と家・村・国家』吉川弘文館、1996年。
岡田博『二宮尊徳の政道論序説―報徳書 斕祭記』岩田書院、2004年。
神谷慶治編『譲の道』ＡＢＣ出版、1992年。
児玉幸多「人間と大地との対話」『二宮尊徳』（日本の名著26）、中央公論社、1970年。
渋沢栄一・守屋淳訳『論語と算盤』ちくま新書、2010年。
中桐万里子「"言語形態"という研究視覚―図像言説あるいは詩的言説としての"語り"」『報徳思想と中国文化』学苑出版社、2003年。
奈良本辰也『二宮尊徳』岩波書店、1959年。
二宮四郎述「譲の道―二宮尊徳の考え方」神谷慶治編『譲の道』ＡＢＣ出版、1992年。
二宮康裕著『日記・書簡・仕法書・著作から見た 二宮金次郎の人生と思想』麗澤大学出版会、2008年。
福住正兄原著、佐々木典比古訳注『訳注 二宮翁夜話（上）』現代報徳全書8、一円融合会（報徳文庫）1958年初版、2008年小訂。
八木繁樹『定本報徳読本』緑蔭書房、1983年。
安丸良夫「富士講」家永三郎ほか編『民衆宗教の思想』日本思想体系67、岩波書店、1971年。
ラスキン、ジョン著、内藤史朗訳『Modern Painters 風景の思想とモラル－近代画家論・風景編－』法藏館、2002年。
Ruskin, J. (1857, 1880)"A Joy for Ever," (and Its Price in the Market): being the Substance (with additions) of Two Lectures on The Political Economy of Art, Delivered at Manchester, July 10th and 13th, 1857 in E. T. Cook and A. Wedderburn eds.,*The Works of John Ruskin*, "A Joy for Ever," and The Two Path with Letters on The Oxford Museum and Various Adresses, 1856-1860, George Allen, London; Longmans & Green, New York, 1905.（内藤史朗訳「芸術経済論」梅根悟、勝田守一監修『世界教育学選集、芸術教育論』三 芸術経済論、明治図書、1969年。）
Ruskin, J. (1862, 1863)"Munera Pulveris", in E. T. Cook and A. Wedderburn eds.,*The Works of John Ruskin*, Unto This Last, Munera Pulveris, Time and Tide with Other Writings on Political

Economy, 1860-1873, George Allen, London; Longmans & Green, New York, 1905.（ジョン・ラスキン著、木村正身訳『ムネラ・プルウェリス－政治経済要義論－』関書院、京都、1958年。Unto This Lastの日本語訳は、飯塚一郎訳「この最後の者にも」責任編集、五島茂『ラスキン、モリス』（世界の名著52）中央公論社,1979年。Time and Tideの日本語訳は、栗原古城訳『時と潮』玄黄社、1918年。）

Ruskin, J.（1994）*The Social and Economic Works of John Ruskin*, 6 Volumes, Routledge/Thoemmes Press.

第四章

地域再生構想の実践における
人間の疎外と発達

商人論における二宮尊徳とアダム・スミスを中心として

I　はじめに——経済学における人間行動の基礎
　　　　——尊徳「推譲」と、アダム・スミスの「自己愛」

　現在、経済学の研究において「地域固有の文化的伝統を経済学の中に位置づける試み」が徐々にではあるが、市民権を持ち始めている。
　このような試みの先駆者は、日本の二宮尊徳とイギリスのラスキンを嚆矢とする。
　本稿はかれらの経済思想における独自の貢献を継承しながら、人間の行動動機を、従来の経済学、とりわけアダム・スミスのいう「自愛心」から「推譲」へと転換することによって、「推譲経済」ともいうべき新たな視点を提起する。
　そしてこのような視点は、現代経営哲学における「商人論」の位置づけを試みるなかでいっそう確実なものとなる。
　またこの論考で、とくに注目したのは「自愛心」がもたらす人間疎外や貧困化の問題である。
　A.スミスが指摘するように、「自愛心」を動機とする経済活動は、一人ひとりの職業分野を、分業の原理によって確立させ、分業の成果を交換することによって商品市場を発展させる。分業によって一人ひとりの労働する人は、細分化された作業に集中することによって、熟練・技巧・判断力を高めてゆく。これは短期的には、人間の潜在能力を開発する。そして、機械の導入や大工業の進歩

への道を開くことができる。

　しかし同時に、スミスは、私益による分業の発展が「分業と私益で分断された人々は、広い視野を失い、協働や参加の力を失う」ことを憂えていた。

　すなわち自己愛による経済発展は、短期的には、効率を高めて人間の一面での発展を実現するが、他方では広い視野と高い人格性を喪失する。そして、「専門には強いが、人間としての"全人"性は失われる」。スミスは、これを商業社会の重大な欠点であり、教育制度などによって克服すべき課題であると考えていた（第八章191-193ページ参照）。

　これに対して尊徳のいう「推譲」は、自己愛を「分度」の確立の範囲内にとどめる。そして「譲り合い」によって人間疎外のさまざまな困難や壁を乗り越えようとする。ここでは、人びとの心の"ひろがり"と"つながり"、それによる人間発達が展望される。

　ここでの商業社会は、互いの財に関する情報を共有しあい、生産者の創造性を評価し、辛苦を理解して、商人が財を買い、互いに歓びあう。

　そしてその財を、創造性を理解できる文化を持つ人びとを開拓し、発見して販売する。利潤は決して多くないし商人個人としては儲からないが、販売量や販売金額は増え、生産者の持つ所得は増加し、購入者の文化が高まる。個人の富は「分度」の範囲にとどまり、「推譲」によって、社会的な人間的つながりが生まれ、生産者、商人、消費者の心の通い合いが発展する。

　商人は、「譲り合って、売り手も買い手も歓ぶ契約関係」を生み出し、農工商の連携を図って「藩による重税」などに対抗した。この譲り合いのなかで、農業者の力量も工業者の力量も増大する。売り手と買い手の基盤を作る商人の視野は広がり、文化性が高まる。

　「私益によって分断された世界」を商業によって共通の基礎を作り、互いの力量を生かしあって高まりあう。

　このような人間発達論が、ここにはある。

　これは、現在の人びとの生きざまにも通底し、かつて二宮尊徳が切り拓いた世界でもあった。

　このような連携がさらに格差の存在するなかで、「推譲」の実践が進むと、大きな変化が起こり始める。

幕末のころ、尊徳は無利子無担保融資によって債務にあえぐ人びとを支え、家族や地域の"ひろがり"と"つながり"で支えて職人技などを継承させ、自立させて、今度はかれらが別の人に融資する社会を構想した。
　ここでも譲り合いが生まれる。市場で譲り合い金融で譲り合って、仕事を起こし、地域を創る。これは、一人ひとりの行動の積み上げであるから、重税など上からの支配をかいくぐって浸透してゆく。
　これは藩の支配のもとで、確実に一人ひとりを発達させる方法であった。
　いま現代経済も、複雑な経済関係が発展するなかで、尊徳思想を継承発展させる経営者が現れる。ここで、経営者の良心を「推譲経済」として発揮するならば、尊徳の偉大な構想は現代によみがえるのではないか。
　このような動きは、いかに困難な状況のもとでも、一人ひとりの自覚によって可能となる。とりわけ、すべての社会の人びとの関心が推譲に向かうかどうか。
　この動向が注目される。
　尊徳のいう「推譲」活動に、人々が同意され、静かな、しかし、山を動かす"営み"が開始されること。
　耐え難い苦しみを自己愛ではなく、推譲によって克服する試みこそ、いま、最も必要とされる。
　また、商人論の研究は、人びとが、支援しあう仲間のあることを感じ、自分自身の努力によって、地域固有の財の生産や流通、産業振興や仕事おこしに取り組むこと、近江商人がいう「三方よし（さんぽう）」の実現によって、大不況の克服と経済発展が実現すること。
　これらを示唆することにつながるであろう。

Ⅱ　商人の道──蒲生氏郷と日野商人、二宮尊徳

商人としての尊徳像

　蒲生氏郷による日野商人の近江や伊勢への展開、さらには、会津若松はじめ、関東から東北にかけての発展は、16世紀の後半である。
　それから約200年後に、二宮尊徳による「荒蕪を開く」実践によって、衰退した農村や手工業の再生が図られたとき、これを支援したのが尊徳の仕法に賛同

した伊勢や近江の商人であった。

　尊徳自身が商人として活動したことは、かれの「流通」に関する意見に反映されている。天保5（1834）年秋、尊徳は桜町における仕法の困苦を経て内省と思索を深めた。その一つの成果が『三才報徳金毛録』である*。

＊児玉幸多「三才報徳金毛録・解題」（児玉幸多責任編集『日本の名著26・二宮尊徳』中央公論社、1970年、179ページ）「かれの一元論は、理気二元論の朱子学とも、また一元を精神に求める観念論とも、物質に求める唯物論とも違っている。かれの一元は、精神でも物質でもない第三の実体、つまり混沌とした一円に求められるものであった」（同上、383ページ）

　この書は、まず「天地開闢(かいびゃく)以前の状態」を示す一円融合のシンボルから始まる。「宇宙万物の生成発展は、すべて大極をその根源とする。古書の言い伝えでは、いまだ天と地が分かれず、陰と陽の対立がなかった時は、混沌とした状態で、まるで鶏卵(たまご)の中身のように形状が定かでなかったという。」（同上、182ページ）

　天地開闢は、この「ひとつのもの」から、天地の存在をはじめ、空、水、火、風などの別が生じ、内外の別、東西などの方向の別、方円などの別、精神と物質の別などが発生する。また、陰と陽は、男女の関係を示唆し、子や生命の誕生を示すが、同時に、生命の存在は、「寒暑」に左右され、陰陽の作用を助けるのは寒暑の作用である。尊徳は、生命の神秘においても気候や気温という自然環境の影響を見ていて、観念の独走を許さない、「存在と場」の総合的な把握を試みている（同上、385ページ）。

　彼は、生死、男女、治乱、豊饒、不徳などを論じて、「不徳が賊乱を生ずるの解」を論じ、次のようにいう。

　「不徳のもとを考えれば不学にゆきつく。不学のもとを問えば怠惰であり、怠惰のもとを推考すれば学問をなおざりにしたことにある。学問のなおざりは父母の責任に帰されるから、父母が教育に不熱心だという過ちを犯せば、その子は政治に無関心になる。

　政治のことに暗ければ、人びとはその者を軽蔑する。人を軽蔑するようになれば自然に田畑の仕事を怠けるようになり、そうすれば田は荒れ果てて廃田ということになる」（同上、404ページ）

　この荒廃は不学が原因である。不学が親や上に立つものの驕りや怠惰によって生まれるとすれば、驕りこそ、子や生命をスポイルする。子は困窮に陥る。

不学、驕りや怠惰、生命の衰退は、一体のものであって、ここに貧窮、離散や国家の危機の真因がある。

　これは現代にも通じる厳しい指摘であるが、真実であろう。

　親は教育不在の現状を教師のせいにすることなく、自ら行いを正して自らの実践の価値を子に伝えるべきなのである。もしも自分の仕事が「子に伝えるべき内容がない」と判断したならば、自分の仕事をどのように創造的なものとするかを志を同じくする人々と語り合い、道を発見すべく、互いに学び合うべきなのである。学問は書物に頼らず、あくまで読書の習慣を心がけて、学を楽しむ心を育て参考とし、先祖や友人や近隣の実践を間近に感じて学習すべきである。

　このような学習の場こそ真の学校であろう＊。

二宮尊徳像

　　＊私は社会人大学院が、このような場となることを願って一貫した実践を試みた。京都大学や福井県立大、京都橘大学でそれなりに実績を上げ、「子供に恥じない人生」を創り上げられた方々が多い。しかし残念なことであるが、現在の日本の教師はこのような実践を快く思わない人びとが多い。その理由は、現在の教育における労働条件があまりにも劣悪なためである。社会人教育は一般にいわゆる「手間が多い」から、時間と労力を取られ、ただでさえ忙しいのに、これ以上の負担は許容できないと考えられるようである。その上に社会人大学院生は教師を上回る知見を持つものが多いから、これも教師から敬遠される理由である。しかしそのような考えでは、教師は、社会からの理解を得られず、自分の待遇改善さえままならず、出口の見えない状況に直面するし、現に直面している。社会人を教育しかれらに誇りと自信を取り戻し、かれらの力量を高めさえすれば、かれらは教師の待遇改善にも必ず協力してくれる。社会人教育は友人を創る教育である。友人をつくらないで、自分たちだけの労働条件の改善を願うのはきわめて難しい選択であろう。

　さて尊徳は、人びとが幸福になる社会を構想して天地人の恩に報いる報徳の実践を基本とした貧窮の克服を実践する。

　そのときかれは、報徳実践として、米1粒が100倍にも200倍にもなる農業を

基本としながら、農民が報徳を実践する方策を提起し実践した。

　天保7（1836）年、烏山仕法においてかれは、一村の労役につくものとつくことのできないものを分け「前者には鍬1本、荒地1反歩につき、起こし返し料金3分2朱、田植え料2分2朱、計1両2分」を渡し、世話役を投票で選んで事務を総括させた。

　後者は、村内に福祉施設を設けて食事や寝所を提供し医療を施す。

　この仕法は「数十日のうちに荒地は変じて水田となり、秋になって、その収穫はすぐに貧民の食料の補いとなった。そのほか、沓・草履・縄などを製造したことも莫大であって、飢民がひとりもなく安穏に生活をつづけ」ることができた（福住正兄『二宮翁夜話』前掲書、325-326ページ）。

　そして、この仕法について尊徳は、注目すべき指摘を行っている。

　　「右の方法は、単に救窮の良法というばかりでなく、勧業の良法でもある。この法を実施すれば、一時の窮乏を救うだけでなく、遊惰の者をも自然に勉強させ、思わず知らず職業を習い覚えさせ、習い性となって、弱い者も強者となり、愚者も職業になれ、幼者も縄をなうことや草鞋を作ることを覚え、そのほか種々の稼ぎを覚えて、懐手をして遊んでむだ食いをしている者もなくなり、人々は遊んで暮らすことを恥じ、むだ食いしていることを恥じて、各々精業につくようになるものだ」（同上）

「荒蕪を開く」農業における仕事おこしは、単に、救貧事業ではなく、同時に、「勧業の良法」である。この指摘は、まさに、本質を突いた内容であって、尊徳が「農」だけでなくて、手仕事、職人や、「稼ぎ」、すなわち、商人の道への通路を拓く力量を持っていたことを示唆している。

　尊徳によると、この烏山仕法は、無利子無担保金融を超える良法である。「無利息金貸付法は窮を救う良法である。しかし、右の方法はこれに倍する良法といえよう」（同上、326ページ）

　農民は、至誠、勤労、分度、推譲によって、子孫や他人を支援できるだけでなくて、農民が職人となり商人となるなど、多様な職業に発展しうることを示した。

この実践は天道が生み出す貧富の格差や貴賤の現実を人道という努力によって克服し、天道を生かして人道を貫くことを意味している。尊徳によれば天道は一面では豊かな実りを生むが、他方では生存競争の世界によって「奪」の厳しさを持つ。人道は、天道にはない、人間同士の「譲り」の道を持つ。子に譲り、他人に譲り、農民と商人、職人と商人、互いに譲り合って繁栄の道を開くことができる。

　このような「譲り」の"営み"は、譲りのなかで互いの人格が学び合い、高まりあう。子と親の「共育」も推進される。流通関係は、この相互学習をいっそう進める。

　たとえば農民は、商人とつきあうなかで、商人が行商の中で体得した各地の文化や習慣の重要性、「自分よし」「相手よし」「世間よし」などの商人道から学ぶ。

　商人は、農民から報徳の"営み"を学び、その仕事の固有性や創意工夫、激しい労苦を理解し、その結果、生み出された農産物の優れた品質を理解する。

　このような相互理解は、互いの生業における「文脈的価値」の共有である。

　このような共有から、さらに進んで、農民が商人となることもできるようになる。まさに、農民は「百姓」となって、商人や職人にまで多様な力量を兼ねるようになるのである。このような人間発達は、尊徳が重視した「富貴への道」を担う新たな人格の誕生であった。

　岡田博は『二宮尊徳の政道論序説』（岩田書院、2004年）で、当時の藩が「あまりに低価格でコメを処分している実態」に、尊徳が見かねて対策を講じたと指摘した。

　その対策とは、「二宮金次郎自身が米商人になり、配下の商人を組織化して、その胴元になる」（同上、128ページ）こと。この構想に賛同する商人を集めること。仕法の場であった「桜町領内農民の中から立派な米商人（豊田七郎治、喜左衛門、仙右衛門）」（同上、128ページ）が生まれたことである。

　蒲生氏郷の時代には、商人は在村が許されなかった。城下に集められていたのである。

　しかし、それから約200年を経た、尊徳の時代には、尊徳を中心に在村の商人が誕生していて、かれらの物流ネットワークが、農村復興を支えた。領主権力の後退を象徴する出来事だった。

尊徳の仕法は、商人の存在と一体のものであったのか。

氏郷の時代から日野、近江の商人は、行商によって商圏を拡大していった。行商は現在でも、輪島塗の「塗り師」が行商する伝統に見られるように、職人技を理解した「最終工程の職人」が担当し、商品のデザインや文化性の理解が不可欠であったと考えられる。農民が商人となる場合にも、商品知識としての「農業理解」は不可欠であったであろう。

農民が職人となり、さらに、商人に成長する時代。

ここにおける商人の果たす役割は大きい。

従来、大塚史学と呼ばれる日本歴史学の成果は、資本主義の発展における商人の積極的な役割には否定的であった。局地市場圏という農民や手工業者が形成する地域市場こそ、前近代的商人が支配する経済からの自立を意味すると考えたのである。

しかし商人にも、御用商人ではない、独自の道があった。そこでは尊徳仕法のように、商人の活動が自作農業や地場産業の発展や再生に重要な役割を果たし、農民が勧業の雰囲気のなかで、多様な職業能力への萌芽を身につけ、人間として発達する。

近江商人への高い評価にもつながるこの方向での研究は、今後さらに深められるに違いない。

それは西欧の輸入を起点とした明治の経済学からの解放であり、日本経済学の事始めにふさわしい仕事である。

Ⅲ　組織の閉鎖的壁を超える商人の道

尊徳は、当時の藩主が産業や商人活動を狭い領国の中に閉じ込めようとする傾向に対して、厳しい批判の目を向けている。

たとえば、米沢藩（上杉鷹山の改革で有名である）が採用した「凶作時における藩の産業政策」を批判して尊徳はいう。

> 「米沢藩（上杉氏）では、少しの凶作の年には酒造量を半減し、大凶年には厳禁し、また他領からの輸入も許さない。大豆が違作であれば豆腐の製

造も禁止すると聞いている。これは自国の金を他国へ出さない政策で、いわば一国、一藩の経済である。

　しかし、天下の経済は、このようではだめだ。公明正大でなければならない。『大学』に『国は利をもって利とせず、義をもって利となす』（国家の利益は利益追求から生じる闘争を利益とせず、道義によって安定することを利益とする）とある。これこそ国家経済の格言というべきものだ。農商一家の経済にも、決してこの気持ちを忘れてはならない。世間の財産家は、このことを知らなくてはならない」（『二宮翁夜話』前掲書、315ページ）

"天下の経済は公明正大でなければならない"
　これは、義を利に優先する思想である。同時に、ここでの「義」は、特定の家、藩や組織の利益、一種の閉鎖的な私益を優先してはならず、開かれた社会における"他人・他地域を歓ばすもの"であることを意味する。
　尊徳は、「世界の中で、法則とすべきもの」を、四つ挙げた。
　①天地の道、②親子の道、③夫婦の道、④農業の道、である。
　これらの道は「天地生々の心を心とし、親子と夫婦の情に基づき、損益を度外視して、国民が潤い、土地が復興することを楽しむ」ことに通じている。損益優先の社会ではなく、これらの道を優先する社会が構想されている。
　「さてこの道にのっとるときは、商法は売って喜び、買って喜ぶようにすべきだ。売る人は喜び、買う人が喜ばないのは道ではない。買う人は喜び、売る人は喜ばないのも道ではない」（同上、234ページ）＊

　　＊尊徳は続けていう。「貸借の道もまた同じだ。借りて喜び、貸して喜ぶようにすべきだ。借りた者は喜び、貸した者が喜ばないのは道ではない。貸し手が喜び、借り手が喜ばないのも道ではない。万事この通りだ。私の教えはこれを法則とする」（同上、235ページ）

　尊徳の「商人の道」は、この指摘で知りうる限りは、近江商人の「自分よし。相手よし。世間よし」に通じるところがあり、契約関係が、現代でいう「互いに得をするゲーム」（positive-sum game）に似たところもある。同時に、彼の契約関係の理解は、近江商人や互いに得をするゲームという個別取引の枠組みを超えている。ここでは、個別から集団や藩という地域国家ともいえる「人びと」の行動が問題となっている。

尊徳によれば、これらの人びとは、ある組織を構成していて、「組織益という閉鎖的な私的利益」を追求してはならない。人びとは、組織益を否定し、開かれた「公明正大」な世界を展望する。この点で、尊徳の市場経済論は、卓越した倫理優先の市場関係を示唆しているといえよう。
　これは、商人の道が、すべての人びとや地域に開かれていて、私益を超え、損益を超えた商業活動によって、すべての人びとに歓びをもたらす。そして、生活の安定を永続させることを意味する。
　損得を度外視して、天地の道、親子の道、夫婦の道、農業の道に則った契約関係、互いに歓びをもたらす契約関係を追求する志向。このような「義」を優先して利を後にする思想は、王陽明など儒学左派の商人道とも通底しており、「東アジアの商人道」として、現代市場論を再構成する潜在力を秘めている。
　A.スミス以来の西欧型市場経済論は、大きな反省の機会に直面しているのかもしれない。

1. 産出と運転——固有価値を引き出す商人道
　尊徳は、農工と商人の関係を次のように指摘している。

>　「財宝を産出して利益を得るのは農工である。財宝を運転して利益を得るのは商人である。
>　財宝を産出し、運転する農工商の大道を勤めないで、しかも、富有を願うのは、たとえば水門を閉めて分水を争うようなもので、智者のするところではない。ところが、世間で智者と呼ばれている人のするところを見ると、農工商を勤めないで、ただ小智や悪智慧を振って財宝を得ようとしている者が多い。誤っていることであり、迷っているというべきだ」（『二宮翁夜話』前掲書、274ページ）

　農工人の「財宝産出」に対して商人が「運転する」こと。これによる以外には、富有への道はない。
　ここでは、人が富有に至る上での商人の役割が正確に表現されている。
　さらに、尊徳のいう「運転」とは、単に商品の運送や販売を意味するもので

はない。

　かれは、この「運転」に、「世界の運転」、すなわち、仏教にいう「因果応報」の意味を込めた（同上、263ページ）。

　この理に従えば、もしも商人が「積善」を志して経営すれば、必ず「応報」があることになろう。運転の「運」は、彼によれば「いわゆる廻りあわせ」であり、過去・現在・未来の三世を視野に入れてはじめて認識することができる。

　尊徳は、この三世の思想は儒教には乏しく仏教にあることを指摘しながら、実は仏教発生、釈迦登場以前から、開闢以来行われてきた「天地間の真理」であるという。

　この真理は本に書いてあるわけではなくて、「不書の経」ともいうべき、人が実践を前にして、よく観察し、目を閉じて想像力を働かせ、人や、植物、動物などの「生命の"営み"」から真実を発見する以外に方法はない。

　尊徳はいう。

　　「いまここに一本の草がある。現在は若草だが、その過去を悟れば種だ。その未来を悟れば花が咲き実りがある。茎が高くのびたのは肥料の多い因縁であり、茎の短いのは肥料の少ない応報だ。その理は三世にわたってみれば明白である」（同上、237ページ）

　この「運転の理」は、尊徳の歌に、詠み込まれた。
「聲(おと)もなく香(か)もなく常に天地(あめつち)は書かざる経をくり返しつつ」（同上、237ページ）。
さらにいう。

　　「この経を見るには、肉眼をとじ、心眼を開いて見なさい。さもなければ見えない。肉眼で見えないわけではないが、徹底しないのだ。因果応報の原理は、米を蒔けば米が生え、瓜のつるに茄子(なす)がならないという原理だ。この原理は天地開闢から行われて、今日に至っても間違いはない。日本だけでそうなのではなく、万国みな同じだ。されば、天地の真理であることは説明しなくても明らかだ」（同上、237ページ）

してみれば、商人の仕事は、農業における種子を育てるかのように、人や夫婦、親子の育ちあいを念じて、各地の農産物や物産を購入し販売する。これらの行為を通じて、商品などが、人びとの対話を媒介する。そして、このなかで、人びとには、勧業の重要性についての自覚が高まる。さらに、このような機会の提供は、人びとに多様な商品やサービスの開発についての発見や気づきを深め、ひいては多様な仕事や職業の可能性を開くこととなろう。

蒲生氏郷が会津若松に伴った近江（日野）商人たちは、行商をしながら各地に固有の物産を発見し、職人の移住や交流を奨め、関東、東北に、西の文化を伝え、また東の文化を西に伝えた。

後世、尊徳が開いた「荒蕪」の地と農工人は豊かな物産を提供して、商人の"営み"を支え、商人は販路を拡充して農工の期待に応えた。この因果の連鎖こそ、新たな世界を拓く。商人の「運転」にいう「運」は"博打の運""確率の運"ではなくて、天地の永遠の轟きであり、人びとの響きあいであった。

2. 産出と運転による固有価値の実現・続

固有価値という概念をはじめて経済学に登場させたのは、イギリスの文化経済学者の祖、ジョン・ラスキンである。

彼は、「固有価値とは、人間の生命や生活を支えるために、自然界や社会にあるものが持っている絶対的な力である（Intrinsic value is the absolute power of anything to support life. J. Ruskin, *Munera Pulveris*, George Allen, London, 1907, p.12. Preface, 1871.木村正身訳『ムネラ・プルフェリス』関書院、1958年、39ページ以下）と指摘した。

この意味は、かれの説明によれば、「一定の品質・重量の一束の小麦は、そのなかに人体の生存を維持する計測可能な力をもつ」（同上）ということである。小麦のこのような力は、人間が小麦を消化する能力、すなわち、享受能力を持っていなければ、有効（＝有効価値）にはならない。消化能力が健全であってこそ、人間は小麦の固有価値を享受して健康に生活することができる。

同様に考えれば、大気1立方フィートは人間の体温を維持する固有価値を持っている。この価値は、人間の呼吸能力が健全でないと機能できない。ここでも享受能力が必要である。呼吸能力が健全であってこそ、固有価値は享受されて

有効価値となる。

　さらに、一定の美しさを持つ一群の草花は、五感および心情を鼓舞して活気づける固有価値を持つ。人間の健全な知覚能力なしには、これもまた享受されない。

　ここでは、消化機能、呼吸機能、知覚機能などの人間における基本的な生理的機能が健全に発達していることこそ、享受能力の根源である。

　他方で、ラスキンは、このような宇宙的な自然や人間自然のなかで把握された固有価値と共通の性質（人間の生命や生活を支えるという性質）を持ちながら、これとは区別される、もう一つの「固有価値のグループ」を挙げている。

　それらは、
１）空気・水・生物を生かす土地（食料・動力＝エネルギー源および景観・生物多様性などによって人間の生命と生活を支えるもの）
２）住居と内装（社交・健康の視点から観た建築物・都市区画など、および、習慣・生活に影響する歴史的由来と建築美）、機械や器具＝instruments（機械などによる労働の集約化＝省力化、および、望遠鏡のような観察機器による抽象科学への支援）
３）品質を保持した貯蔵可能な加工食品（作りすぎによる廃棄・浪費の防止、飢饉の防止による生命・生活支援）、病気の予防や治療のための施設と薬（永続性のある経済システムの構築と、適切な衛生関係法の確立）、生命と生活に歓びをもたらす、美的で高尚な趣味用品
４）書物の固有価値。事実に関する知識の保存と普及の力、および、生命の内発的な志向である高貴な感動と、知的行動を鼓舞する力によって人間の生命と生活を支える。同時に書物は、著作者によっては、事実の記憶を偽装したり抹殺する力や、高貴な感動を殺して低俗な感情を鼓舞する力も持っている。これは、固有価値を隠蔽し人々の眼から遠ざける力を意味する。そこで、著作物が持つプラス面を伸ばし、マイナス面を抑制することができるならば、経済的な市場としての書物は大きな価値を持つし、教育的価値も大きい。そこで、よい著作者を生み教育する手段を解明し、良い書物を廉価に供給して一般人が入手しやすいようにし、読者の好みをこれに向ける手段を生みだし、経済的にも発展させることが必要である。
５）芸術品の固有価値。ラスキンは『ムネラ・プルウェリス』における「固有

価値の定義」にあたる個所では、次の一文があるだけで説明はしていない。「この価値は書物の価値とおなじ性質のものであるが、その生産の法則および可能な配分様式はおおいに異なっており、別個の吟味を必要とする」(同上、18ページ。訳書、44-45ページ)では、ラスキンが研究しようとしていた、芸術品の固有価値とは、どのようなものであったのか。

　かれは具体的な事例として、この書の「序」で、ヴェネチア市における聖ロコ教会の天井画(ティントレットの名画)を固有価値として説明している。かれはいう。

　　「1851年の冬のこと、わたくしがヴェネチア式建築にかんする著作の資料を集めていたときのこと、聖ロコ講堂の屋上に描かれたティントレットの天井画のうち、三枚がぼろぼろにわれて、木舞や漆喰と、ごちゃ混ぜになり、オーストリア軍の砲弾三発が命中してできた裂け目のまわりにぶらさがっていた。ヴェネチア市は、その冬の財政状態が、この破損を修理しうるほどに富裕ではなかったらしく、講堂の階上部屋の床には雨受けのためにバケツが置かれただけで、雨は直接に砲弾孔をとおして落下するだけでなく、屋根一面に雨水が浸透するために、天井の他の部分にあるティントレットの絵地をも、通って流れ込んでいた。……これは私にとって、厳しい現実を通じての直接的な教訓であった。というのは、当時すでに私は、……ヴェネチアのティントレットの絵画こそまさにヨーロッパにおける富のうちもっとも貴重な品々であり、人間の勤労による現存最上の生産物なのであるということを、承知していたからである」(J. Ruskin, Munera Pulveris, *Six Essays on the Elements of Political Economy*, George Allen, London, 1907, Preface, 1871, pp.ix-x, (ジョン・ラスキン著、木村正身訳『ムネラ・プルウェリス−政治経済要義論−』関書院、京都、1958年、序、4-5ページ)

　ここでのラスキンの問題提起は、歴史に残る名画の価値、つまり、歴史的創造財を、地域のコミュニティを構成する市民はどのように評価すべきかという点である。この固有価値は当初、市民には認識されていなかった。したがって、享受する能力も機会もなかったのである。

　ラスキンがこの固有価値を発見し、それを市民に伝え、市民が学習によって

固有価値を認識すれば、市民は寄付金からか自治体の予算からか、何らかの方法で、資金を調達し資源配分を変更して、この名画を保存する。

この名画の予算配分における評価の額は、ティントレットがこの名画を生み出したとき、彼に支払われた報酬とは無関係に、名画を保存するために補修して再生する専門家たちへの報酬（専門家の人材育成費用を含む）や、補修に要する多様な必要経費（建築物補修費を含む）が積み上げられる。いわば名画の文化的価値を再生するための経済的価値を市民たちが分担し負担する仕組みである。

ラスキンが固有価値論を提起するまでの間、J.S.ミルをはじめ、多くの経済学者は、この天井画のような「地域性を持つ固有の芸術作品」は、骨董品や名画と同様に考えて、それらの価値は量産品の市場における価格決定とは無関係なので経済学の対象から除外してきた。

また経済学は、地域性や固有性を取り扱う枠組みを持たない「一般的な理論」として展開されるのが普通であった。しかしラスキンは敢然と、地域の文化財や名画などの、経済学における評価が重要であると主張する。そしてこれがない「経済学」は、文化財の再生による地域の発展や固有価値の発見や再生の費用の研究ができないままに、貴重な文化的価値を放棄しその結果、重大な文化的損失と経済的損失を被ってきたと考える。

さらに、ラスキンの固有価値論は、教会の天井画のような文化的伝統を体現した固有価値だけでなくて、現代のデザインによる商品の固有価値の形成にも関わる研究を行った。

かれは、「絵入りの盃、絵入りの陶器、デザインをもつ織物、その他、真の人間的な創意工夫を要する、どのような国民生産物」に言及した。そして、ここにも、固有価値の性質を考える手がかりがあると考えていた。

かれが例示している「絵入りの盃、絵入りの陶器、デザインをもつ織物」さらには「その他、真の人間的な創意工夫を要する、どのような国民生産物」という財の定義こそ、かれの生きた時代から現代に至る財の普遍的で基本的な特徴となったものであり、まさに多数の消費者が現実に市場での選択の対象としている財である。これらは一種の工芸品であり、地域の特産品として供給されることが多い。

しかも、「絵入りの」という表現の意味するところは「『芸術的な価値』をも

つ絵」が、「盃や陶器などに『芸術的な価値』を移転し得る」ということを意味している。「社会の普遍的な財のなかに『芸術的な価値』が移転されて生活や市場のなかに入ってくる」という事実、これこそ、ラスキンが把握した固有価値論におけるもう一つの基本的な特徴であった。

先の天井画のような歴史的な創造財や文化財、さらには、地域固有の工芸品など、教会や美術館にある、「一点もの」に固有価値があるだけでなくて、固有価値を持つ絵画を、「デザイン」として日用品などに取り入れるならば、日用品の価値は、確実に高く評価される。それは消費者が工芸品の享受能力を持つために学習し、学習費用を支払ったと考えることによって市場が成立する。

この市場は、書物と同様に、一点ものではなく、「量産品ではないが、一定量、固有価値を担って、流通する」と考えることができよう。すると、この工芸品は、芸術家やデザイナーに対する著作権料や教育費用を享受者が公正に評価し、分担してもらうことによって、生き残りのため自由競争市場ではないが、自由意思によって互いの「歓び」を実現しうる市場価格が成立することになる。

この価格は、享受者＝消費者が、生産者＝デザイナーと職人の芸術性・修業や学習・教育の費用などを公正に評価し、それによって文化的価値を手に入れて「生活の質」を高め、生命と生活を支えられることとなる。

ここには、一種のフェア・トレード（倫理的な消費者の登場）が成立する。

この両者の間に商人が介在し、生産者と消費者の共通の文化的伝統や地域性を媒介とした文化活動を実践したとする。これによって消費者の享受能力が高まれば、生産者の創造性を享受する場が成立する。

ラスキンの固有価値論を尊徳の商人論と重ね合わせるとき、そこに新たな市場論が発見できる。いま必要とされているのは、このような市場論ではないであろうか。

芸術品などの固有価値、生産者による創造性と、消費者による享受能力は、消化能力、呼吸能力、知覚能力の基盤の上に自然や社会の本質を洞察し、発見する力量、それを芸術的に表現する力量と、芸術品を鑑賞し創造性を理解する能力が必要となる。商人は、この共通基盤を培養する公器であろう。

3. 商人論における尊徳とラスキン

　J.ラスキンが『ムネラ・プルウェリス』の序文を書いたのは、1871年であった。日本ではすでに、明治維新が新たな体制を構築し始めた時期である。この書の第四章は「商業」と題されていて、ラスキンが地域固有の物産を商人を介して交換すること、また商人は、地域固有の「スキル＝技量や熟練」を交流させ、成果を交流させること、などを指摘している（*Munera Pulveris,* George Allen, London, 1907, p.110f. Preface, 1871.木村正身訳『ムネラ・プルフェリス』関書院、1958年、148ページ以下）。

　そして、各地の物産を交換する場合には、「生産者が雇う運搬人（porters）」が商人となってゆくこと。商人は「利潤（profit）」ではなくて「報酬（pay）」だけを求める場合に正しく行われるという。

　ここで彼がいう「正しい商業（just commerce）」とは、次のような内容を持つ。
1）両地域の交換する人間、または、団体という複数の当事者が存在すること。
2）一人または複数の交換媒介者、すなわち、商人の当事者が存在すること。
3）交換される諸物の価値は両交換者に知られており、各自等しい価値を受け取って、得も損もすることはない。
4）商人＝中間の媒介者には、運搬の労働に対する報酬と、「品質保証（care）、知識の学習・伝達（knowledge）、リスクへの対処（risk）」に対する報酬が支払われる。

　これらの内容は、当時における「商人労働の本質」に関するラスキンの鋭い洞察が含まれていて、現代商人論にも通底するところがある。

　他方ラスキンは、このような物産の交換が、各地域固有の文化や地理的条件（海上交通など）、法制度等によって規制を受ける、すなわち、課税されたり運賃が嵩んだりする状況が生まれてきた。このために、商人が提供する文化情報、商品情報を共有して、生産者と消費者が自由な意志や判断によって文化的価値を評価し、公正な価格で、公正な報酬を保障しあうわけにはゆかなくなる点にも注目した。

　そうなれば、商人は「安く買って高く売る」悪徳商法を行う可能性が拡大する。この動きは、「不正」であることが多く、その理由は、商人が「交換の当事者たちに商品の交換価値を伝えないこと」と「買い手の必要と、売り手の貧窮

につけこむこと」によって利潤を得ているからである。

　ラスキンの商人論は、商人の本来の機能として、運搬、「品質保証（care）、知識の学習・伝達（knowledge）、リスクへの対処（risk）」などを正確に把握している。それは知識人としての商人の重要性を認識し、当事者間における商品情報の共有を確実にする役割を評価した。さらには、商人の倫理性の高さを求め、買い手の必要や売り手の貧窮につけこまない道徳観を重視している。

　他方、ラスキンの商人論は、当時のヨーロッパにおける状況を反映して各地に固有の物産が起こり、職人技などの理解や交流が可能となっていること、このような有意義な文化交流につながる商業には、政府や各地の規制の壁が障害となって立ちはだかることを示唆した。そして、これらの壁が商人の権力への癒着や、悪徳商業の基盤となっていることを示したのである。

　これに対して、二宮尊徳が『三才報徳金毛録』を書き上げたのは天保5（1834）年であった。

　尊徳も、ラスキンと同様に、藩による産業や商業への介入に反対し、「公明正大な」商業を求めた。そして、近江商人の「三方よし」と同様に、売り手も、買い手も歓びをもって取引のできる市場の発展を商人に託した。

　さらに、農民などの貧窮につけこんで安く買いたたく商人ではなく、公正な報酬を農民や職人に保障し、商人にも、公正な報酬をもたらす商業をめざした。

　これらの視点は、ラスキンの商人論と重なるところが多い。

　では、尊徳の独自性はどこにあるのか。

　尊徳『金毛録』に登場する「商」の意味は、財を「財宝」として把握し、財宝を「流通」させて、これを「貸借関係」の基礎として、財宝の生産に弾力性や可能性を拡大し、生産、流通、金融、生活を"一体のもの"として把握していることである。

　彼はいう。

　　「そもそも宇宙開闢の初め、この天地は、金銀・宝石・穀物などのない、無財の状態であった。この無財の状態が、いくたびかの変遷をへて、一つの宝を産み出したのである。一つの宝は増加することによって、ついには万の宝となった。

まだ財宝が存在しないときは、もちろん貸借という関係はない。だから当然物が流通することもない。流通があって、初めて貸借という関係が自然と起こるのである。
　貸借が行われれば、必ずそこには物の増減がおこり、増減があれば貸借関係は止まることなく継続される」(二宮尊徳『三才報徳金毛録』児玉幸多・解題「三才報徳金毛録」児玉幸多責任編集『日本の名著26・二宮尊徳』中央公論社、1970年、405ページ)

　尊徳では、財宝の生産が根源にあって、流通があり、貸借関係がある。貸借があるから、生産は拡大されたり失敗して縮小されたりする。
　もしも、流通が公明正大であり貸借が無利子無担保融資のように公正で確実であって、財宝の生産が人びとによって誠実に実行され返済されたならば、貸し借りの関係は無限に拡大してゆくことになり、したがって生産の拡大、流通の拡大も無限になる。
　この無限の循環が永続するには、「困窮したものに施しを与え、それに対して受ける報い」を大きなものとしてゆくのが自然である。百姓が一粒の種子をまいて万粒の収穫をあげるように、一つの施しから十の報いがある仕組みをつくればよい。
　たとえば、無利子無担保融資で、ある人が生産を拡大し、独立し自立して返済し、商人を兼ねて流通を増やし、貸し付ける資金を得たとする。今度は、自分がエゴを捨て10人に推譲し、それによって他人を支援し、また10人の他人から返済されて、各人が10人に無利子無担保で融資する。このようにして融資の元本を増やし続けたとすれば、そこに財宝生産の永続性が保障される。
　おそろしい展望が開ける。
　この流れのなかでの商人の役割は、かけがえのないものである。
　尊徳商人論は、まさに、ラスキンを超える永続的発展論としての画期的な内容を持っている。

Ⅳ　アダム・スミスの商人論からみた尊徳の位置

1. 自己愛の商人論──A.スミス

　A.スミスは、彼の哲学における先駆者、D.ヒュームや、スコットランド啓蒙学派とともに、「都市の商工業が農村の改良に与える影響」を重視した。

　A.スミスの『国富論』によれば、都市の発達は周辺農村の改良と耕作を三つの方法で促進したと主張する（A.スミス『国富論』1776年、大河内一男監訳版、中央公論社、第四章、382ページ以下〈原書、637ページ以下〉）。

　第一は、都市は、農村から産み出された生産物をいつでも販売できる一大市場を提供して、農村の耕作と土壌の改良などを促進した。

　第二は、都市の住民によって取得された富が、未耕地などの購入にあてられて商人が田舎の地主となり、同時に、投資家としての経験や進取の気性によって、優れた改良家になった。

　これに対して在村の地主は、貨幣を浪費に使う習慣があり、改良には熱心ではない。

　A.スミスは、都市に基盤を持つ商人と、農村に基盤を持つ「地主を兼ねる商人」との違いを鋭く指摘している。

　第三は、従来、戦闘状態が絶えなかった農村地域に、商業と製造業は徐々に秩序と善政をもたらして、個人の自由と安全を生み出した。

　以上の『国富論』におけるスミスの商人論は、尊徳のそれと比べて、「商人の自己愛（self-love）」を動機とする人間行動の積極的な意味を前提としていた。尊徳の商人論は、「推譲＝譲り」を人間行動の積極的な動機としていたから、両者の間には、かなりの距離が認められる。

　では、スミスは、『自己愛』を行動の動機とする商人像を、どのようにみていたのか。スミスは、商人を論じるにあたって、『国富論』における展開の以前に『グラスゴウ大学講義』（1763年）で、すでに言及している。それは、市民生活にとって最善の秩序をもたらすものは、「誠実」と「約束を履行する精神（punctuality）」であるという主張であった（原書、253ページ以下。高島・水田訳、452ページ以下）。

ここでは、誠実の概念が登場して、一見すると、尊徳の「至誠、勤労、分度、推譲」の方向性と一致がみられるようにさえみえる。
　しかし、同書第二部「市民生活の秩序を生み出すもの＝police」の結論部分「第17節　人々の徳性（manners）に対する商業の影響について」を検討すると、両者の差異は明瞭である。
　ここでは、「いかなる国においても、商業が導入されるときには、いつも誠実と約束を履行する精神がそれにともなってもたらされる」と指摘されているが、商人が、なぜ誠実と約束を履行する精神を持つのか、という点に及ぶと、尊徳のように、天地の恵みを生かし人間の譲り合う精神によって誠実に事を運ぶのではない。
　反対に、つぎのような指摘がみられる。
　「自愛心は、各人の諸行為を規制し、人々を導いて、利益（advantage）の観点から一定の仕方で行動させる普遍的な本能で」あり、「商人は評判を落とすことを恐れて、すべての約束を履行する精神を持つようになる」
　ここでは、人間の本性は自己愛であって、他人に財を譲り活用させて自立を促す精神ではない。推譲による富の永続的生産と、公正な分配を展望する思想は、ここにはない。
　自愛心や自己保存の本能によって発展する商業は、いくつかの欠点を持つ。
　スミスは、この点を率直に述べている。それらは、①自愛心が生み出す仕事は「分業」意識が強く、視野が狭くて、農村の職人や百姓が持つような広い思考の範囲を持ちえないこと、②子どもでもできる単純作業が増えて教育の機会が失われること。③商人の営業活動は、分業による生産物の供給奨励に重点がゆき、利己心に支配されて、国の安全や、国防精神、民族意識などが衰退すること、などである（第八章参照）。
　これらは、利己的で閉鎖的な行為によって、人間発達における「潜在能力を発揮する機会」が失われてゆくことであるから、自愛心がもたらす重大な欠点であろう。
　これに対して、尊徳の推譲論は、百姓や職人の創意工夫や職業能力、学習による職人や農民の商人への移行・発達など、人間が、互いの絆を深めながら、ともに発達する可能性をみとめ、その可能性を現実に転化する社会的なシステ

ム、あるいは永続的発展のシステムを提起した。推譲論には利己的な閉鎖性を克服する方向性があり、人間発達を損なわない配慮がある。それでいながら、財を自由意思によって生かしうる私的所有のよさを維持しつつ、推譲によって社会的に活用しうる資金の総量を増加させる。それによって生産と流通を永続的に振興しようとするのである。

　長期的な視野から見て、スミス商人論に対する尊徳商人論の優位は否めない事実であろう。

2．推譲経済学──日本経済学の原点・尊徳

　池上惇は、ブログを続けている。多くの思想家を取り上げたが、ラスキンと尊徳の思想を比較しつつ、日本経済学の展望を拓く機会を得た。この機会に、私の「実践による経済学」の内容について触れておきたい。

　私は、1960年代に、京都大学で、経済学や財政学の研究を始めた。

　そのとき、普通の学者のように、理論や学説の研究を行うだけでは満足できなかった。それと並行して、自分も体感できる「現場の動き」を開拓し、自分の人生で蓄積してきた「生業を見る目」で、不十分ながらも、読み解きたい。そしてそこでの直観を生かして、自分なりの経済学や財政学を構築する。これが私の理想であった。

　そのなかで、私は幸運にも「育児の現場を保育所づくりのなかで体感する機会」を得た。このことが、私の、以後の経済学研究の原点となっている。

　そのころは保育所の創生期で、共同保育所づくりが盛んであった。子どもができれば、みんなで資金を持ち寄り、場所を探し、保育の専門家や栄養士を雇用して仕事をおこしてゆく。運営委員会をつくり、世話人を選び、自治体と交渉して、将来の福祉法人認可への道を探る。保育料を軽減するために、定期的にバザーをひらき、収入を予算に計上する。保育料、事業収入、自治体からの補助金、「無償の」場の提供者の登場、など、多様な財源とご厚志によって、保育は家庭内の仕事から、家庭と地域社会が協力して構築する非営利事業となり、地域に開かれた公共事業組織となっていった。

　ここでは、親たちが交代で世話人や幹事を務めて交代で公共の仕事を担う。公務員という固い職業ではなくて、みんなが交代で公務を担うのである。そし

て、このなかで、保育士や栄養士などの専門職者を雇用して、専門性の高い現代的な保育の体制を構築していった。

　私は、この事業に参加しながら、市民が交代で、公共の事業に参加して、広い視野を持って発達してゆく姿を目の当たりにした。そして、保育士などの資格を持たれた先生方の高い力量に驚嘆した。家庭のなかでは到底できない、子どもたちに新たな世界を拓く人びとの存在に感動した。この人びとは、日本保育の文化的伝統を継承する、研究教育者であってほしい、と、強く願った。

　そしてこのように、家庭内の生業の一部であった保育事業が、地域の社会に広がって、家庭を超えて人びとがつながってゆき、「交代しながら公共の事業を支える市民」と、「高い専門職者の育成事業＝学校制度の誕生」こそ、私が以後提唱してきた「人間発達の経済学」の原点となった。

　経済学は、生業を原点としている。生業は家族を主体として営まれ、農業や漁業などは、家族主体を維持しながら地域での共同の水管理事業や、田植えなどの共同作業、収穫時の貯蔵やお祭りなどの共同事業を通じて発展してゆく。

　家族や地域は生業を展開するうえで、不可欠の場である。しかし従来の経済学は、大部分がこれらを無視するか排除する過ちを犯してきた。

　いうまでもなく、個人が家族から自立して生活し独自の世界を拓くことは、当然の成り行きである。個人の人権体系を基礎として憲法的法制を制定し、実行することは重要である。このことの意義は強調する価値がある。

　しかし、そうだからといって、家族の絆や地域の絆の意味を無視してはならない。家族や地域は固有の文化的伝統を持っていて、そこにおける共通の記憶は、現代を生きるうえで人びとが学習すれば貴重な価値をもって生命や生活を支えてくれる。

　この文化的伝統は、人びとの人間発達を支援し、相互に学び合う基礎となる。

　さらに、人間の発達は、仕事の質を高め、生活の質を上げる。このことは、創造的な財の供給につながり、創造的な財の享受能力を高めるから、財の取引（それは、市場を介する場合もあれば、市場を介しない交換の形をとることもあるが）を振興し、流通する財の量を増やし、資金の貸借関係を拡大して、より新たな生産活動を引き起こす。ここから、大きな経済的価値が生まれて、人びとの所得水準を引き上げる。

私は、このことに気づいたおかげで、1970年代には、経済学における人間の主体と学習による相互発達に注目する「人間発達の経済学」を確立し、1990年代には、文化的伝統と、その象徴である文化財を経済学のなかに位置づける「文化経済学」を確立してきた。
　そして、いま、視野を「日本経済学」に向けて、家族や地域の持つ、文化的伝統の価値を踏まえ、それらを経済の振興に役立てる日本伝統の経済学を開発してきた。
　このような日本経済学の頂点に立つのは、二宮尊徳である。
　かれは、「家族における推譲」「地域における推譲」によって次世代を育成しようとした。家族や地域を推譲の場としてみる視点は卓越している。推譲というのは自分が持つ財や財産の活用の場を自分ではなくて、別の人格に譲り、自分は、人と協働して新たな財を生み出すことを意味する。別の人格には、2種類あって、一つは、家族、もう一つは、地域の人びとである。どちらも、顔の見える関係である。
　さらに、彼の経済学は、財の生産の基礎に、自然と闘いながら、その恩恵を享受してきた日本人の文化的伝統を見る。創意工夫の結晶である種子を育てて収穫する力量は、災害に備えた知恵を持てば、無限の財を生む可能性を秘めている。
　そこで個人は、まず「自己愛」ともいえる分度の精神によって、至誠と勤勉を尽くし、質の高い、創造性のある財を生産する。これを公明正大な商人を介して、享受能力ある人びとに販売し、財を私的に占有できる状況を生み出す。
　財を得た人びとは、浪費を慎み、人のために財を運用して、推譲に取りかかる。共に働き、貧者の自立を促す。二宮尊徳の経済学は生業から出発して、生業の中の仕事、農や工、商などの仕事に注目する。生業に融通された土地や資金は無利子無担保で活用される。かれの時代には、現代の保育のように家族内の保育の"営み"が社会に出て行って公共の事業となることはなかった。ただ、農業などの合間に、畑や家で子どもの面倒を見る人びとがいなかったわけではない。年上の子どもや高齢者が地域の子どもたちの面倒を見る習慣は存在した。これを、現代にまで延長してきて生業から出発し、社会に広がる仕事の範囲を拡大して研究するのは、現代経済学の課題である。

推譲は無利子無担保融資と、文化的伝統の継承を結合する。ここでは、財を持つものと、それを譲るものとが協働し、家族や地域の文化的伝統を継承して、「ともに育ちあう」ことをめざす。これは、人間の自然な感性とも合致した、人格の高まりあいを永続化し、それによって、共通の文化的基盤を持って、創意工夫や享受の連鎖を引き出そうとする。人格の発展が保障されているので、この発展は「永続的」である。
　経済発展のモデルとしては、きわめて高度なものであろう。
　これに対して「自己愛」を原点とした場合には、A.スミスにおけるように、短期的には、自己の職業を有効に生かした分業によって、交換経済を発展させることができるが、長期的には、分業と私有にこだわるエゴの存在によって、人間の視野は狭まる。自分の専門のことしかわからなくなり、判断力は低下する。創造性は低下して、享受能力は衰退する。これでは、経済の発展はおぼつかない。
　日本経済学の西欧経済学との差異は明瞭であろう。A.スミスは青少年の教育制度などによって、この欠点を補おうと努めてはいるが、ここでも「自己愛」の制約から免れうるかどうかは疑わしい。教育制度を悪用して、特権階級の子弟を養成したり、貧困者などを高度な教育から排除しようとする動きは後を絶たないからである。教育の機会均等を維持しながら、すべての人びとが公共的な事業に参加するなかで、すべての人びとに専門的な知識や技量を提供する教育研究機関が強く求められる。
　私の経済学を巡る長い苦労や旅の疲れも、尊徳経済学との出会いによってようやく、そのところを得たといえよう。

　到達点を踏まえて、いまから考えると、保育の事業についていくつか考えることがある。
　一つは、保育士の専門性を発展させ、人間的な成長を保障する上で、「雇用」という形態がよかったのかどうか。むしろ、育児休暇制度や在宅勤務制度を充実させて、親が交代で、保育所に詰めて、わが子だけでなくて、さまざまな「地域の子どもたち」とともに、親も育つように配慮すべきではなかったのか。保育士は、保育教育大学の教員として、育成し、高度な専門職者として現場を指

導し、各地の保育所における教育や経営の指導に当たるほうがよかったのではないか。

　家族という営みのなかで、一人ひとりの自立が達成されるのは重要である。そこで、「自己愛」が大きな役割を果たし、長子相続制に見られた「親による子への支配関係」をなくすのに貢献してきた。

　しかし、家族、とくに子が親からの自立を遂げたのちも、「自己愛」、利己心への傾斜を持った自己愛に固執すれば、家族における文化的伝統の意味は失われる。

　ここでは、仕事の場である「企業」「官庁」などが譲るべき番であろう。育児休暇制度や在宅勤務制度が充実して、親が交代で地域の子どもたちを教育することになれば、親から子への文化的伝統は途絶えることなく継承される。

　そうすれば、保育士は公務員であれ、福祉法人の人材であれ「親の教師」である。他方、保育教育大学で専門職者が育成されるとき、保育士は社会人教育課程で、親となるべき多くの市民を教育し、その授業料によって給与を支えてもらうようにする。保育学がすべての市民にとっての必修科目となれば、保育大学には、多くの社会人学生が集まり多くの教員が必要となり、教員として研究し教育するなかで、地域社会に助言する保育士が増加する。

　さらに、教育費を年間所得から費用控除できる制度を導入しておけば、社会人学生は低い教育費負担で貴重な教育機会を獲得できる。

　保育における、このような考え方をすべての公務に適用すれば、国家公務員も地方公務員も、その多くは、専門職育成大学の教員となり、助言や教育を現場で行える力量を身につける。公務員は低い賃金で雇用される存在から、独立した知識人として大学等で研究教育に従事しながら、現場の指導や助言にあたることになる。従来の義務教育課程の先生方も後期中等教育の先生方も、従来の大学、大学院の先生方も、すべてが学位を取得され大学教員の資格を得て大学や大学院で講義しながら、そこを仕事の基盤とし、同時に現場における指導者、助言者として、教育をはじめすべての公共的な事業に参画される。

　そうなれば公共の事業の主体は、市民が交代で担うことになり、高度な専門家の助言を受けることになろう。

　病院、地域ケアセンターで、看護や医療の現場に交代で立つ市民。義務教育・

後期中等教育の現場も、それぞれの親の文化や専門性を生かしあって、交代で行われ、公務員や大学人の専門職者が恒常的に支援する。

　また、知識人、経済人、公共専門職者が連携して「まちづくり委員会」をつくり、ここが媒介となって多様な仕事や生活にわたる「推譲」の資金が総合的に管理される。

　創造と享受が出会う場が続々と誕生する。フェア・トレードが自然な契約関係となり、売り手も買い手も共に歓びあう市場が発展する。

　いま、多くの公共の場で誕生している「指定管理者制度」が真の住民参加制度によって営まれ、市民が交代で公共の場に出向き、公務専門職の研究と教育の場が広がってゆく。各地に、公共に関する専門職者の教育研究組織が誕生する。その多くを通信制の社会人大学院が担うであろう。

　このようなときにこそ、新たな社会発展の方向が見えてくるように思われる。

2

第二部

地域再生と産業・福祉文化
現代文化資本論

第五章

地域固有の「人・場」を生かす文化資本経営

　この章では、「人・場」を生かす文化資本の経営を取り上げる。

　この領域は、従来の「私益追求の場としての企業」、それに付きものの、「上からの」管理型経営に対して、全く反対の経営モデルを提起している。

　その特徴は、経営者を「マネー蓄積の鬼」とは見ないで、「自然や社会から人や場を信託されている人間」として位置づけていること。

　このような経営者像を「場」の提供者として、あるいは、"場の創出者"として位置づけていることである。

　すなわち、経営者とは「企業を"私益追求の場"から、"互いの文化資本を生かしあう人びととの共通の交流の場"に転換する人格である。

　私欲や我欲の支配する企業を、社員など、一人ひとりの"身体に体化された文化資本"に共生の場を提供し、「公共の空間」を創り上げるというのは、容易なことではない。

　しかし、この厳しい課題に挑戦してこそ、崩壊に瀕している企業体制に新たな生命を吹き込み、再生させることができるのではないだろうか。

I　文化経済の創出と、文化資本の経営学

1. 文化経済とは

　従来の経済は、商品という「モノ」が中心となり、物流という「モノ」の移

動によって、経済が動くと考えられてきた。

　たとえば、社会のなかの分業というものを統計的に把握するには、産業連関表というものが活用されている。

　これは、国民経済における各々の生産領域が複数の産業部門に分類され、個々の産業部門は、複数以上の投入財から一財を生み出し、これが互いに交換されて市場が成立するとみなしている。

　ここでは、「モノ」が主体であり、ひとりでに結びつきは一つになり、市場に出て交換される。

　この動きをみて、国民経済は農業が衰退して製造業が起こり、製造業が衰退してサービス業が起こる、などの現象を「モノの流れ」を手がかりとして把握できる。

　しかしよく考えてみると、これは、モノを加工したり購入したりする人間の姿を「背景に退かせて」強引に「経済を分かりやすく」示しただけである。

　モノを担う人間をどのように扱うかによって、経済の見え方も、展望も違ってくるのではないのか。

2．文化経済の創出——自愛と慈愛のバランス

　なぜ、分業論が「モノ」を重視したのか。

　原因を考えてみよう。

それは、「自愛」から出発して、「自己中心主義」、私益優先主義へと人間が変化させられると、「モノ」の背後にある人間には関心がゆかなくなるからである。

　たとえば、「金儲け」のために、商売や生産をする人びとにとっては、「よいもの」「やすいもの」には関心があっても、「どのような人が創ったのか」「その商品は芸術性があるとすれば購入した人びとにどのような感動を与えるか」などには、関心がない。

　このような考え方の原点は、経済学創始者、A.スミス（1776年『国富論』を公刊）に見られる。

　彼は、市場経済の考察において、慈愛（benevolence）よりも、自愛（self-love）を重視した。

　その根拠は、すこしばかり、俗的なものである。

たとえば、人間は生きるのに忙しすぎて、慈悲による生産などを想定しても慈悲に必要な相互理解の時間がない、という。
　いわば慈悲、"おもいやり"にとって必要な"密接なコミュニケーション"を行う時間がない、というのだ。
　そして、自分がほしいものを獲得するには、相手の慈悲に期待せず、相手の自愛に訴えて、「私のために商品をつくれば、あなたの私的な利益につながりますよ」と申し出よというのだ。そのほうが効率性が高い、といいたげである。たしかに、経済的な動機による、生産刺激策ではあろう。
　が、なにか納得できないものが残る。
　それは、今の文明が抱える問題と共通したところがあるのだが、あえていえば「慈悲への期待を放棄した"犠牲"や、"報い"はないのだろうか」という疑問である。
　そのような"犠牲"や"報い"は、やはりあるのではないだろうか。
　慈悲というものは、ある意味では人間関係のなかの本質的な要素である。
　それは現代流に表現すれば、「他人のための責任や義務をはたす」という崇高な内容がある。そう簡単に経済的理由で放棄してはもらいたくない。
　スミスはこれを放棄するよう勧めていて、放棄しない人は「乞食」であるという。いや乞食でさえ、慈悲だけで生きてゆけず、商品生産システムにいくばくか依存しているとさえいう。
　すこしいいすぎではないか。
　慈悲を放棄してまで経済振興を図らねば生きてゆけない人間の悲しさ、これを直視すべきだと、なぜ、いえなかったのだろう。
　はたして、その後の展開は、慈悲を無視した経済が大工業の技術や科学研究に支えられて実に非人間的な"労働や生活"を生み出したことを示した。
　産業革命後にこの結果に驚いた人びと、たとえば社会の牧師や医師が懸命になって健康や生活の防衛を訴え、労働組合が頑張り工場法が社会的な合意となって、市民が税を負担し大きなコストをかけて工場査察官制度を構築した。
　このような事実が厳然とあるのであれば、「経済発展のために慈悲よりは自愛が有用である」などといわずに、「自愛を優先しすぎれば、これを金銭獲得の目的に悪用するものが現れやすい。深慮によって自愛の犠牲となった慈悲を二人

の関係で見ること。さらには、これだけでなくて社会的な大きな視野でとらえなおし、慈悲を社会に広める新たな可能性を追求すべきである」というべきであった。

　スミスは、このような可能性の追求を行わなかったが、後年R.オーエンはニュー・ラナークの工場運営において、労働者の健康、保育、労働時間の短縮など、自愛を慈悲に転換する試みを行った。自愛は、ある範囲に限定され、慈悲が再生されて労働者の人間性、経営者の人間再生が可能となった。

　当初これらの実践は「空想的」と嘲笑されたが、社会は良識をもって立法を行い、オーエンが提起した「倫理を持つ経済」の大方向を認め、新たな社会秩序の構築に乗り出した。そうしなければ、社会は解体する危険があったからである。

　このような条件のもとで、「産業自体」も見直された。

　そこでは、「慈悲に支えられた産業・教会が生み出す産業*」「倫理性の高い消費者に支えられたフェアな取引関係」などの新たな展開が開始される。

　　＊日本では、宮澤賢治が、人間性に支えられた、農業生産や土壌改良産業（石灰事業）のために、彼の科学・技術の知識、倫理的な生き方を捧げている。（谷川徹三『宮澤賢治の世界』法政大学出版局、1970年初版、2009年改装版）

　ここでは、大工業が、かかる産業＝文化産業のために奉仕し、大量生産の経済的成果をフィランソロピィーや累進所得税によって社会に還元する。

　このような新たな社会秩序が、いま始まっている。

Ⅱ　文化産業の時代へ

　2010年日本の経済産業省は、白書で文化産業を日本の立国の推進力にする構想を発表した。

　文化産業の概念は、まだまだ検討の余地はあるものの、社会の大勢はいま文化産業構築へと動きはじめたのである。

　同時にスミスの生産論は、職人技を評価しうるマニュファクチャー段階にあったので、かれの研究は職人技産業＝文化産業研究のなかにも生かすことができる。

たとえば、かれが指摘する仕事の熟練、技巧、判断力などによる職人の人間的な発達の側面と、それが分業という狭い枠に閉じ込められたときに起こりうる「人間能力の衰退・貧困化」の危険性である。このような洞察は現代職人産業の再生においても十分に留意すべきことであろう。
　これは、かれの理論の行き過ぎを自然な形で是正してくれているので、現代的な意義を持つ視点である。
　スミスは、「自愛」を優先するよう勧告しながら、熟練など前近代の濃密な人間関係が生み出す"慈悲"を暗黙の裡に認め、それとともに継承される伝統・習慣を、近代的な生産に活かす。その一方で、分業によって人間が孤立化し、そのような場で"自愛"が行き過ぎると"専門的領域の職人技しか知らない"人間が誕生し、人間の発達が妨げられるものと考えた。
　分業の弊害をなくしながら慈悲の精神で伝統を継承し発展させる産業のあり方、それは今、必要とされているのではないだろうか。
　ラスキンの産業実験は、まさにこのような文化産業の再生をめざしている。
　これを、職人技における慈愛の意味として位置づけてみよう。

職人技における"慈愛"の意味

　職人技の議論をしていると必ず、「職人に独特の対話能力」「職人に固有の眼力」さらには「その対話能力と眼力に導かれた手仕事の卓越性」が話題となる。
　木工職人の場合には、職人と木の対話が始まるという。
　木「あなたに細工をしてもらえるとは光栄だ。この美しい木目が永遠に生きるように、どこを、どのように、生かせばよいのか、よく考えて着手してもらいたい」
　職人「了解した。私は設計図に頼らないで、あなたの生命としての記録と記憶を木目に観る。これが私にとっての導きの糸だ。
　あなたは、伐採されてひとたびは、生命を失ったが、私があなたの生命を職人技によって、呼び戻してあげよう。
　職人技は、仕事の経験を蓄積する中で多様な生命の記録や記憶に出会い、自分の体得した経験知には、多様な生命を、新たな空間のなかで再現し、時間の経過とともに、よりよき再生の姿を人びとが体感し、鑑賞できるように、機能

性の高い芸術的な表現によって、材料や材質を加工することができる。使い心地がよくて、観て感動できる"もの"かな」

木「すると、あなたは、私の生きたあかしを、職人技によって、永遠に残してくださるわけだ。このあかしを残し生かすには、私のどこを、どのように生かすかを認識し、仕事として、作品化していただく必要がある。この認識と実践の力量は、職人技の本質だろう。このような力量をあなたはどのようにして身につけられたのか。興味があるね」

職人「職人には、"ものづくり"職人、人づくり職人、地域("まち"を含む)づくり職人など、多様な種類がある。

共通しているのは、モノであれ、人であれ、場であれ、その成り立ち、生い立ちを深く理解することだ。

そこに着眼すると、生命を生み出し、育んできた土壌、それを生み出す労苦。さらには、植物にせよ、動物にせよ、生命の営みが直面する困難。

それらを克服して、いま、潜在能力を開花させていること。

あるいは、開花させられないで苦労していること。

これらに注目することが、"尊敬と慈愛"をもって、対象に接する力量の源泉である。

このような力量は、職人自身が伝統や習慣のなかで長きにわたって蓄積されてきた技、知識、志を、いい知れぬ苦労のなかで体得してこそ自然に身につくものだ。

職人というと、技巧などの凄さばかりが注目されるが、技巧の背後には、『相手に対して尊敬と慈愛を抱きうる力量』がある。ある種の倫理、職人倫理というべきだろう。

職人技というものは、この職人倫理と職人の仕事との結合されたものだといえるだろう」

木「なるほど。納得した」

Ⅲ　物欲から心の糧への転換

「コンクリートから人へ」という表現は、いまでは、あまり魅力的とはいえなくなってしまった。

悲しいことである。

本来、このフレーズは、「国家予算の活用に当たって、中心を大規模ダム建設事業から、子ども手当など児童福祉に転換する」という意味を持っていた。

いまでは、中小規模の各地公共事業が減り、児童手当も減額が続く。

大規模ダム事業だけは生き残る傾向が強まっている。

不思議なことだ。

中小の公共事業は、コンクリートという「モノ」のシンボルではない。

地域の経営者に仕事の機会をつくり出し、雇用を増やし、地域の固有性を踏まえて、人を中心とした文化的な地域づくりを実行する機会であった。

これに対して大規模ダム事業は、大規模な自然改造事業であり、多くの人びとの故郷を金銭で買い取り、集団的な移転や離散を促しつつ、事業者や定住者の物欲を満たす政策であった。地域の固有価値をコンクリートで塗り固める事業は、どう考えても時代遅れにしか見えない。大都市水道水の確保は、より小規模で、分散的なシステムによって技術的にも可能である。防災というならば、そこに住む人びとの定住性を前提とした防災のあり方を優先すべきで、人を排除した防災というのは、本末転倒であるようにも思える。

しかし、このような事業によって、関係者の「物欲」は満たされる。同時に、地域の固有性を尊重し、その地の歴史や文化を永続的に発展させ、農山村の産業文化を通じて、都市の人びとをも幸福にする「良知＝人間が、自然に、身につけている共生の智慧」が失われてゆく。

してみると、先のフレーズは、「コンクリートから人へ」ではなくて、「物欲から良知へ」でなければなるまい。

1.　文化産業の意味を考える

文化産業論は、従来の産業論とは、大きく違う。

それはもともと、産業は、「腹の足し」になるものをつくり出して生計を営む

ことを意味していた。いわば、物欲の充足をもたらす生業である。

　これに対して、文化産業では、その"営み"が人びとにとっての「心の糧」を生み出し、それを生かして、各人が「共生の智慧」を身につける。物欲ではエゴがむき出しになるが、「共生の智慧」では"人間が、自然に、身につけている共生の智慧"によって、共倒れを防止し「自分よし、相手よし、世間よし」の三方よしが実現する。

　たとえば農業は、従来の産業論でいえば、農産物によって物欲を満たす事業である。

　しかし文化産業論から見れば、農業において人は、植物の成長を媒介として、生命が種子から出芽し、葉や花をつけ、実を結び、再び種子を生む過程を体験し体得する。

　この過程に人が寄り添うことは、生命の尊厳を理解すること、それを理解して、植物と共生することなしには、自分も、人も、社会も生きられないことを学び取る。

　そこに登場する人間は、自然と共生して経営する力量を持ち、生命倫理や環境倫理を身につけて、それらを「心の糧」として生きている。その場で、植物（作物）の生命の再生産が実現すれば、結果として、農産物が得られる。この「モノ」としての農産物は「物欲の対象」にもなりうる。「米」であっても、先物取引の対象となる時代である。

　農業者は、「心の糧」を得るとともに、「腹の足し」になるものにも関心を持ちうる。

　しかし、倫理性の高い人びとは、「腹の足し」は、自己の健康を維持し、他人や社会のための備蓄の範囲にとどめる。穀物の投機や、買占めにはくみしない。

　むしろ、「心の糧」となる過程を、他人と分かち合うために、農場を、都市の家族や学校に開放し、農業体験を通じての人づくり教育に貢献する。

　精神治療のために、多くの若者が営農を体験する。

　農場から、出荷や加工、店舗や通信販売、まちづくりへのかかわりを含めて、経営の貴重なノウハウを他人に伝え、ともに、営農し、経営する人材を育て、ひろめ、継承させる。

　自然科学者や技術者、倫理学者、社会科学者、人文科学者、地域経営者、な

第五章　地域固有の「人・場」を生かす文化資本経営

どなど、人間ネットワークが広がる。

　この結果、文化産業は、従来は「腹の足し」になるものとして限られた市場や贈与経済の広がりしかなかったものを、「心の糧」をシンボルとすることによって、無数ともいうべき多様な文化産業を呼び起こす。

　文化産業のひろがりは、「モノ」を通じてではなく、「人」を通じて実現する。「モノ」という物欲に制限された狭い市場は、「心の糧」人間ネットワークが生み出す多様で、無限のひろがりを持つ「市場と贈与経済」に拡大されてゆく。

　「農業は第一次産業といわれるが、実際には、六次産業といえるくらいのひろがりがある」のだ。

　1990年代の初めに、日本の経営者たちが「企業メセナ協議会」を発足させた。

　いまも、各地の芸術文化活動を企業が積極的に支援する仕組みをつくろうと努力されている。ここでも、贈与経済は、社会や地域における企業やＮＰＯ、多くの専門家、芸術家、商店街や福祉施設を結合する。

　文化資本の経営学は、「人」と「場」の文化資本を生かして、これを、資金、土地、人材と並ぶ経営資源として位置づけ、経営者を、「場」の創造者として位置づけるのである。

2．文化経済の主体

　文化経済を創出する主体は、何だろう。

　たとえば、分業関係を生かした文化経済を営む場合には、分業に参加する人びとが、互いに愛情を持ち合い、自分の生産物を他人への愛や責任の担い手として供給する。

　分業を営む人びとが、各自に、道具や機械を導入し始めると、新たな人間関係が広がる。繊維を織る人びとが道具や機械を生産に導入したとしよう。

　ここでは、「道具を創る人びと」「機械を製造する人びと」が新たな人間関係として、分業の世界に入り込む。拡大された分業を担う個々人が、それぞれに、他人への愛を持ち、利用者の利便性や感受性を考えて、「使いやすく、文化的な雰囲気を持つ」財を供給しようとする。

　このような"ひろがり"と"つながり"は、ある意味では、無限に広がっていて、しかも、連続している。

「文化経済の主体」という視点から見ると、分業関係に参加するすべての人びとが自分に体化された文化資本を持つ。他人も、すべての人びとが文化資本を持っている。
　それだけではない。
　すべての人びとには、家族と共に暮らした地域があり、隣人があり、景観があり、河川や森林、あるいは、都会的な暮らしなどがある。これらを、地域の伝統や習慣を継承し発展させている「場」と考えよう。
　そうすれば、各自は、人に体化された文化資本と、「場」の文化資本を担って、文化経済を動かす主体ということになる。
　「文化資本の経営」とは、経営者が、社員一人ひとりの担う、文化資本を理解しようと努力し、社員もまた、経営者の持つ文化資本を理解しようと努力する。互いに、プライバシーを尊重しながら、対話や実践のなかで、互いの持つ貴重な文化資本を尊重しあう。
　ここでは、互いの文化を切り捨てて、人を「モノ」「部品」と同じように扱おうとする習慣がない。
　ここでこそ、企業が、「文化資本交流の場」となり、さらには、火花を散らす創意工夫・アイディアのなかから、新たな創造的成果が生まれ、実践され、その企業独自の「場」の文化資本が誕生する。
　企業の文化的伝統とは、このようなものなのだ。

3. 商品・サービスの創造性に触れて感動する消費者

　このような企業が生み出す財・サービスは、それを購入する顧客や消費者にとっても、普通の商品にはない、独自の意味がある。
　それは、商品の創造性に触れて、消費者などが感動するということである。
　普通の商品では、こうはゆかない。せいぜいのところ、「便利に使える」「腹の足しになる」程度の満足度である。
　デザインが芸術的で利便性のある皿、調度、建築物、品格のある香水など、「創造的な性質を持つ商品」は、それを手にした人びとを感動させる。
　それはちょうど、優れた芸術作品を鑑賞して感動した人びとが、その作品の持つ美しさや優しさに触発されて生きる意欲を再生し、あるいは、心の故郷や

よりどころを獲得して、これからの人生を輝かせようとするのと同様である。

　このように見てくると、「文化資本の経営」とは、財・サービスの生産や供給の"ひろがり"と"つながり"を凝縮した「場」の文化資本から、創造的な商品などを生み出す。

　そのような商品が媒介となって、感動の輪が広がり、創造活動につながる人びとの存在が消費者に自覚される。

　この自覚が、生産者の誠意や職人技への感謝や、そこから学んで、自分の人生に活かそうとする意欲や情熱が生まれる。さらには、職人技への公正な評価や、商品を公正な価格で購入しようとする「フェア・トレード」への欲求を高める。

　職人技への尊敬と公正な評価によって生産者への公正な報酬が永続的にもたらされたならば、そこに文化経済の発展、それも永続的な発展の展望が開ける。

　このような意欲や情熱が、自身の生業における創造性への関心に結びつき、自分の文化資本を蓄積して、他人の文化資本との交流や学びあいの習慣につなげること。

　これが、また、新たな人間関係の"ひろがり"と"つながり"を生み出し、財やサービスの生産における生産性の向上へと発展する。

　これらが、いっそうの職人技の向上と結合されるとき、文化経済の発展はさらに一段と確かなものとなる。

Ⅳ　貨幣資本と文化資本

　ところが、貨幣資本の蓄積を、文化資本の蓄積に優先する企業では、このような「場」を創造する営みがない。

　利益を優先し、貨幣資本の蓄積を至上の目的とする経営においては、機械の導入は、熟達した職人を解雇して、機械の補助者としての、子どもや女性を雇用する契機となった。産業革命が悲惨な社会問題を引き起こしたのは、「機械を人を排除できるモノ」としてしか取り扱わない偏見の結果である。

　ここには、機械工への感謝の気持ちもなければ、科学的発明に対する敬意もない。金属鉱山の労働に思いを馳せることもしない。人間を機械の部品や付属

品とみなして、伝統的文化や習慣を担う職人技を排除して、賃金支払いを節約しようとする。

これは、長い目で見れば、職人技の持つ価値を失い、潜在的な生産性向上の可能性を放棄し、永続的な企業の発展を不可能にする。

大量生産・大量消費・大量廃棄のシステムは、機械の背後にある人間を見ず、機械を補助する部品・付属品として人間を位置づけてきた。

この結果、安くて便利なものを生み出すことができたが、長い目で見ると「模倣できる大量生産技術」は、必ず強力な競争者を生み出し、価格競争で敗北し、国際市場での生存競争に敗れる。

「模倣できない職人技」の価値を無視した報いであろう。

経営学も、しばしば、大量生産・大量消費・大量廃棄の技術を前提とした管理体制を追求し、人や地域の持つ文化的伝統や習慣を評価しなかった。

このために、多くの経営学は、ヒエラルキーの崩壊を黙って見過ごすほかはなく、いずれは、文化資本経営学に、その座を譲ることとなろう。

第六章

生活文化産業の生成と発展
ラスキンから現代まで

I 衰退産業と、資源の分散・再結合

　衰退産業の再生は、現代における経済活動の中心的な課題である。
　かつては地方の地場産業の衰退が中心テーマであったが、現在ではこれと並行して、大企業の経営危機が大きな問題となり、リストラが1万人規模で続発している。
　他方、現代の起業活動、あるいは仕事おこしは、ＮＰＯによるものや、協同組合組織によるもの、ベンチャー企業によるもの、大学や大学院とのコラボレーションによるもの、企業のメセナ活動によるもの、自治体の雇用政策によるもの、公共部門からの委託制度や管理者制度の導入によるものなど、きわめて多様な、また市民生活にとって、広範囲の影響を持つものとなって各国で持続的に発展しつつある。
　これらの動きは、従来の重厚長大・大量廃棄型産業の衰退と、財政危機のなかで、大規模な物的所有、とくに生産手段の集積による供給システムや、大量消費型販売組織が転機を迎えるなかから生まれてきた。
　大規模工業が危機を迎えるとき、それは組織内部に密閉されてきた資源や人材が社会に飛散し、厳しい失業問題や転職問題を抱えながら新たな方向を模索する。
　そして、ここでは、大規模生産システムが残した技術や専門家が、分散的に

人的な能力を維持する。

　これを、新たなニーズに対応して、企業や行政の壁を越えてコーディネイトする人材が登場する。このことによって、新たな仕事が起こされてくる。

　ここでは、「知的所有において優れた人材」「世界に開かれた知識や職人的な技能をもつ人材」のアソシエイションや、信頼関係に支えられたコミュニティが背景にあることが多い。

　そこには、家族や、地域、知識結や、同窓会、同級生までの広範囲な「絆」が生き返ってくる。

　そして、新たな生活様式を創り出しつつある消費者の新たなニーズが、コーディネイターによって、把握され、分散的な所有のもとで、生活する専門家たちを結合する。

　そして、場合によれば、これらの専門家たちは、情報技術の進歩によって、生産者と消費者が一体となった在宅型の「プロシューマー」つまり、住居や生産手段の分散的な物的所有と、「開かれた知的所有」を特徴とする。

　新たな働き方の登場である。

　現代の創造的な産業育成過程は、このような「分散的な物的所有」と、「開かれた知的所有」の展開過程として把握することができるのだ。

Ⅱ　ブランディング戦略と
　　都市・地域固有のコミュニティ・ビジネスへの注目

1．地域ブランド化戦略の提起

　地域再生に向けた動きの重要な動きは、地域ブランド化の戦略である。

　その背景には、経済や情報通信ネットワークの国際化を基礎とした人びとの交流が活発化していること。交流を推進する原動力は、各国の都市や地域の産業の固有性や創造性への注目、あるいは発見があること。さらには、このような固有性を持つ「コミュニティ・ビジネス」をブランド化する、つまり「地域固有価値のブランディング」と呼ばれる文化政策の提起がある。

　アジアでは、韓国の映画映像製作と関連した文化政策（とりわけ、2003年以降は、「冬のソナタ」の成功と結合した）、欧米では、「イギリスにおける都市や地域の

コミュニティ・ビジネスを基礎としたブランディング戦略」が注目されてきた。

　最も注目に値したのは、20世紀末におけるイギリスのブランディング戦略構想であった。

　当時のブレア政権は1997年、マーク・レナードの提唱を受けて、イギリスの固有の文化をブランド化し、世界に発信する戦略とその広報活動を具体化した。

　それによると、イギリス固有の文化を担うキーメッセージとして、
　①信頼性と統合性
　②創造性と革新性
　③言論の自由とフェアプレイの精神
　④世界に拓かれた社会
　⑤世界的遺産の存在
を掲げている。

　たしかに、イギリスの歴史的な発展のなかで、奴隷貿易や植民地支配などの"汚れた歴史"を乗り越えて、現代でも世界から尊敬されている「イギリス像」は、このようなものであろう。

　日本からイギリスを訪問した多くの人びとが驚くのは、ロンドン市民や各地の市民が持つ、自分たちの町や村に対する誇りであり、世界に先駆けて科学や技術を産業に応用し創造性や創造的表現を重視して、それらの成果を生活の中に生かしてきた、実績である＊。

　　＊日本の場合には、このような誇りや心の拠りどころは、たとえば、"和"の精神、守破離の創造精神、三方よしの商人精神、和魂洋才に象徴される進取の気性などが挙げられようか。

　イギリスの場合には、これらを共通のイメージとして、この基礎上に、国家広報戦略として政府内の広報特別委員会を発足させた。広報戦略は、空港・駅など国家の玄関を現代建築・アートで整備すること、国のウェブ・サイトを充実させること、世界各地のイギリス関連施設を整備すること、未来生活体験博物館を新設すること、120カ国でイギリスブランドの映像や映画などをＴＶ放映すること、都市や地域におけるコミュニティを基礎とした、創造型（クリエイティヴ）産業振興を実施するなどの文化政策を提起している。

　政府内には、13分野の産業振興特別委員会が設置され、建築、アート、デザイン、工芸、ソフトウエア、ゲーム、音楽、ファッション、映画、演劇、テレ

ビ・ラジオ、広告、出版などの産業を振興する政策を実行し、その結果、2000年には、20兆円産業に成長したとされる[1]。

 日本のブランディング戦略については、電通が2002年に提起した構想がある。これは、日本の文化産業を掘り起こし、文化をベースにした21世紀型の「ソフト創造産業」を振興し、日本の新しいアイデンティティを再構築するとともに観光産業の発展を視野に入れて「魅力ある国づくり」をし、日本を世界にブランディングする構想であった。

 その具体策としては、以下の通りである（カッコ内は池上の補足）。

 1）市民参加と公的支援策による地域（固有の）文化の掘り起こし。
 2）（地域固有の文化的価値を映像などに再生しうる）ソフト創造産業の振興。
 3）（地域固有の価値を総合的に発信する"日本市民文化"の）国家（的規模での）ブランディング・海外拠点とITの活用。

 このような構想を実践する戦略を実行した場合の効果として、期待されるのは、列挙してみると、次のようになるであろう。

①地域固有の文化に対する国民の自信回復、心の拠りどころ。心の糧の再生。
②地域固有の伝統を踏まえた各地物産、産業、産業活動や芸術活動の凝縮された成果＝シンボルである文化財などの再評価[*]。

 ＊たとえば、多くの祭りは鉾や屋台に伝統工芸生産物の粋を集め、文化財といえる建築物は、地元の産業がもたらした富や、建築・土木技術の粋を集めている。

③伝統を踏まえつつ、現代に生きる新商品・サービスの開発、創造型生産物を受け入れる新たな消費者の登場。
④生活の質を上げる「自分磨き」ともいうべき国内消費の拡大。
⑤フェアトレードによる価格の安定。
⑥創造的情報を発信して普及するソフト創造産業の発展と輸出。
⑦海外からの投資拡大。
⑧観光客、留学生などの誘致、異文化交流。
⑨海外地域との文化交流、商品・サービス交流、相互の人的交流、相互の市場開発への展望。

第六章　生活文化産業の生成と発展

2. 地域固有の文化を発見し生かすための基金を創る

このプロジェクトが成立する条件は何であろうか。

いうまでもなく、地域固有の文化を発見し、それを生かす"営み"が必要である。

この"営み"は、いま、どのように進んでいるのか。それをどのようにして、永続的なものとし、さらに、その経験を、他の地域に広げてゆけるのか。

電通が話題を提供した2002年ころには、構想と実現はやや「上から」「政府から」税、補助を基礎に基金をつくる構想であった。たとえば、提案では施策としてコミュニティ文化産業支援の提案がある。これは、日本各地、1,000の地域、1プロジェクト当たり1,000万円、自治体・民間の協力で、税、補助金、寄付、会費（NPO適用・無税）で基金をつくるとされている[2]。

いま、日本には、人口規模が小さくても、自立して発展する独自の個性的な構想を持ち、実践し、人口定住や増加につなげているところがある。

徳島県上勝町、北海道東川町、宮崎県綾町、福島県大玉村、長野県阿智村、群馬県上野村、長野県下条村、三重県朝日町、岡山県奈義町などである。

これらの町や村が再生を果たした根拠を研究してみると、いくつかの特徴に気がつく。

一つは、地域固有の文化を生み出す「水や緑」の重要性である。たとえば、東川町の大雪山系に象徴される景観と緑、清らかな水は、おいしい米や加工食品（酒、米粉のシフォンケーキなど）を生むし、子どもたちに豊かな生育の環境を生み出す。北海道には、もともと、アイヌの"営み"にちなんだ地名を大事にして保存する風土があり、市町村合併に同意せず、独自の固有文化の伝統を守り、それを媒体とした人びとの絆を大切にしてきた。

景観や"営み"が、最新の写真技術を背景に、素晴らしい作品を生み、その国際的なひろがりのなかで、写真美術館が、人びとの心の拠りどころとなって、世界から人びとを呼び寄せている。

これらの基礎には、知識人の協力や、文化施設学芸員の活動、福祉のコミュニティづくり、企業やＮＰＯなどとのコラボレーションがある。

産・学・公共のネットワークが、生活や経済の"文化インフラストラクチャー"として機能する。

このインフラの土壌は、一種の「制度的な厚み」であって、貴重なコミュニティ・ビジネスの苗床である。

　コミュニティ・ビジネスは、各地固有の祭りや町並み、伝統工芸、伝統芸能、自然環境保存、まちづくり、先端技術との融合、ＮＰＯやベンチャー起業となって、「地方を世界へ」と情報や財を送り出し、観光、ソフト、広告、スポーツ、出版、放送、音楽、劇映画、デザイン、工芸などのコンテンツを担うソフトが、国家的な支援のもとに、世界に向けて発信される。

　この提起の内容の詳細な検討は今後の課題として、重要なのは、地域の創造拠点づくりへの注目であり、その情報発信システムへの高い関心であり、観光など、訪問産業への評価であろう。最近の「特区」の新設や発展も視野に入れると、この構想は日本産業の発展に大きな影響を与える可能性がある。

　もしも日本において、ブランディングを試みるとすれば、かつて、柳宗悦が指摘したように、各地に展開する「手仕事によって、生産者と消費者の心を通わせる職人文化（手仕事の日本）」への注目や、さらには「東西交流文化の基礎に立つ、多様で豊かな工芸文化・文化財・文化遺産（和魂洋才型文化）」なども大きな関心を呼ぶであろう。これらの基礎の上で、日本のビジネスの特徴として、倫理性が高く、誠実で、長期的な見通しを持った信頼関係を重視し、創意工夫を尊重する創造的研究開発精神がブランド化できれば、食の安全無視の企業や欠陥商品隠蔽の体質など、閉鎖的な精神状況の弱点を克服して、世界の市場に新風を起こすことができるであろう。日本のコミュニティ・ビジネスは、その原点に位置づけられる。

Ⅲ　地域産業集積と新たな職人層・コーディネイターの台頭

　これらのコミュニティ・ビジネスの発展過程は、世界の各地域における産業発展の流れから見ると、現代における産業集積や、産業クラスター形成の流れの中に位置づけることができる。この流れは、M.ポーターらによるシリコン・バレーや、シリコン・アレーなど、情報先端産業の集積地の研究に始まり、M.J.エンライトらによる世界各地の産業集積地の研究、アメリカ合衆国のハリウッド、スイスの時計産業、イタリアのプラト地域における繊維産業などの実

証的な研究によって、現代産業研究としての広範な基礎を与えられた。

　これらの研究の共通した特徴は、重厚長大型の工場やオフィスが、構造的な不況のもとで、撤退した後に、中小規模の土地・建物・機械などの所有者が残り、かれらの工場生産手段の供給と、職人・技術者・経営実務者などをコーディネイトして、新たなニーズに応えるコーディネイターが現れることである。

　エンライトによると、地理的な集積地を持つ現代産業は、企業組織の壁が低くなり、組織の内外においてネットワーク構造を持った組織が発展し、コーディネイターの役割が重要性を帯びてくる。このために、新産業は、しばしば、独占的な大産業が崩壊した後に、残された職人、技術者、各種の専門性を持つ人びとの存在を出発点とし、新たな消費者のニーズを把握した、優れたコーディネイターによって、多様な専門性をつなぐネットワーク組織の構築力によって、発展する。彼がイタリアのプラトにおける1930年代からの産業史によって指摘するところでは、現在のプラトの織物業は、1930年代の一貫生産の崩壊の折に、大企業経営者がレイオフと同時に解雇した労働者に機械などを販売し、あるいは、土地を貸与して下請生産を行ったところから発生した。これらの小規模生産を組織するコーディネイターは、現代では「インパナトーレ」と呼ばれている。

　かれらは、毛織物のデザイン、顧客の開拓、原材料の調達、下請け契約の組織化、物流調整、市場での販売などを担う。小規模な物的生産手段の所有と高い知的な所有のコーディネイトによって、質の高い製品を生み出し新たなニーズに応える新産業集積地の発生。ここに、かれの注目した新たな産業集積地がある[3]。

　ここで登場する職人は、伝統的な地場産業の職人であるが、現代の多くの地域では、ＮＰＯや、ベンチャー企業が担う、新たなタイプの職人が登場する。とりわけ、消費財デザイン、産業デザイン、都市デザインなどを担う芸術家、創造の拠点づくりを担う美術や実演芸術の専門家など、芸術系の専門家や、スポーツ活動を担う専門家は大きな役割を果たす。さらに、現代産業は、音声や映像に関わるハイテク技術者を多数必要とし、芸術文化・スポーツ系の専門家といわゆるコンテンツの生産を担う技術的専門家との協力関係は、現代の地域産業集積に不可欠の要素となった。

　1990年代以降の日本においては、非常に多くのコミュニティ・ビジネスが生

まれた。その基本的な特徴は、地域固有の文化的な伝統を踏まえつつ、地場産業を基礎とするもの、大都市における芸術活動を基礎とするもの、地域福祉事業を基礎とするものなど、多様であるが、いずれもが、国際的な情報通信ネットワークを活用した国内外への市場開拓と結合され、一種の産業実験としての性格を持っている。そして、この実験は、従来の大量生産・大量消費・大量廃棄型の企業や産業の撤退や衰退の基盤の上で、後に残された専門家、技術者、大都市との交流のなかから生まれる信頼関係のネットワークなどに依存し、コミュニティにおける多様な自立支援ネットワークから成る非営利組織によって支えられている。このなかで、「手仕事社会」と呼ばれる日本の特徴は、さらに注目され、強みを発揮する可能性がある。

Ⅳ ラスキンの産業実験
――分散的な物的所有と、開かれた知的所有を結合するネットワーク

19世紀の後半に、J.ラスキンは、衰退産業が残した資産と専門性・職人性を基礎に、地域からの産業実験を提起した。聖ジョージのギルド事業と呼ばれた多様な試みの一つとして、貴重なアイディアを残している。この事業は、ラスキン全集に収録され、記録を残したA.フレミングによれば、この産業実験の内容は以下の通りであった[4]。

1）職人再生事業。イギリスのマン島において、当時、伝統産業であった毛織物工業が、経営の危機にあり撤退してゆき、伝統産業の担い手、優れた技巧を持つ熟練した職人たちは、自分たちの住居＝物的財産を持つだけとなった。

職人技を持つ知的所有者たちは、失業に直面し、若者や青年層は村を離れることを余儀なくさせられ、紡ぎ車は別の場所に移されようとする。

大半の人びとは、これは必然的な法則にもとづく自然な傾向であるという考えであった。これに対して、ラスキンは、ここでつくられ、地域社会の共同の財産として残された伝統産業の生産や経営のノウハウは、自然を基礎とした、人びとの努力と創意工夫の結晶であり、個々の職人の技は、尊敬に値する芸術的作品を生産しうると評価した。そして、優れた製品の質を評価し、享受する消費者に、これらの技を伝え、市場を開拓することによって、これを再生させ

ることが、人間社会の進歩であり、自然のよき素材を生かし、地域固有の伝統文化を生かす道であると主張した。

2）出資システム・自然エネルギー・良心市場。そこで、ラスキンは、伝統と文化を継承する意思や決意を持つ人びとから出資を募り、職人たちを激励し雇用の機会をつくり出し、また、資金を投入して水車小屋をつくり、エネルギーを供給しようとした。現代であれば、エコロジーの視点を持つ、この試みは、同時に、文化的で、ロマンティックで、美しい動力源を担う水車小屋となる。

この小屋は、分散的な物的所有を担う職人や農民の共通の広場となり、地域社会の共通の財産である、優れた職人技や固有のノウハウによって支えられ、開かれた知的所有を持つ個々人の手仕事の工場であり、外界との販売活動や古い時代の物々交換の場ともなった。農民たちは水車小屋に羊毛をもちより、完成された織物、もしくは家庭での編物に使用する生糸のどちらか一方が返礼として支払われた。

3）地域通貨の導入。さらに、一種の地域通貨が導入され、上質のホームスパン１平方ヤードが聖ジョージのギルドの通貨における価値基準であった。

4）生活の質を変える産業実験。この産業の多くの生産物は実用性とともに美しいものを受け入れて生活様式を変える潜在能力を持っていたので、聖ジョージのギルドにおける協同組織とネットワークは、産業の実験のための市場を開発した。

個々に見られる産業実験の手がかりは、以下の点で現代に通じるものがあり、今後のコミュニティ・ビジネスやまちづくり論の基本方向を示唆している。

1）現代産業が、大型の株式会社所有から、「分散的な物的所有」や「開かれた知的所有」へと転換する際に、地域固有の文化資源を発見し、再評価し、従来の産業が残した専門家や職人の知的所有を活かしてネットワーク化し、コミュニティの絆を活かして、農林漁業から、あらゆる生活文化産業に広がる仕事を起こす。

2）地域固有の中核となるエネルギー資源・文化資源を発見した場合、市民組織や自治体、知識人などの公正な評価の機関が資源を評価し、協力しあって出資金や、補助金、寄付金を集める組織をつくる。

3）この組織は、小規模で分散的な経営体の形で、「分散的な物的所有（生産

手段・住居など)」と、「開かれた知的所有」をネットワークによって結合し、消費者のニーズにこたえて、伝統産業（陶磁器製品、漆器製品、金属技術、木材製品、建築物など）や、環境・リサイクル産業、芸術文化、福祉などに関わる生活文化産業を再生し、発展させる。この際に、組織は、現代的な技術を活用することができるから、ラスキンの時代には存在しなかった情報通信技術、中間技術などを活かして、ネットワークを構築する。

　4）この組織は、伝統を活かし、現代に通用する製品やサービスを提供するとともに、伝統産業の技術やノウハウを活かし、かかるノウハウを担う職人を集め、教育し、現代技術との交流を深めて、新たな学校組織や大学、大学院とのコラボレーションを実行する。そして、新たな産業発展やビジネスにノウハウを提供し得る職人の発見や、次世代の育成に努める。

　5）さらに、他地域や都市との交流のなかで、中核となるべき文化資源の価値を評価し得る、専門家、芸術家などとの交流を進め、地域ブランドや国際的な観光・コンベンションなど社会的な評価を確立する方向をめざす。

　6）職人や芸術家が活動するために、工芸センター、文化ホール、多くのミュージアム、文化施設、生涯学習のための学校、歴史的建造物の再生などによって空間の再構築を行い、地域社会、都市、まち、村などの再生を計画すること。また、再生にあたっては、市民が伝統的建築物のよさを理解し、生活文化を継承しつつ現代の高い技術、デザイン力を可能な限り活用する。

　7）職人や芸術家による財やサービスなど、地域のブランドやホスピタリティと、歴史的文化遺産・文化財は地域社会のシンボルであり、コミュニケーションや輸送機関などのネットワークシステムの支援や、多くの美しい景観や数々の遺産などを通じて、他地域の多くの旅行者や消費者をひきつける。

　8）これらの文化による"まちづくり"を支援する、非常に多くの企業や非営利組織が存在している。ＮＰＯ、協同組合と地方自治体との連携を強め、企業や住民によるフィランソロフィーを発展させ、多くのボランティアと専門家の協力によって、都市や地域の再生をはかること。

1) 電通『魅力ある国づくりプロジェクト』2002年、付属資料、63ページ。ブランディング戦略を提起した背景には、政権のブレインである、A. Giddensの主張があるとされている。A. Giddens, The Third Way, Polity Press, 1998.（佐和隆光訳『第三の道―効率と公正の新たな同盟』日本経済新聞社、1999年。）彼の社会関係資本論や、コミュニティ論との関係については、古河幹夫「ギデンズの『第三の道』理論」岡村東洋光、久間清俊、姫野順一編著『社会経済思想の進化とコミュニティ』ミネルヴァ書房、2003年、参照。
2) 電通、前掲、プログラム、6ページ。
3) M. J. Enright, 'Organization and Coordination in Geographically Concentrated Industries,' in N. R. Lamoreaux and D. M. Raff, eds., *Coordination and Information, Historical Perspectives on the Organization of Enterprise*, NBER, The University of Chicago Press, 1997, pp. 103-111.
4) A. Fleming, 'Industrial Experiments in connection with St. George's Guild,' 1870, J. Ruskin, *The Works of Ruskin, Library Edition*, Vol.30 pp.328-335.

参考文献
池上惇『マルチメディア社会の政治と経済』ナカニシヤ出版、1996年。
池上惇「文化産業の発展」後藤和子編『文化政策学』有斐閣、2001年。
池上惇・小暮宣雄・大和滋編『現代のまちづくり』丸善出版事業部、2000年。
池上惇『文化と固有価値の経済学』岩波書店、2003年。
佐々木雅幸『創造都市の経済学』勁草書房、1997年。
佐々木雅幸『創造都市への挑戦』岩波書店、2001年。
電通『魅力ある国づくりプロジェクト』2002年（非売品）。
W. J. Baumol & W. G. Bowen, *Performing Arts -The Economic Dilemma-*,MIT Press, by the Twentieth Century Fund. Inc. The MIT Press, Massachusetts, 1966.（池上惇・渡辺守章監修訳『舞台芸術－芸術と経済のジレンマ－』芸団協出版、丸善配本、1993年。）
R. E. Caves, *Creative Industries, Contracts between Art and Commerce*, Harvard U. P., 2000.
Peacock, A. T. and R. Weir, *The Composer in the Market Place*, Feber Music, London.（1975）
―― *Paying the Piper, Culture, Music and Money*, Glasgow U.P., 1993.
A. Sen, *Commodities and Capabilities*, Oxford U.P., 1987 pp.18-21
D.Throsby, *Economics and Culture*, Cambridge U. P., 2001.（中谷武雄、後藤和子訳『文化経済学入門』日本経済新聞社、2002年。）

第七章

文化的価値の蓄積
文化による"まちづくり"

I　はじめに——ラスキンの生活文化産業論

　ここでは、事例として、「ラスキンの生活文化産業の基礎理論」をご紹介し、そのなかで、生活文化産業における商品の価格決定過程と、それによる生産職人・芸術家への公正な報酬の確保の仕組みについて検討したい。
　まず「生活文化産業の基礎理論」をご紹介する。
　ラスキンは、農村を例に挙げて地域再生のための生活文化産業振興策を検討する。半農半Ｘと呼ばれる生活のあり方が問われているとき、的確な提起であろう。
　たとえば、イギリスの田舎で、羊毛工業の職人技が支える地場産業がある。
　この産業は、大工業の廉価な大衆製品に圧倒されて、倒産してしまう。
　これが、再生できるかどうか。
　これが、ラスキンの問題提起であった。前章では、これを「産業実験」として検討した。
　かれは、再生できるという。
　その根拠は、都市に生活の質の高さを求めて伝統文化の現代的な再生を願う人びとがいるからであり、かれらが資金を集めて、農村の地場産業再生に投資すると考える。
　投資するとは、第一に人的能力への投資であり、失業している職人を集めて、

新たな品質やデザインの学習をさせ、都市の消費者と農村の生産者とのコミュニケーション、資金関係、市場における製品の公正な評価と、フェアな取引、などが構想される。良心経済の第一歩である。

第二に、農村における地場産業の再生は、水車による自然エネルギーの復興であり、景観のよい、都市から訪れる人びとにとっての快適な環境の提供であり、農産物を地域から集め販売する場の提供である。いわば、観光と商業が、地場産業再生とセットとなっている。

ラスキンは、農村を農家経営、家庭を背景とした家業経営（家庭経営）を基礎とした地場産業や商業の台頭する場とみている。

家庭経営と、農家経営、地場産業経営などは、コミュニティや家族の絆に支えられた地域経営の原型といってよく、地域経営とはこのような経営の集合体である、といえよう。家庭となれば、庭園がつきものである。地域経営を産業の経営と庭園の経営としてみてゆけば、そこには、新たな経営観が生まれるであろう。

ラスキン理論：「農場と庭園」＝生活文化産業の基盤

ラスキンは、これらの経営について明快な理論を展開した。

かれは、人間が社会を形成し生命や生活をよりよくしようと努力し始めるとき、次の二つの領域をバランスよく整備する構想を打ち立てると指摘する。

「賢明な農夫の働き生活する場は、整然とした野菜の畑と、薫り高い花の咲き乱れる庭とに、整然と二分されている」（J．ラスキン著、西本正美訳『芸術経済論』岩波文庫、1927年、25ページ）

この考え方を社会に適用すると、人類は、「腹の足し＝生活必需品生産事業」と、「心の糧＝創造的な芸術文化事業」をバランスよく、地域や国土に整備すること。この両者が生活文化産業の「二つの核」を構成する。

ラスキンは、生活必需品産業が産業革命の結果、大工業の支配下にはいり、大工業の量産品が、手仕事中心の「創造的な芸術文化事業」を圧倒して、「生活必需品が"文化性のない餌"や"廃屋なみの住居""傷んだ衣服"など」にならないよう、人びとに叡智ある判断を求めている。

そのためには、生活必需品の生産にも、芸術文化性を持たせ、デザインや、

構造を創意工夫すること、「創造的な文化事業」を振興して、「心の糧」の源泉を失わないように配慮することを求めている。

そして、これこそが、賢明な農場経営の構想力と実行力が試されるときである。

そこで、「腹の足し＝生活必需品」になるものにも、文化性や芸術性を与えて、卓越した野菜生産のノウハウを創造し、次世代に継承する人間が、経営の生み出す事業環境のなかで育てられる。また、経営人が職人を育て、「心の糧＝芸術文化サービス」を生み出す芸術文化活動や事業が、工芸産業のように、採算の取れる経済事業としても整備され始めると考える。

そこでは、一方では、創造的な経営のノウハウや、職人が生み出した創造的な成果が、本物の価値を持つ、文化財や芸術作品を、「心の糧」として生産する。そして、他方では、ここで生産された創造的な芸術文化の成果が、「腹の足し＝生活必需品」のデザインや構造に生かされる。これらの産業や文化におけるノウハウや文化財、文化遺産は、次世代にとっての「かけがえのない」共通資産となる。公共資産といってもよい。

これら二つの生活文化産業領域が、「創造性を持つ商品やサービス」を市場に出してゆくとき、そこにおける価格の決定は、どのようにして行われるのか。

村岡利幸氏は、「生活文化商品における価格決定権」は、従来の量産体制分野における"市場占拠率の高い独占企業"によるものばかりでない、と主張される。

氏によれば、生活文化産業領域においては、デザインと機能性の高い生活必需品であれ、卓越した芸術文化サービスであれ、「かけがえのない固有価値をうみだした職人や芸術家にまつわる物語」の普及や消費者による共有が大きな役割を果たす。(村岡利幸「生存競争価格から固有価値による公正価格へ」『国際文化政策』英文研究ノート。2012年6月、5ページ以下)

「あの職人の腕前は素晴らしい」「あの経営者の商品の質にかける情熱には負ける」などの物語は、価格決定の決め手が、「商品・サービスのかけがえのなさ」や、「商品生産などの背後にある"固有価値の発見・開発者の物語"」に移行しつつあることを示している。

このような価格の決定権の移行は、価格が「大企業商品の市場占有率」という「モノの動き」から、「固有価値を発見し開発する職人あるいは経営人」という「ヒト」や「ヒトの物語＝人の動きを表現する文化的情報」に移行している

ことを示唆する。この情報を倫理的な消費者が理解し、行動する。

　価格が「かけがえのなさ」という絶対的な価値によって決定されるならば、この価格は、当然の結果として、職人や芸術家への"創造的な仕事や労働に応じた公正な報酬"をもたらすことができる。

　市場経済が、生活文化産業において、公正な報酬を保障する"公正な価格"による取引を習慣化すること。これは、生活文化産業が経済的な基礎を獲得し、健全な経営を永続化しうる基礎であろう。これは、一種の「フェア・トレード」によって、公正な報酬を創造した人びとに帰属させるシステムである。ここでの消費者は倫理性の高い消費者であり、職人や芸術家の人格や職人技、創造的な表現力を尊敬し、敬愛する習慣を持つ。これは、良心経済の基盤である。

　これらの動きは、消費者が個別の商品やサービス（芸術公演の場合にはチケット価格）を市場で家計から購入する場合だけでなく、芸術文化公演を公費で支援し、あるいは、文化財を公共の資金で買い上げる制度や、美術館による保存・公開などの制度についてもあてはまる。

　さらに、ラスキンは、未来の芸術家を発見するために、創造活動を希望する者を、よき指導者のもとで学校教育を受けさせ、同時に、芸術や文化に関わる「仕事おこし」「公共事業」に就職させて安定した収入を確保させるべきだと主張している（同上、38-39ページ）。

　これらの貴重な故人の遺産と、それに関わる公共事業は、最終的には、そこに収められる作品の『鑑賞者』への眼差し、あるいは、故人の眼差しを想起させる作品の価値を実現するところに意味がある。

　「気高い青年が社会的に目覚めてくる頃に、偉人の行動や、その面影を忠実に表現した絵画が、彼の眼前におかれた場合、その青年に及ぼす影響は実に測るべからざるものがあると云わねばならぬ」。彼が、自分の良心に忠実に生きようと決意したとき、それは、計り知れないエネルギーとなって、彼の徳を高め、人びとを動かして、社会をよくする方向に作用する可能性が大きい。

　そして、ラスキンは、貴重な文化的伝統や、産業遺産、文化財や作品がもたらす"人間にとっての歓び"を「永遠の歓び」と表現している。

　まさに、「人は、生死を超えて、永遠の歓びと、その源泉を遺した」のである。

　人間発達の経済学は生業を出発点とし、人間の生と死を視野に入れ、人生の

充実と、"達成知の公共化"によって、次世代の生業にとっての土台＝文化的伝統と文化財に象徴される"場の文化資本"を生み出すことを発見した。

Ⅱ 種子の生産と研究開発

　生活文化産業のラスキンによる２領域について、市民大学院で講義したとき、倉野亨先生から、コメントがあったので、ご紹介する。

　　「産業の創造的商品（腹の足し＝生活必需品）と、芸術文化の創造的商品（心の糧＝芸術文化作品、工芸品、実演芸術サービスなど）を、生活文化産業の基礎とすること。
　　これらを、次世代にも、職人技や文化財として引き継いで、社会の共通基盤とし、人々の仕事や生活のなかに生かしながら、次世代にも継承するというのは、従来の経済学にはない視点ですね。ラスキンは鋭い。
　　産業や芸術分野で創造的資産を創ろうとしますと、仕事や労働の質を高め、労働を、どの分野に配分するかを社会が合意して推進しなければならない。
　　これは、"創造活動の質と量"を考慮して、人間の分業関係を事前に調整したり、現状を変更したりすることになる。自由放任主義では、できないことですね。かといって、計画経済ではない。市場経済を肯定しながら、市場経済の主体である人間が話し合いで制御する市場ともいうべきものです。この発想も凄いと思う。
　　それから、ラスキンは、創造的資産の保全や活用についても、触れていて、これら資産の永続性を重視し、経済活動は、このような資産からの影響が大きい、と考えていますね。確かに、創造的な成果に感動した人間は、誠実に、社会をよくしようという使命感を持って仕事をしますから、強いエネルギーを集中して仕事ができる。これは経済発展につながります。
　　さらに、ラスキンはこれらの創造活動を担う人を、どのようにして育てるか、にも、社会の資源を配分すべきだと考えているようですね。これも、従来の経済学にはない。

これらの貢献を肯定したうえでの話ですが、私としては、ラスキンが見落としている点があると思う。それは、創造的な産業資産に、農産物でいうと"種子を創り出す""種子を保存する""種子を育てる職人をつくる"など"研究開発を担う人々"の重要な課題を提起していないことです。
　おなじく、"ものをつくる"といいましても、野菜などの商品を創るのと、"創造的な種子"を創るというのとは、わけが違う。種子を創る"営み"には、異種の交配や、ＤＮＡの継承・突然の変異などの"自然の質を決める永続的なもの"が含まれる。
　どのような種子を生み出すかによって、年々の収穫や農産物の質にも大きな効果があるし、味や栄養などの向上によって人間の健康や仕事の能力、生活を享受する力にも影響する。
　ラスキンが、芸術経済を研究していた当時（初版序1857年）は、遺伝の研究も進んでいなかった（メンデルの遺伝法則公表は1865年）ので、やむを得ないと思うが、現代において、産業の創造的成果というときには、"種子"の改良や研究開発分野への資源の配分についても研究されるべきです。
　私は、いま、伊根（京都府）の地域再生の研究をしていますが、漁業において、魚が産卵し、次世代を再生する"営み"は、人間が、港湾や海の水質を保全するために、湾の周囲に植林し、保水し、清流を創り出して、海水を改良する"営み"と、一体のものです。
　その意味でいいますと、農場の再生や漁場の再生を構想するには、ラスキンのいうように、農産物生産の場と、花を栽培する場との共存やバランスが必要ですが、同時に、農産物の種子と、花の種子を改良する場づくり、"研究開発の場"が不可欠でしょう」

素晴らしいご指摘であった。同意。

Ⅲ 生活文化産業の財を分類する
──ラスキンによる財の分類と生活文化産業

ラスキンは、財というものを5種類に分類した。
①自然の大気や水のように、労働を加えなくても、すべての人びとに開かれた財。
②労働によってのみ生産され、所有するには、労働が必要である財。質素な食物、衣料、住宅、種子と原料、器具と機械、移動用の動物など。消費とともに消滅する財。
③肉体上の快楽や便宜に資する財。美食、香料、娯楽用植物・動物など、通常は贅沢品とよばれるもの。宝石を除き消費とともに消滅。
④知的快感、または、情的快感を与える財。耕作よりも悦楽のための土地、書物、芸術品、博物学の標本など。「正当に用いられたときには、"真の財"」であり、「真の意味において"所有する"といえる唯一の財」である。
⑤金銭および証書。利益に対する請求権。真偽は事業内容で確かめるほかはないが、義・仁・信、公正と正直の徳によって、投機や詐取を制御すべき財。公正で正直な取引は、大げさな慈善事業よりも実際上の善事を実行している。(同上、164-177ページ)

上の「ラスキンによる財の定義」は、①を仕事や生活の共通基盤とし、②を一般の産業労働の活動による成果、③④を芸術・学術活動による成果、⑤を商業や金融活動の成果として位置づけているとみてよい。

先の、農場の例でいえば、自然のなかで、「腹の足し」生産を原点とする産業労働の場(＝②)がある。

ついで、「心の糧」生産を原点とする学術・芸術の場(＝③④、③は④を基本として、制御される)がある。この場は、研究や研修さらには、専門家を教育する場をも包括していた。

ここで、農場から農産物が出荷されれば、商業、金融の場(＝⑤)が拓けてくる。

さらに、倉野先生が指摘される「研究開発の場」を付け加えなければならない。これは「学術や芸術」と「生産現場や生活の場」とを結合する役割を果たす。

日本の地域社会では、これらに加えて、「健康回復や蘇生の場」である「湯治

の場」が加わる。

これらを加えると、7分類になろう。

すでにみたように、古代国家の時代、高僧、渡来系の両親を持つ行基は、大阪、南河内から発し、土木、医療、福祉、などの技術者集団を率いて全国を行脚した。彼は、各地で民衆救済の拠点づくりを行い、また、知識人（僧）を民間から登用できる学校をひらいた。

かれが各地でひらいた温泉、ユートピアは、厳しい生業のなかで、貧困と障害にあえぐ人びとのために心身のケアの場を提供し、温泉寺は、故人を弔いつつ、菩薩信仰とともに、苦しむ人びとに奉仕する人びとの、澄み切った、美しい真の心を、今に伝える。

このような「湯治の場」を構想するなかで、休養だけでなく治療を意識し、心の拠りどころとしての、寺や神社を連想させる。日本の湯治場は、地元の民謡など、地域文化と一体のものが多く、高い文化性を持つ。

健康、ケアが、地域のなかで、総合的に行われることは「腹の足し」や「心の糧」を、より深いところで支える「コミュニティの基盤」が、働く場や生活の場と一体のものとなって、地域社会に埋め込まれていることを意味していた。

日本における「仕事＝腹の足し・生活必需品生産」「文化＝心の糧・美的空間や芸術文化、学術」の世界は、「生業のなかでもがき、苦しんだ人びとの心身」を温泉や森林など、自然の雰囲気のなかにおく。この場で、自然の生命と人間の生命が一体となった歓びを体感する。ここには、入浴や森林浴・休養・整体などの実践を生命蘇生・回復・再生の場として高く評価する文化的伝統・習慣がある。

このような健康蘇生などを基礎に、日本の文化的伝統は、一方では、工芸や農業など、かつての生業体験に触れて自分の潜在能力を思い出させる。そして、他方では、文明や科学の力を生かして、創意工夫し、デザイン、通気、衛生的な水環境、資源リサイクルなど、等身大の生活世界・創造環境をつくり、享受する機会を生み出す。

ラスキンによる生活文化産業の5分類は、日本における研究を経て、7分類に拡充される。

Ⅳ 固有の文化性を身につけた市民社会
——文化を担う人びとが学習する場——

　「教育とは、真理や規範を教壇から教え込むことではなくて、人類の文化的伝統（人から人へ）や、文化遺産・文化財（文化的伝統を体現した物）を媒介としながら、一人ひとりが文化的に学習する場を、教師が生み出すことである」

　これは、私が長年の体験のなかから確立した社会人教育の定義である。

　ここでは、「場づくり」「相互の学習支援」が重要な役割を果たす。

　学習する場に参加する個人は、教師も社会人学生も、各自が自分の人生を背負い、「固有の文化資本」を心身に蓄積してきたものとして、位置づけを与えられる。

　また、各個人は、「文化的に学習する」。Cultivation（耕すこと）は文化の語源。農地や庭園を耕す人びとが自然を知り、人と自然のかかわりを知って歓びを感じ、それを表現すること。その表現を通じて「ともに生きる世界が広がる」ことを意味している。

　では、以下に、教育課程の総合的な意味を考えてみよう。

　まず、「場づくり」。これは、教師が、過去に身につけた、自分の学術知へのこだわりをいったんは、捨て去ること。未来に対しては、自分の学術的野心を捨てて、一人ひとりの学生が持つ、潜在能力を引き出して、それを開花させること。それによって、各自の文化が共生できる「空」の場をつくることを意味している。

　それは、おそらく、教師は、真理の前に、謙虚で、自分の到達点は、まだまだ、不十分であり、未完成であるとの自覚を持つことを暗黙の裡に認めることであろう。

　むかし、河上肇先生の色紙で、J.S.ミルが引用されていて、「およそ学を志す者は、人に知られざるを恨むなかれ。己の知らざるを憂えよ」という一節があった。たしかにそうだと思う。

　教師は、自分の学術知を、専門分野における文化的伝統と、古典的な専門書など学術文化財を媒介として、同じように、文化を担ってきた人間として、社会人学生に伝達する。これは、「未完成のもの」であることは自明であろう。

次に、学習であるが、ここでは、N.ウイーナーの定義を採用する。

それは、「仕事の結果から送り返される情報が仕事の一般方式と仕事遂行のパターンとを変更できるものであるならば、その過程は学習と呼ぶのが適当である」（ノーバート・ウイーナー著、鎮目恭夫・池原止戈夫訳『人間機械論第二版』みすず書房、1979年、61ページ）

この定義によれば、学習とは教室で教師が主宰して場をつくることがあるとはいえ、教室のなかだけで完結しない。その場は、教師の専門的な学術知を参加者の共通の話題にできるけれども、それを学んだとしても、本来の意味の「学習」ではない。

むしろ、教師の持つ学術知を基礎に、それを超えるアイディアを提供しあって、よりよい学術知に高める場でしかない。これは、学術知の深化にとっては、非常に貴重な機会であるが、学生一人ひとりの「学習」となるには、さらにもう一歩が必要なのである。

その「一歩」とは、一人ひとりが、異なる職業や自営業やアルバイトなどをしているにもかかわらず、その多様性を前提としながら、各自の仕事の型を各自が把握し、それを、参加者に説明し、相互に理解する"営み"である。

これは、社会人学生教育の場合に、最も典型的に表われる。例えば、鉄鋼メーカー、メガネ製造業、近畿の市役所、財団法人の研究所、金融機関、公益企業などの多様な職業があり、学生アルバイトはマクドナルドなどのチェーンで働く者が多い。

各自、仕事で苦労されていて、希望がなく、先が見えないが、しかし、貴重な体験や苦労が詰まっている。それは、氷のように溶けがたいが、それを正面から見つめなおす機会はなかった。そして、溶かしてみようという気も起こらなかった。

ところが、社会人大学院では、学校法人の認可がなくても、その機会が得られるのである。この場は、「公共空間」であり、「学術知」を効果的に次世代に継承する機会である。国公立や私学の差はあれ、迷いつつも、良心を持つ教師が主体となって経営する場である。そこでは、学問の自由や自治、研究教育の自由がある。これは、良心が通いあうことを意味し、各自の文化資本を生かしあう場づくりにとって、重要な要因である。

さて、「公共空間」における教師の場づくりは、専門の学術知を媒介とした、

社会人学生相互の、文化理解の機会である。

　それは、各自が自分の背負ってきた人生で身につけた文化を話し合い、交流しあうなかで、高いモラルを持って各自の仕事の現状を話し合って、問題点を解明し、「仕事および生活を改善する方向」を構想する機会である。

　このような構想を話し合う場は、授業のなかでは難しいことも多い。また、まとまって議論することも難しいことが多い。そこで、教師を介しての話し合いが重要となる。

　教師は、ここでは、よき聞き手に徹し、学生同士では理解できないことを、間接的な対話で、互いにわかりにくいことを適切に翻訳し、相互に理解してもらう努力が必要である。

　さらに、このようななかで、生まれた相互の信頼関係は、各自がそれぞれの文化を背景に他人や教師と対話したなかから、各自が、従来の「仕事の型」を変更するきっかけとなる。

　ここで、各「学習者」には、ウイーナーの「学習」の定義を超える、重要な「進化」がおこる。ウイーナーは、単に「仕事」の結果から送り返される情報を、過去の記憶などの経験の蓄積と照合して、新たな判断を下すものとして「学習」を位置づけた。

　しかし、実際の「仕事の型の変更」は、教師や友人との議論のなかで、自分の行動の型を見つめなおし、その反省のうえに新たな行動を起こすだけではない。

　自分の仕事の型を認識し、問題点を自覚して、過去の記憶と照合し、ここに、「新たな仕事の構想」を生み出すのである。この「構想を生み出す力量＝構想力」こそは、人間の思考力や論理性を高め、卓越したアイディアを生み出す基盤なのである。

　教師は、この構想力を引き出し、開花させる努力を怠ることはできない。

　この「卓越したアイディアを生み出す」基盤を獲得した人びとは、自分の仕事の型を変更する構想力だけではない。多くの人びとは、自分の仕事を変える構想力を基礎に、教師の提供する学術知を超えるアイディアの構想力を持つことができる。これは、授業の質を上げ、魅力を増す。また、このような人物は、すべての授業やセミナーで、優れたアイディアを提供できるであろう。

　これは、ある意味では、利己的な営みではなくて、互いに相手の仕事を理解

するということ、さらに、ともに、自分の仕事も、相手の仕事も、平等に、敬意をもって話し合い、一緒に、改善の方法を議論することになる。

しばしば、仕事の方式や行動の型は、習慣化していて、そう簡単には、変更できない。また、大抵は、「疎外された仕事」になっていて、その仕事の意味を考えたり、改良や改善をしようなどという考え方は毛頭ないことが多い。

自分の労働や仕事は、自分にとっても、社会的に見ても、全く、無意味だと思っている人びともある。

しかし、仕事を改善する構想力が人びとに育ち始めると、そこには、二つの大きな変化が起こる。

一つは、教師が講義する学術知の内容が、仕事での構想力を学術研究に応用して、画期的に充実してくること。

二つは、一人ひとりの仕事の苦労が、氷を解かすかのようにほぐされて、理解できるようになると、それらの苦労があたかも宝石やダイヤモンドに変わったかのように、貴重な体験として自覚され始める。

ここで、新たな創造的学術知を発見しながら、それを自信としつつ、仕事の新構想を具体化する実践が始まる。ここに学習の本質があるといえるだろう。

V　展望――学習の機会均等と融通型所得再分配

「教育とは、真理や規範を教壇から教え込むことではなくて、人類の文化的伝統（人から人へ）や、文化遺産・文化財（文化的伝統を体現した物）を媒介としながら、一人ひとりが文化的に学習する場を教師が生み出すことである」と述べた。

これは、私が長年の体験のなかから確立した教育の定義であった。

ここでは、「場づくり」「相互の学習支援」が重要な役割を果たす。

また、「文化的に学習すること」が大切であろう。

このような場を創るにあたって、一つの重要な前提があると思うので、それについて説明を試みたい。

その前提とは、「教育の機会均等をすべての人びとに保障しようという"人びとの合意"と、"そのための法や制度の整備"」である。

これは、非常に"倫理性の高い合意"である。

倫理にも、さまざまなものがあることは、よく知られている。たとえば、A.スミスは、互いに相手を傷つけないことを、倫理の原点とした。これに対して、「互いに、教育機会を均等にしよう」という合意は、かなり、積極的な応答を必要とする。これは、倫理的な行為のなかでも、非常に、実践が難しい。
　まず、より知識や経験を多く持つ人びとは、これらを、他人の教育機会に提供するという"積極的な対応"が必要である。対応が柔軟で、学生の自立支援となるには、よほど教師の「主体性」がしっかりしていないと支援はできない。教師自身の修養や学習の努力が必要である。これにはかなりの覚悟がいる。
　さらに、教育の場に接近しようとしても、"生活に追われ忙しくて時間がない""交通通信費がない"、さらには、"腹が減って動けない""病気で動けない"などの社会的な貧困が人びとに迫る。心身の障害が教育機会への接近を妨げることも多い。
　このような場合には、長期的な視野から、労働時間の短縮や完全雇用制度、障害者福祉体制、累進所得税制度や、所得補償制度などの法的整備、行政体制の確立をめざして、活動する必要がある。
　そして、それと同時に、このような課題に対処しようとすれば、"教育の場を創ろうとする教師"は、自分の持つ資金や、篤志家の資金を集めて、「無利子無担保・自立後払い」のシステムをつくり、貧困社会人（アルバイトを含む）学生の学習条件を整備しなければならない。自分で資金を集めるには、著作権料など、社会に貢献しうる著作物によって収入を得る力量が必要である。他人に資金の融通を依頼しようとすれば、よほど社会的信用がないと不可能である。
　さらに、学習意欲のある社会人学生が、数名ずつの研究会を持って、自分たちの地域再生の研究をしながら、これらの研究に役立てるために、教師の創った場を活用して、各地の経験を交流する。さらに、一歩進んで、各研究会が一人当たり月に１万円程度の積立金を拠出しあう。これは、一種の「講」であって、積立金を活用して、地域から市民大学院などに、社会人学生を送り出し、積立金を授業における教師への謝礼、テキスト代、交通費、書籍代などにあてる。送り出された社会人学生は、積立金を活用して、自分の研究教育能力を高め、その成果を、自分を送り出してくれた地元の研究会に還元する。この「講」は、交代で、社会人学生を送り出して、地元とは、別の地で、学習と実践の場

を持てるようにする。

　このような資金活動は、大きなファンドを必要とせず、個別に、私的な信用関係で、口頭契約を含むかなりゆるやかな資金融通である。融資とはいえないだろう。教師は、融通の窓口にはなるが、融通そのものは、篤志家（匿名希望のときはそれでもよい）と社会人学生の関係である。

　教師は、実学としての文化経済学、文化経営学をはじめ、自然科学に至る総合学術を研究する。そして、学術的価値を持つと同時に、実際に、「仕事起こし、地域づくり、人づくり、文化活動など」に役立つ知識と、実験の場を提供する。すでに、仕事を持つ人びとが社会人学生であるときは、その仕事場が実験場となる。文系だから自然科学は知らない、では通用しない。

　いま、京都で実験を始めた市民大学院は、このような土台だけでなくて、「学術・実学を研究教育する学会」を組織している。市民大学院に参加する人びとは、授業料なし。給与なし。

　ではあるが、市民大学院のコモン・ストックから学び、この学会で、研究成果が出れば、出版し、教材として普及し、著作権料を自分の収入にできる。社会人学生も努力すれば著作者になれる。貧困から脱出するために著作者になる人びとが増大することが望ましい。学術は芸術とちがって特別の才能は不要だ。

　情報化社会では、多様なメディアが活用できるし、印刷・出版費用も、ネットを活用すれば、最低限度に抑えられる。質さえ良ければ、普及するのにコストは最小で済む。

　各位は、思考力をマヒさせられるような情報氾濫状況と、それを利用して儲けようとする投機資本に対抗してほしい。もちろん、マスコミで有名になったからといって、投機資本に取り込まれないように用心しながら。

　市民大学院活動のなかで、同好の士を募り、募金活動も持続できれば、実学を研究教育する大学院大学を創り、博士学位相当の人材は、ここで、教授の肩書をつけ、社会貢献活動をして、同時に、国際社会での最高学術権威をめざすべきである。

　ここは、市民大学院で実力をつけた人びとが国際社会に雄飛する窓口である。ここでの共同研究は、つねに、世界の実学、文化経済学など、諸科学を先導し、国際社会に貢献できるであろう。

第八章

アダム・スミスのコモン・ストック論と商人
――永続的発展の経済学――

荒木一彰

I　はじめに

1．問題の提起

　本稿は、アダム・スミスのコモン・ストック論が、スミスの学問体系のなかでどのような位置づけにあるかを検討する。ここでは、経済学が無視しがちであった"商人の役割"に着目する[1]。

　そして、商人が、分業体制によって分断された個性的な人間を結合すること、あるいは、相互の交流を促進することを通じて、コモン・ストック形成を実現してきたことに注目する。分業が結合され、総合化されると、そこで、活動する人間もまた、部分人間から脱出して、より大きな、総合的な視野を持って発達する可能性が出てくる。

　このことは、世代生成する人間関係にも、大きな影響を与えるに違いない。親子関係において、分業は、子が親の経験や知見を継承するうえで、大変不利なシステムであった。親の職業は、しばしば、狭い範囲に限定され、それも、時代遅れのものとみなされがちであった。職人技も子に継承されないことが多いが、その大きな理由の一つは、親が分業の狭い枠にとらわれて、技の継承のみに目を奪われ、技の現代的な意味や潜在的可能性を見失っていることである。子は、親から多くの可能性を学ぶことができず、別の職業を選んで、分業体制の枠に収まってしまう。

分業は、ヨコの関係において、人びとの孤立化を結果し、タテの継承関係においても、断絶を起こしやすい構造を持っている。人間発達における永続性を証明するには、分業経済学は、不十分さを持っていたのである。

　従来の経済学は、スミス以来、分業の原理を根本においてきた。このことによって、経済学の発展も大きく制約されてきた。それは、「分業によって分断されない人間」を契約や経済関係の主体として位置づけることができなかった。

　契約主体としての人間は、「自分の欲求に従う人間」ではあっても、「自己の分業にはない、他人の仕事に関する総合的な理解を持つ人間」ではない。しかし、商品を交換しようとすれば、相手の持つ商品に対する全知識が要求される。この矛盾を、従来の経済学は、どうすることもできなかった。P.サムエルソンが仮定したように、商品を購入すれば、欲求は充足され、満足して消費されたとみなすほかはないのである。しかし、これは、仮定であって、現実ではない。

　本稿では、経済学のアポリアともいうべき問題を、商人というきわめてありふれた存在に注目することによって解明しようと試みる[2]。従来の研究では、商人の経済的機能に着目したものは少なくないが、商人が貪欲な一面を持っているという人格的な問題点を指摘して終わってしまうものがほとんどである[3]。

　商人を軸として「ヨコ」の"ひろがり"と"つながり"を実現し、それによって、多様な分業を総合的に把握し、その成果を次世代に継承・発展させ得たならば、分業で分断された、短期的な動きしか把握できない経済学から、人間の潜在的可能性を引き出し続ける「永続的発展の経済学」に通じるであろう。

　ここでいう「永続的発展の経済学」とは、矢崎勝彦氏に示唆を受けたものであり、いわゆる「持続的発展」とは異なるものである。後者が、世代間の発展可能性を犠牲にしても、公平性を重視するのに対して、前者は世代継承の観点から発展可能性を強く打ち出すのである。

2．A.スミスにおける分業論と、その限界の認識

　経済学の父と称されているアダム・スミスが『国富論』を著してから、はや200年以上を経過している。スミスが生きた時代と現代を比べることは、それ自体重要な意味を持つわけではない。にもかかわらず、スミス研究は衰えを見せていない。とくに、社会思想史関連の研究が顕著である。従来のスミス研究が、

『国富論』を中心として、『道徳感情論』を取り扱っていたのに対して、現在は、両者の間に位置する『法学講義』の翻訳が進むにつれて、スミスの思想的発展がより具体的に考察することが可能となっている[4]。

スミスにとって、『法学講義』は、『道徳感情論』と『国富論』をつなぐ重要なものであり、その思想的発展を解明することは現代的意義が大きいと思われる。

そのことに気づくきっかけとなったのは、池上惇の「コモン・ストック」論である[5]。この考え方は、市場経済を前提としたうえで、人間発達を実現していくためにきわめて有用なものである。池上によれば、スミスにこの概念があって、その初出が『法学講義』である。コモン・ストックは誰もがアクセスできるという意味で、非常に公共的な概念であるが、その形成過程が人びとの間の才能の差異という関係性にあるといっているところが特徴的である。すなわち、私的なものであると同時に、公共的であるのが、コモン・ストックである。

近代社会の確立によって、諸個人は、国家や社会、地域、家族からさえも、切り離され、まさしく原子的存在となった。その代償として、他者との関係性を失うおそれが出てきた。近代の幕開けで、人びとは自由に生きることが可能となり、各々が自己愛を追求していけば、結果的に社会も発展していくはずであった。しかしながら、現実は必ずしもすべての人が幸福であるとはいえない。人は社会がなければ、もっといえば、他者とのつながりがなければ、幸福に生きることができない。このようなことが今日では困難になってしまっている。

資本主義が安定的に発達する保証がないことが周知のものになっていくにつれて、制度や道徳の強調によって、その統御を意図した研究が行われている。スミスの『道徳感情論』の再評価もまた、その一翼を担っているといえるであろう。これらの研究は、あくまでも経済成長を前提としたものであり、そのうえで、放任されがちな市場経済を人の手によって管理・運営しようとする試みである[6]。

ここで留意すべき点は、市場と人間が概念的に対立していることである。市場とは、モノとモノを交換する場であるが、いまやそれは人の手を離れ、独り歩きしてしまっているという風に考えられている。

よく考えてみれば、それはあくまでも例えである。実際に、市場をみると、ヒトの関係を抜きにして語ることはできない。にもかかわらず、経済学では、

市場におけるヒトの代表格である商人を事実上存在しないことにしてしまった。その結果、市場対人間という概念的な構図が生まれたのである。

スミスは偉大な経済学者であったから、分業の原理で彼の経済学体系を構築しておきながら、分業が人間の潜在的な可能性を剥奪して総合的な判断力を喪失させ、それによって、社会を解体の危機に導く可能性があると考えていた。

Ⅱ　アダム・スミス商人論の意義

A.スミスにあっては、商人の存在抜きに彼の学問体系は成り立たない。スミスは、近代社会において登場してきた自由に取引する商人を考察することで、市場というものを概念的につかみ、「分業」を富の源泉と主張することができた。つまり、彼の研究の根底には、現実に活動する商人の行動分析があった。スミスは、後述する商人の特性を明らかにすることで、確信をもって、自らの学問体系を構築していったのである。したがって、スミスの学問体系には、社会が実際に崩壊することはあり得ないという信念と呼ぶべきものが埋め込まれている。

商人は、スミスの信念を支える重要な存在であった。スミスは、明らかに商人がいる社会といない社会では、前者は幸福な社会を実現するのに対し、後者は崩壊することを予想していた。商人は、まさしく人と人を媒介する存在であるので、コモン・ストックの媒介者でもある。スミス自身は明示的には書いていないが、コモン・ストックと商人は密接にかかわっているのである。

今、コモン・ストックと商人という角度からスミスの『道徳感情論』と『法学講義』、『国富論』への思想的発展を見ていくことで、スミスの描いた永続的発展モデルを考えてみることにする。

1.『道徳感情論』――人びとの自然感覚から導かれた社会幸福論

A.スミスの処女作である『道徳感情論』は、人びとに利己的な感情を前提したとしても、なぜ社会は崩壊しないのか、という問題意識で書かれた[7]。

よく知られているように、スミスは、正義と慈恵という二つの徳を比べた時に、慈恵はなくても、社会は成り立つが、正義がなければ、社会は成り立たな

いといっている。このような大胆な見解をスミスはなぜ持つようになったのであろうか。スミスはいう。

「人間社会の全成員は、相互の援助を必要としているし、同様に相互の侵害にさらされている。その必要な援助が、愛情から、感謝から、友情と尊敬から、相互に提供される場合は、その社会は繁栄し、そして幸福である。それのさまざまな成員のすべてが、愛情と愛着という快適なきずなで、結びあわされ、いわば、相互的な世話というひとつの共通の中心に引き寄せられているのである。

しかし、必要な援助が、そのように寛容で利害関心のない諸動機から提供されないにしても、また、その社会のさまざまな成員の間に、相互の愛情と愛着がないにしても、その社会は、幸福さと快適さは劣るけれども、必然的に解体することはないだろう。社会は、さまざまな人々の間で、さまざまな商人の間でのように、それの効用についての感覚から、相互の愛情または愛着が何もなくても、存在しうる。そして、その中の誰一人として、互いに何も責務感を感じないか、互いに感謝で結ばれていないとしても、それは世話を、ある一致した評価に基づいて損得勘定で交換することによって、依然として維持されうるのである」（水田[2003]上pp.222-223）

ここでスミスは、諸個人が社会の一員になるメリットとして、慈恵による社会幸福を指摘しつつも、そのデメリットである侵害のリスクを無視できないと考えている。慈恵という徳は、人びとに強制されなくても、人びとの内発的な感覚によって自然に発揮されるものである。問題なのは、侵害にともなう憤慨や憎悪もまた、自然に発揮されてしまうことである[8]。

「社会は、しかしながら、互いに害をあたえ侵害しようと、いつでも待ち構えている人々の間には、存立しえない。侵害がはじまる瞬間、相互の憤慨と憎悪がおこる瞬間に、それのすべてのきずなはばらばらにちぎられ、それを構成していたさまざまな成員は、いわば、彼らの一致しない諸意向のはげしさと対立によって、ひろくまき散らされてしまう」（水田[2003]上p.223）

第八章　アダム・スミスのコモン・ストック論と商人　177

侵害のリスクを完全になくすことができない以上、あらゆる人びとが自然と社会の一員になるとはいい切れない。人びとが自然に社会の一員となろうと導くためには、侵害のリスクを極力減らす努力が必要である。そのために、スミスが重視したのが正義である。

　　「自然は人類に対して、報償に値するという意識の楽しさによって、慈恵の諸行為をすすめるのだが、自然はそれの実践を、それが無視された場合における相応的な処罰の恐怖によって、守り強制することが必要だとは考えなかった。それは、建物を美しくする装飾であって、建物をささえる土台ではなく、したがってそれは、すすめれば十分であり、決して押しつける必要がないのである。反対に、正義は、大建築の全体を支持する主柱である。もしそれが除去されるならば、人間社会の偉大で巨大な組織は、一瞬に崩壊して諸原子になるにちがいない。その組織は、この世でそれを打ち立て、それを維持することが、そういってよければ自然の特別で愛情にみちた配慮であったように思われる。だから、正義を守ることを強制するために、自然は人間の胸の中に、それの侵犯に伴う、処罰に値するという意識、相応的な処罰への恐怖を、人類の結合の偉大な保証として、植えつけておいたのであって、これが弱者を保護し、暴力をくじき、罪を懲らしめることになるのである」（水田［2003］上 p.224）

　ここで、スミスは、人びとが自然に抱く感情から、社会の一般的規則である正義を説明している。

　　「人々は、生まれつき同感的であるのに、彼らが何も特別のつながりをもたない他人については、自分たち自身について感じるのに比べると、きわめてわずかしか感じないし、彼らの同胞被造物にすぎない人の悲惨は、彼ら自身の小さな不便に比べてさえも、きわめてわずかの重要性しかないし、彼に害を与えることが、彼らの力できわめてやりやすく、そうしたいという誘惑をきわめて多く持つかもしれないので、もしこの原理が、彼らの中にあって彼を守り、恐怖によって彼らに、彼の罪のないことを尊重さ

せなかったならば、彼らは野獣のように、いつでも彼に飛びかかろうと待ち構えているだろうし、だから人は、人々の集まりの中へ、ライオンどもの巣の中へ入るように、入ることになるだろう」（水田［2003］上pp.224-225）

スミスは、このように現実を理論化した。身近な人びとに関しては、きわめて慈恵的になる人であっても、自身が感知しない人びとにあっては、まるで無関心を決め込んでしまう人が多いという事実がスミスの前にあった。このような現状を克服するために、スミスは同感原理を提唱した。この原理は、諸個人が見知らぬ人とも関係していくためにきわめて有用なものである。それは、生来的に完成されたものでは決してなく、多様な人びととの交流を通じて、内発的に発達していくものである。それこそがスミスの「公平な観察者」である。

スミスは、諸個人の胸中の「公平な観察者」が十分に発達することを期待していたが、それはあくまでも理論的な可能性を示したに過ぎない。スミスいわく。

「ひとりの愛国者が、公共行政のどこかの部分の改良のために、尽力する場合に、彼の行動は必ずしもつねに、それによって恩恵を得るはずの人々の幸福に対する、純粋な同感から生じるのではない。公共精神のある人が、運搬夫や荷馬車引きへの同胞感情から、公道の修理を奨励するのは、ふつうのことではない。立法府が、麻織物または毛織物の製造業を推進するために、賞金やその他の奨励を制定する場合に、その行動が、安いまたは良質の織物を着る人への、純粋な同感から出てくることは滅多になく、その製造業者または商人への同感から出てくることは、いっそうはるかに稀である」（水田［2003］下pp.25-26）

国家の愛国者という最も「公平な観察者」が発達していてもいいはずの人間ですら、同感原理を発揮するとは限らない。ここから、スミスは次の問題意識を持つ段階に入っていく。すなわち、人びとの幸福を実現する統治とは何か、という問題意識である。この研究は、スミスの生涯で果たすことができない問題であったが、その萌芽的なものを『道徳感情論』で確認することができる。

「生活行政の完成、商工業の拡張は、高貴で壮大な目的である。それらを構想することはわれわれを愉快にするし、われわれはそれらを推進することになりうるすべてに、利害関心をもつ。それらは、統治の大きな体系の一部分をなし、政治機構の車輪は、それらによっていっそう調和的に容易に、動くように思われる。われわれは、そのように美しく雄大な体系の完成を眺めて喜び、そして、その諸運動を最少にでも攪乱したり妨害したりしうるような、どんな障害でもわれわれが除去するまでは、われわれは不安なのである。しかしながら、統治のあらゆる構造は、それらが、それらのもので生活する人々の幸福を促進する傾向をもつのに比例してのみ、評価される。このことが、それらのものの唯一の用途であり目的である」（水田［2003］下p.26）

統治のあるべき姿に対する具体的な像があるにもかかわらず、それが広く一般に行き渡らないのはなぜなのか。スミスは、その答えを以下のように説明する。

　「一定の体系の精神から、技術と工夫への一定の愛好から、われわれは時々、手段を目的よりも高く評価するように思われるし、われわれの同胞被造物の幸福を、彼らが受難あるいは享受している物事についての、何か直接の感覚または感情からよりも、むしろ、一定の美しく秩序ある体系を完成し改良したいという観点から、熱心に推進しようとするように思われる。最大の公共精神をもっていながら、他のいくつかの点では人間愛の諸感情に対して非常に敏感ではないことを、自ら示した人々が存在した。そして反対に、最大の人間愛をもちながら、公共精神をまったく欠如しているように見える人々が存在した。各人は彼の知人の間に、一方と他方との双方の種類の実例を見出すであろう」（水田［2003］下pp.26-27）

たしかに、公共精神と人間愛が共に備わっている人物は歴史上稀なのかもしれない。実際に存在しえないようなことを人びとが自分の体験として同感しえないことはもっともなことである。ではいかように説得すべきなのか。スミスは実例を挙げて説明している。

「もし、あなたが、自分の国の利害関係について関心がないように思われる人の胸中に、公共的な徳を植えつけたいならば、彼に対して、よく統治された国家の臣民たちが、他にまさって享受する諸利点がどんなものであるかについて、すなわち、彼らがいい住居を与えられること、彼らがいい衣服を与えられること、彼らがいい食物を与えられることを語っても、役に立たないことがしばしばだろう。これらの考察は、ふつう、何も大きな印象を生まないであろう。もしあなたが、これらの利点を確保する公共行政の偉大な体系を叙述するならば、もしあなたが、そのそれぞれの部分の結合と依存、それらの一方から他方への相互的従属、社会の幸福に対するそれらの一般的な貢献を説明するならば、もしあなたが、この体系が彼自身の国にどのようにして導入されうるか、現在それがそこで行われるのを妨げるのは何であるか、どのようにしてそれらの障害が除去されえて、統治の機構のそれぞれの車輪を、もっと調和的になめらかに、相互に摩擦することなく、あるいは相互に運動を妨げあうことなく運動させうるかを、示すならば、あなたはもっと、説得の可能性が大きいだろう」（水田[2003]下pp.28-29）

　このような説得方法は、『法学講義』へと密接につながっていく。それは有名な、『道徳感情論』の結語にも表れている。すなわち、万民が説得されうるような「法と統治の一般的原理」の構築である。

2.『法学講義』——市民社会の原理と商人の重要性

　法学者としてのA.スミスは、日本ではあまり知られていないが、スミスにおいては、道徳哲学と経済学を結びつける重要なものであった。

　「法学とは，市民政府が従うべき規則についての理論である。それは，様々な国々の様々な統治システムの基盤を示すことと，それらがどれくらい道理に適っているかを示すことを試みる。我々は，どんな政府の目的にもなるであろう4つの事柄が存在するのを見出すであろう」（中村[2008]p.61）

スミスにおける法学の主要な問題は、以下の四つであった。すなわち、正義、行政、歳入、軍備である。ここでは、正義と行政を中心に見ていく。

　　「第1、あらゆる統治システムの、最初のそして主たる目的は、正義を維持することである。すなわち、社会の構成員が相互に他人の財産を侵害しないようにさせ、または、自己の所有でないものを他人から奪い取ることを許さないようにすることである。ここにおける目的は、自己の財産の、安全で平和な所有権を各人に与えることである。¦ 正義によって示された目標は、彼らの完全な権利と呼ばれるものの内に人びとを維持しておくことである¦」（中村[2008]pp.61-62）

　ここで、道徳感情論におけるスミスの「正義」論が『法学講義』においても、一貫していることがわかるであろう。そして、スミスの法学の最も重要な柱となるのもまた、正義であった。

　　「我々が国内の平和とも、または、家内の平和とも称して差し支えないこの目標が確実にされた時、政府は、次にその国の富を増大させることを望むようになるであろう。これが、行政と呼ばれるものを生む。貿易、商業、農業に関して、どのような規制がなされたとしても、その国の製造業は行政に所属すると見なされる」（中村[2008]p.62）

　正義が確立されることで、人びとは、侵害の不安をなくし、相互に信頼し合うことができる。このような平和が樹立された後に、法学が問題にすべきこととして「（生活）行政」が挙げられる。
　スミスの行政論は、われわれが思い描くものとは異なっている。スミスにおいては、第一に清潔、第二に安心または安全、第三に物資の安価さまたは豊富さが行政の主目的である。それは政府の仕事であることには違いないが、今日の政府がスローガンに挙げるほどの格別なものではない。これは、スミスにおける行政と経済の関係を象徴している。つまり、過度な行政は、調和のとれた統治の妨げになり、結果的に商工業の発展の妨げにもなるというものである。

以下の文章は、スミスの行政と経済を象徴するものである。少し長いが引用しよう。

　「法と統治は、住民に、彼らが平穏に所有する土地の耕作について自由と保証を与え、そして、それらの恵み深い威光は、すべてのさまざまな技術と科学の進歩のための余地と機会を与える。それら〔法と政治：訳者〕は、富者の所有する富に対する貧者の暴力と強奪から、富者を守り、そして、そうすることによって、<u>異なる個人間に存在する互いに異なった能力、勤勉、そして不断の努力の等級から自然にそして必然的に生じる人間の財産の有益な不平等を保護する</u>〔下線部：筆者〕。法と統治は、侵略してくる外敵の不正な攻撃の危険から臣民を守り、人々に技術開発の余裕を与え、彼らに生活の便宜と呼ばれるものを追求する余地を与える。まさにすべての部門の知と徳は、これらの便宜における人間の安全を提供するのに資することによってのみ、効用に関するそれらの輝きと美を引き出している。法と政治は、社会的視点からすれば、知と徳の主要な仕事であって、しかも知と徳の目的は、すべての個人において同一でなければならない。誠実さ、正直、行動上の清廉潔白は、すべてそれぞれの人々の生計維持に役立ち、〔そのような姿勢で：訳者〕それぞれの職業に従事するよう彼を励ます。善良で教養ある人のすぐれた知恵は、彼の職務の実行に際して他の人々を方向づけ、そして彼の勤勉さと行動力を模倣し、負けまいとする励みを起こさせるよう刺激し駆り立てる。彼らの勇気は、外国からの襲撃や国内の敵の蚕食から彼らを護る。そして彼らの高潔さは、これらの生活上の必要や便宜が得られるよう案出された計画がうまくいかないとき、我々に手を貸して救済する。そしてこれらの徳は、それが実践に移されて、それらが手本となって、同じような勤勉さに人々を駆り立てるとき、国家にとって最も有益になる。それゆえ、物事のある側面から見れば、技芸、科学、法律と政治、知恵、そして徳そのものでさえすべてこの一つのこと、すなわち人々の食物、飲み物、衣服、住居を供給すること、それらは通常最も下賤な仕事であると思われており、人々の中で下層の最も貧しい人でなければ、追い求めるのにふさわしいものではないのであるが、それに役

立つのである」(中村[2012]p.70)

　ここで、まず留意すべき点は、スミスがいう「異なる個人間に存在する互いに異なった能力、勤勉、そして不断の努力の等級から自然にそして必然的に生じる人間の財産の有益な不平等を保護する」という生活行政の役割である。これはコモン・ストックの形成における生活行政の重要性を主張しているであろう。
　つぎに注目すべき点は、コモン・ストックは、「財産の有益な不平等」を前提としているということである。コモン・ストックは、単に共通で平等な資産という意味ではない。むしろ、不平等であるからこその、共通性がきわめて重要になってくるのである。
　さらに、スミスは、人びとが開発する技術の例として、一般的な職人の技芸のほかに、商人の例を挙げている。

　　「船造りに携わる様々な職人や船乗りの商業や交通、そして彼らのすべての技術や、商人の勤勉な努力は、〔職人の技術と―筆者〕同じ目的をもっている。彼らは他国の食物や衣料のうち過剰な物を自国に輸入し、その代わりに自国で満ち足りている同じ種類の別の物を他国へ運び出す。――幾何学、算術、筆記はすべて、もともといくつかの活動を楽にするために創出されたのである。筆記と算術は、商人と小売商人のさまざまな売買を記録し明確にするために作り出され、そして幾何学は、(大地を区分し、そしてそれを住民の間で割り振るためにか、それとも)より精密な測定を要求される技術を形成する際に、労働者を援助するために新たに創り出された」(中村[2012]pp.69-70)

　ここで、スミスは、商人の自由な活動を通じて、より安全にかつより容易に商業ができるように発展してきた技術も、一般的な技術革新と同様に重要であるという認識を持っていた。むろん、あらゆる商業が良いと考えていたわけではない。スミスのいわゆる重商主義批判は、本来自由であるはずの商業が、自らの利権のために独占的になってしまっていたことに対するものである。スミスは決して商業そのものを否定していないである。

『法学講義』のAノートもBノートも、商人の主体的な活動が記述されている。たとえば、一般的に経済を構成する主体として挙げられる、労働者、資本家、地主のほかに、スミスの場合、商人が重要な位置をしめていた。

　　「貧しい人の労働と〔労働〕時間は、文明化された諸国においては、金持ちの安楽と贅沢のために捧げられる。地主は怠惰と贅沢の中で、自分自身と地主のために土地を耕作する借地人の労働によって養われる。金持ちは、金持ちが貨幣を使用することと引きかえに、金持ちの安楽を支えることを強いられる貧乏人と勤勉な商人からの厳しい取り立てによって支えられる」（中村［2012］p.74）

　ここで登場する「勤勉な商人」はきわめて興味深い存在である。いわゆる労働者と資本家、地主は相互依存的な関係を持っているが、商人そのものは他の階級に比べて独立的である。貧乏人はただただ金持ちに従うだけであるが、商人はむしろ、金持ちから厳しく取り立てることができる。このような商人の強い態度は、特権階級と結びついてしまえば、中世までの特権商人と同じである。だが、特権階級と結びついた商人は、決して勤勉ではないであろう[9]。したがって、ここで登場している商人は、近代特有の存在であり、労働者や資本家と同様に、新しい発展の可能性を秘めていたと言えるであろう。
　その発展の可能性は、市場と分業を商人が結びつけることによって顕在化した。

　　「市場の大きさが、商人が彼の資産(ストック)を一つの商品にだけでなく、ある商品中の種別、類別に投資することを可能にする。これはまた通信を減らし、彼にとって面倒なことを少なくする。その上彼が大量のものを扱うので彼はより安く仕入れ、結果としてより高い利益を得ることができる。それゆえ商業がますます広がるにつれて、分業はますます徹底する。このことから我々はまた、商品が運ばれる様々な場所の間に安全かつ容易な輸送ができる必要があることが分かるであろう。もしこの種の輸送手段がなければ、人間の労働〔の生産物〕は彼が住んでいる教区を超えて広がらないであろう」（中村［2012］pp.94-95）

第八章　アダム・スミスのコモン・ストック論と商人

市場が自然にある地域を飛び出すことはない。必ずそこには商人の存在がある。商人は、ある地域の特産物を発見すると、それを別な地域に持って行き、その地域の特産物と交換する。交換されたものを元の地域に持って帰れば、それがまた売れる。このように、生産者は生産地を離れていないにもかかわらず、自然とモノが流通していくのは、媒介者としての商人が絶えず活動しているからである。そして、地域の固有の財を発見するという商人の力量は、まさしく諸個人の差異を発見することと同義なので、商人の活動はコモン・ストックを拡大させるといえるであろう[10]。
　しかしながら、商人の活動は常に危険と隣り合わせである。

　　「もし道路に盗賊らが横行していれば、商品はそのリスクのために高い価格になるであろう。もし道路が冬期に悪路になると、商業はそれで全く止まることはなくとも著しく妨害されるであろう」（同上）

　商人がリスクをある程度以上負担できないことは明白なので、健全な商工業の発展のためには、行政の役割が出てくる。しかしながら、行政が商人を保護しすぎれば、商人は勤勉ではなくなってしまうおそれがある。
　歴史上、各国のさまざまな支配者がそのような配慮が十分あったとは考えにくい。この点でも中世以前と近代を分かつポイントになったとスミスは考えている。

　　「『オデュッセイア』でオデュッセイウスは、侮辱するために、海賊か商人かと何度か尋ねられている。当時は、商人は憎むべく賤しむべきものと見なされていた。しかし海賊または盗賊は、軍事的勇気をもった男であるから、名誉の取り扱いを受けた。我々は、社会にとって非常に有益な人間精神の原理が、もともとは決して、最も名誉あるものと特徴づけられていなかったということができる。飢え、渇き、性欲は、人類の大きな支えである。そうではあるが、これらのものの表現はほとんどすべて、軽蔑を引き起こす。同じようにして、取引、交易、交換を促す精神の原理は、手作業、商業、分業の大きな基礎なのであるが、それでも何か好ましいものと

して特徴づけられてはいない」（水田［2005］pp.368-369）

　スミスは、このように粗野な社会と洗練された社会を比較して商業の位置づけを確認しているが、近代に入ったとしても、必ずしも商業が好ましくなったわけではないという。

　　「この国〔＝イングランド―筆者〕では、小さい小売商は今日でもなお、ある程度嫌われている。社会の初期に商人や手作業工の仕事が、このように蔑視されていた時には、それが社会の最低の諸身分に限られていたことに、何の不思議もない」（水田［2005］p.370）

　したがって、商人は賤しい存在であるという観念が、商業の進行を遅らせたのである。

　　「商人というのは、いわば製造業者と消費者の媒介物なのである。織布工は、自分で市場に出かけることはできず、誰かが彼のために、そうしなければならない。この人物は、商品を買い占め、製造業者を維持するために、かなりの貯えを持っていなければならない。しかし、商人たちがそれほど賤しむべきものとされ、営業の自由のためそれほど大きな課税のもとにおかれていた場合には、彼らは、分業を生み出し製造業を改良するのに必要な程度を、貯えることは決してできなかった」（水田［2005］pp.370-371）

　ここで明らかなように、スミスは商人という具体的な存在こそが、市場と分業を結びつけ、結果的に社会の幸福に寄与していると考えていたのである。
　スミスは、商人の富への貢献だけでなく、民の徳性への影響も見抜いていた。商業が十分に発達したときに、人びとへ及ぼす影響も視野に入れていたことになる。それは、生活行政の最後の部門として、「国民のマナーに対する商業の影響」を考察されている。
　まず真っ先に挙げられるのが、「誠実と几帳面」である。これは商業に携わる者であれば、常識となっていくものであり、仮に自らは市場に出ない職人であっ

たとしても、商人の交流を通じて、自然と「誠実と几帳面」を身につけることになるとスミスは見ていた。

> 「業者は、評判をおとすことを恐れているし、あらゆる約束を几帳面に守る。ある人が一日におそらく20の契約を結ぶとすると、彼が隣人たちを騙そうと努力して得るものは、騙すように見えただけで失うものに、及びえない。人々がたまにしか相互に取引をしないところでは、我々は彼らが、いくらか騙そうという気持ちになっていることを知っている。なぜなら、抜け目のない仕掛けによって、そのことが自分たちの評判を傷つけて失わせうるよりも多くを、手に入れることができるからである」（水田[2005]p.401）

スミスは、分業の発達を通じて、市場が拡大し、より多くの人びとが分業に関わり、商業にも関わるようになることで、国家レベルでも変化が起こると見ている。

> 「もし諸国家が、商人たちがするように、一日に一度か二度、交渉しなければならないとすれば、彼らの評判を維持するために、もっと正確であることが必要だろう。取引が頻繁なところではどこでも、人はどれか一つの契約によって、全体としての誠実さと几帳面さによって得られるのと同じだけを得ようとは期待しないのであり、自分の本当の利害に敏感な、慎慮ある業者は、何かの疑惑の根拠を与えるよりも、自分の権利を失うことを選ぶだろう。この種のすべてのことは、稀であるから忌避されるのである。人々の大半が商人である場合には、彼らは常に、誠実と几帳面を普及させるのであり、したがってこれらは、商業国民の主要な徳なのである」（水田[2005]p.402）

もっとも、商業にマイナス面がないわけではない。それは皮肉にも、商業が手を結んだ分業に起因している。

III　商業の負の側面について

1. アダム・スミスによる児童労働批判

　すでに述べたように、商人が市場と分業を結びつけたことによって、分業はさらに発達し、それにともなって、人びとは徐々に誠実で几帳面になっていく。このような商業の正の側面は、現在世代の話であって、将来世代の観点から見たときには必ずしも良いとは判断できないのである。というのも、商人は、現在行われている取引を活発にし、潜在的な富を実現することには貢献するが、それはあくまでも当座の利害関係に依存しているので、次世代を育む教育における先行投資を担うゆとりは商人にはないからである。

　ここに、永続的発展の経済学の問題が表われている。商人によるコモン・ストックの拡大は、現在を生きている世代に限られており、次世代が含まれているとは限らないのである。すなわち、世代交代の時点で、次世代が、現世代よりも悪くなる可能性が捨てきれないのである。世代交代の現場は基本的に家庭である。親は子を愛し、自分よりも豊かに生活してほしいと願う。しかしながら、分業が完成された近代社会では事情が異なる。

　　「分業が完全に仕上げられたところでは、各人は一つの単純な作業だけを遂行することになる。この作業に彼の注意の全体が局限され、したがって、それに直接に関連をもつものの他には、彼の心に生じる観念はほとんどない」（水田［2005］p.403）

　したがって、社会の構成員は、お互いの仕事を通じて、他者を感じることが少なくなる。それでも、一人ひとりが特化して、よりよいものを生み出していくならば、商人が自らの利己心に基づいて行動することによって、個々人が他者を感じなくても、ある世代における現実のコモン・ストックは減少していくことはないであろう。

　このような状態は、世代交代のときには成り立たなくなる。というのも、分業の高度な発達は、教育をおろそかにするからである。スミスはいう。

「富裕で商業的な諸国民においては分業が、あらゆる職業を非常に単純な作業に還元して、非常に幼い子供たちを使用する機会を提供している」（水田[2005]p.404）

A.スミスは興味深い比較を挙げている。

「分業がそれほど進んでいないこの国では、最も卑賤な荷役人夫でさえ、読み書きができる。それは教育費が安く、親が子どもを、6、7歳では他に使うことができないからである。イングランドの商業的な地方では、こうではない。バーミンガムでは、6、7歳の少年は一日に3ないし6ペンスを稼ぐことができ、親は彼らを早く働かせるのが有利だということを知っている。こうして彼らの教育は放置される」（水田[2005]p.404）

たとえ幼い子どもでも働ける社会であったとしても、子どもが自ら進んで働こうとするはずがない。結局は親がさせるかさせないかの問題なのである。ここで、スミスがいう「親は彼らを早く働かせるのが有利だということを知っている」というのは、親の利益に他ならない。親が自らの意思で、子どもを平気で働かせるようになることを、スミスは最も恐れていた。

「下層民衆の子どもたちが受ける教育は、とにかく大したものではないのだが、それでもその教育は、彼らにとって無限に有益であって、教育がないことは、間違いなく、彼らの最大の不幸の一つである」（水田[2005]pp.404-405）

子どもたちにとっての教育の重要性を訴えるとともに、そのことは親世代にとっても有益であることをスミスはいっている。

「少年は、彼の父が自分のおかげを受けていることを知り始め、したがって父の権威を投げ捨てる。彼は、成長した時に、自分を慰めうるような諸観念を持たない。それゆえ、仕事から離れると彼は、酒を飲んで大騒ぎにふけるにちがいない」（水田[2005]p.405）

子が親を敬わなくなると、もはや家族はあってないようなものである。親を尊敬しない子どもは、自分が親になることはまずないであろうし、仮になれたとしても、まともに子育てができるはずがない。結果的に、家族の自然的な役割である世代間継承は断たれ、社会は永続性を失ってしまうのである。

このような顛末が『道徳感情論』と『法学講義』によって予想可能であった。もちろん、これは最悪のケースである。スミスが生きた時代には、まだ家族が十分に機能していたので、スミス自身が、そのような危機感を普段から抱いていたとは考えにくい。しかしながら、社会の崩壊という最悪のケースの可能性はゼロではない以上、スミスは何らかの手立てを考えていたのであろうか。われわれは、スミスの真意を知るために、スミスの最後の書である『国富論』を読み返す必要がある。

2.『国富論』——商業社会における幸福論の確立

A.スミスの著作のなかで最も有名な『国富論』は、その膨大な量のために、一度読んだだけでは到底すべてを把握することはできない。しかしながら、『道徳感情論』から『法学講義』、そして、『国富論』へと順に読むことによって、スミスの思想的発展の一定の成果を確認することができる。とくに、『法学講義』は『国富論』と重なる部分が多く、『国富論』に比べてコンパクトにまとまっているので、『国富論』をいきなり読むよりも、非常に理解しやすいといえよう。

まずは、すでに述べた商人重視の視点が『国富論』においても、継承されていることを確認しておこう。

> 「分業がひとたび完全に確立すると、人が自分自身の労働の生産物によって満たすことができるのは、彼の欲望のうちのごく小さい部分に過ぎなくなる。彼は、自分自身の労働の生産物のうち自分自身の消費を上回る余剰部分を、他人の労働の生産物のうち自分が必要とすることによって、自分の欲望の大部分を満たす。このようにして、誰でも、交換することによって生活し、言い換えると、ある程度商人となり、そして社会そのものも、まさしく商業的社会と呼べるようなものに成長するのである」（大河内[1988]p.39）

ここで明らかなように、スミスは、分業が進んでいくにつれて、誰もが商人となり、そのような社会を「商業的社会」とまで呼んでいる。これは、スミスの思想的発展が、ある種の確信をもって、登場してきたことを意味する。ところが、このような思想的発展は、『国富論』だけを見ていたならば、決して理解できないのである[11]。

　スミスのいう「商業社会」は果たして、社会の幸福につながっていたのかだろうか、という問題を考えてみよう。

> 「商人と親方製造業者とは、その全生涯を通じて計画や企画に携わっているので、農村のたいていの郷紳たちよりも理解力においていっそう優れている場合が多い。けれども、彼らは、社会の利害よりも、むしろ彼ら自身の特定部門の事業の利害について思考をめぐらすことが多いので、彼らの判断は、たとえそれがこの上なく公平無比になされた場合でさえも（これまでいつもそうであったわけではないが）、彼ら自身の事業に関するものの方が、社会に関するものよりもずっと信頼できるのである。商人と親方製造業者とが、農村の郷紳たちよりも優れている点は、公共社会の利害についての知識を持っているということではない。それよりもむしろ、農村の郷紳が自分の利害について持っている以上の優れた知識を、彼らが自分自身の利害について持っているということである。自身の利害についてこういう優れた知識を持っていたからこそ、彼らは、農村の郷紳の利害ではなしに彼らの利害がとりもなおさず社会公共の利害でもあるという、きわめて単純であるが率直な信念から、しばしば農村の郷紳の寛大さに乗じて彼らを説き伏せ、農村の郷紳自身の利害と公共社会の利害とをともに放棄させることに成功してきたのである」（大河内[1988]p.405）

　スミスは、社会を構成する階級のなかで、商人の果たす役割の重要性を認識していた。しかしながら、そのような優位性は、あくまでも相対的なものでしかなく、商人以外の階級がみずからの利害に執着しすぎているにすぎないのである。他の階級にない商人の特性は、その仕事がきわめて不安定なものである。というのも、商人は、人と人を結びつけるのを生業としているので、過大な自

己利益は身の破滅に直結することを実感として察しているからである。したがって、商人が一定の富を形成し、安定志向に走れば、スミスのいう商人ではなくなってしまう。実際に、スミスは、商人が交易における自己利益を確保するために働きかけるさまざまな法改正の要求を見ていた。

> 「商業や製造業のどんな特定部門でも、商人たちの利害は、つねにいくつかの点で公共社会の利害と違っているし、それと対立することさえある。市場を拡大しかつ競争を制限することは、つねに商人たちの利益である。市場を拡大することは、公共社会の利益と十分に一致することがしばしばあるが、競争を制限することは、つねに公共社会の利益に反するに違いないし、またそれは、商人たちが、自然の率以上に利潤を引き上げることによって、自分たちの利益のために、他の同胞市民から不合理な税を取り立てるのに役立つだけである。商業上の何か新しい法律か規制について、この階級から出てくる提案は、つねに大いに警戒して聞くべきである」（大河内［1988］pp.405-406）

ここで、スミスは、市場の拡大を通じてコモン・ストックの拡大に貢献する商人の利害は、公共社会の利益と一致しやすいが、商人そのものの利害は必ずしもコモン・ストックに貢献しないと考えたわけである。

スミスは、一般の人びとの道徳的退廃を目の当たりにし、そのような人びとを媒介にする商人もまた、利己心に走ってしまうことを案じていた。スミスは、諸個人の内なる自然感覚の高まりに、一定の限界を認めざるを得ず、制度としての正義に答えを求めざるを得なかった。

前節で指摘した永続的発展のためのスミスの処方箋は、政府による教育の保証であった。

> 「ある場合には、社会の仕組みがうまくできていて、それが大部分の個人を必然的に次のような境遇におくように作用する。その境遇のもとでは、政府がなんの配慮をしなくても、社会の仕組みが求めるような、あるいはそこまでゆかなくても、なんとか許容できるような能力と徳のほとんどす

べてが、おのずから彼らのうちに形成されてくる。他方、社会の仕組みが、大部分の個人をそうした境遇におくように出来ていない場合もあるのであって、そこでは、国民大衆がほとんど底なしに腐敗堕落してしまうのを防ぐために、政府が一定の配慮をする必要がある」（大河内［1988］pp.1244-1245）

　このような処方箋は、資本主義の発達において果たした役割がたしかにあった。いわゆる教育の機会の平等へとつながるこの思想は、近代社会において欠かすことのできないものである。実際に、今日に至るまで、曲がりなりにも社会が崩壊しきらない根拠としては、スミスの考えは妥当し続けているといえよう。

Ⅳ　展望――現代的商人論への道

　A.スミスの生きた時代背景を考えれば、当時における商人の社会的位置づけの低さは今日の比ではない。そのような状況の中で、みずからの学問体系に商人を組み込んだスミスの洞察力は驚嘆の一語に尽きる。本来であれば、後世の人びとがスミスの偉大な功績をきちんと継承し、スミスが克服できなかった問題を解決していくべきであった。ところが、経済学に限っていえば、商人の経済学的評価は全くなく、スミスの重大な指摘は後世に活かせなかった。スミス以後の学問の発展が、現場とのたゆまぬ対話を続けてこなかったツケがたまっているのである。このような点は、実はスミスも懸念していた。

　　「近代において、学問のいくつかの部門で行われてきた進歩は、そのうちいくらかは疑いもなく大学によってなされたものだが、大部分はそうではなかった。たいていの大学は、そういう進歩があった後も、進んでそれを採用しようとさえしなかったし、そのうえ〔大学という―訳者〕これら学者社会のいくつかは、長い間、聖域として、つまり打破された体系と古めかしい偏見とが、大学以外の世界のすみずみから追い出されてしまった後、そこに逃げ場と庇護を見出す聖域として留まる途を選んだ」（大河内［1988］p.1232）

今求められているのは、学問という聖域に引きこもることではなく、スミスが実践したような現場との対話を通じて築き上げた学問体系である。スミスに学び、そして、他の幾多の学者が残した業績を十分に吟味した上で、人間幸福を実現する学問を志す者として、みずからの内発的な自然感覚を高めていくことが若い研究者に求められていると思われる。

　日本には、スミスが見た現場とは異なるものがあった。すなわち、人間の本性を「自己愛」に限定するのではなく、尊徳にみられる「至誠・勤労・分度・推譲」という諸個人の内発的発達がみられた（第四章参照）。このようなプロセスを経て初めて、スミスを超えることが可能となり、真の意味での世代継承が果たされるであろう。そのときこそ、万人を幸福に導く永続的発展の経済学が確立するであろう[12]。

1）黒田［2009］・塩沢［1990］pp.40-64参照。
2）経済理論に商人が組み込まれていないということは、直ちに経済学者が商人を無視し続けたことを意味するのではない。たとえば、マーシャルやヒックスのような近代経済学を代表する学者も商人に関して記述しているが、理論体系の柱に据えるまでには至っていない。井上［1990］、黒田［2009］参照。
3）杉野［2009］参照。
4）筆者は、『法学講義』の講読ゼミに参加し、翻訳を一部担当させていただいている。中村［2008］、［2012］参照。
5）池上［1991］参照。
6）堂目［2008］参照。
7）中谷［1996］参照。
8）「憤慨は、防衛のために、そして防衛のためにのみ、自然によってわれわれに与えられたように思われる」水田［2003］上p.207）
9）商人の中にはもちろん資本家に近い商人もいた。「少し指図するだけでよい金持ちで富裕な商人は、仕事のすべてを行う彼の事務員よりも、生活の便宜と優雅さのすべてについて、豊かさや安楽さ、贅沢の点ではるかに快適な状態で暮らしている。」（中村［2012］p.74）
10）「我々が商業の大きな利点を見いだすのは、それが国内に空想的な利益にすぎない貨幣を持ち込むからでなく、産業、製造業を促進し、それによって国内に富裕、豊富さを増進させるからである。」（中村［2012］p.95）
11）『国富論』の訳者は、訳注において次のようにいっている。「『国富論』のなかでは、［文明社会］という言葉が広く用いられている。これに対し、［商業的社会］は本章の冒頭で、いわば孤立的に現れているにすぎない。ここは貨幣を取り扱ったところであるから、［商業的社会］というのは、各人が自分の消費を超えるものを互いに交換し合う社会、その意味で各人が［商人］になる社会、言い換えると交換社会というほどの意味で用いられている。つまりここでは、とりわけ貨幣の問題を引き出すための社会の枠組みとして用いられていると言っていい」（大河内［1988］p.39）
12）このような気づきを得られたのは、池上惇氏が発見されたA.スミスのコモン・ストック論からの示唆が原点にある。

参考文献

池上惇『経済学―理論・歴史・政策』青木書店、1991年。
井上義朗「マーシャル体系における「商人」の意義と限界（ヒックス追悼-3-（補論））」経済評論39（3）、1990年。
大河内一男監訳『国富論』中央公論社、1988年。
黒田重雄「マーケティング体系化への一里塚：商人や企業の消えた経済学を超えて」北海学園大学経営論集 7（3）、2009年。
塩沢由典『市場の秩序学―反均衡から複雑系へ』筑摩書房、1990年。
杉野幹夫「市場経済の実質としての商人経済化」京都経済短期大学論集 16、2009年。
堂目卓生『アダム・スミス―『道徳感情論』と『国富論』の世界』中央公論新社、2008年。
中谷武雄『スミス経済学の国家と財政』ナカニシヤ出版、1996年。
中村浩爾編『アダム・スミス『法学講義Aノート』を読む』基礎経済科学研究所自由大学院、2008年。
中村浩爾・基礎経済科学研究所編『アダム・スミス『法学講義Aノート』Police編を読む』文理閣、2012年。
水田洋訳『道徳感情論』上下、岩波書店、2003年。
水田洋訳『法学講義』岩波書店、2005年。
矢崎勝彦『内発的自然感覚で育みあう将来世代―インド植林プロジェクトを通して学ぶ』地湧社、2011年。

結論と展望

福祉社会の構築と家族共同体・コミュニティ再生活動
地域における基礎的潜在能力の形成と地域文化の創造的再生

I はじめに――「発達保障労働」としての福祉労働

1. 家族関係の近代化、ついで、解体、それから再生への課題

　新聞紙上に、「無縁社会」などという表現が、普通に登場する時代となった。
　そのなかで、「家族」からの人間関係の断絶と、コミュニティからのそれは、重要な特徴とされている。
　同時に、人間発達のために、家族の絆やコミュニティのつながりを取り戻し、再生する課題も、重要な研究課題となってきた。
　これらの絆は、かつては"封建的・前近代的な血縁関係"、あるいは、"家父長制的な支配関係"の象徴であったが、今は違う。近代的な家族法、地方自治法の下で、平等な家族関係や、分権的なコミュニティにおける人間関係を示すものに転化された。
　まず、保育、高齢者介護を例にとってみよう。
　保育や高齢者介護は、家族内で行われた労働の典型である。
　第一の歩みは、男女同権を確立した日本国憲法が施行されたことである。
　農地改革や労働改革のなかで、相続財産権を基礎とした家父長制は基礎を失い、近代的な労使関係によって、原生的な出稼ぎ労働（人身売買的な親による企業との契約関係など）は廃絶された。売春禁止法は、働く女性にとっての最悪の職場に一撃を加えた。

2. 発達保障労働の発展過程

ついで、1960年代の高度成長期に、「大家族の解体」「核家族化」が現れた。

まず、戦後民主主義の制度的な枠組みのなかで、男女平等の就業機会を建前とし、1960年代から1970年代にかけて農村から都市へ、20歳前後の男女労働者の大規模な移動が起こったのである。

そのなかで、いわゆる「共働き」が急増し、核家族化が進む。

従来は家族によって担われてきた幼児の人間発達が地域の保育所などで、公共施設や保育士（専門職者）によって行われるようになる。

大家族は解体されて、保育や幼児教育、家庭内相互扶助など人間の潜在能力を開発開花させる営み、すなわち人間発達は、従来の家族の習慣や伝統から離れ、地域の相互扶助からも離れる。専門職者としての保育士や、幼稚園教師、ホームヘルパーなどが急増し、人間の発達は、独自に、公共施設や専門職者による支援や協働の場において実現することとなった。

さらに、1980-90年代以降になると、少子高齢化の流れとともに家族内における「高齢者を介護する労働」（多くは女性が担った）に対して、公務労働やＮＰＯによる支援が進み、デイ・ケアや、施設への入所による施設内での介護労働が発展した。

これは、人間発達の過程が、家族内部の問題ではなくて、社会や公共の場において、観察され、検討される契機をつくり出した。

3. 障害者福祉から新たな研究領域と学際的交流へ

保育問題研究や、介護労働研究が、社会福祉学や経済学研究者の課題となる。

一方では、保育所をつくるための起業活動や、保育所の公有化運動によって公共予算を人間発達の場に配分させる課題が浮上した。

他方では、在宅福祉介護労働へのニーズが急増し、自治体による在宅介護福祉の支援や、介護保険制度による、ＮＰＯや私企業による介護事業化が進んだ。

また、保育や介護をめぐる権利や責任の所在が解明されて、「保育料の減免や公費負担」「社会保険制度による介護報酬の確保」などの重要性が認識され始めたのである。

これらは、労働の研究領域の多様化へと導く。

そのなかで、とくに注目されたのは、幼児であれ、高齢者であれ、「人間発達を保障する労働」に対する研究の必要性であった。

　高齢者の発達保障を研究するにあたっては、高齢者の多くが「障害者」でもあったから、従来の障害者における発達保障の課題が、高齢者においても継承された。

　この場合に、発達保障労働の研究で最も先駆的な業績を残したのは、糸賀一雄先生の障害者福祉論であった。

　先生は、「障害（児）者に世の光を」ではなくて、「障害者を世の光に」と提唱された。

　この意味は、人類はすべて、病気や傷害など人生における何らかの障害との闘いに直面しており、障害者が障害と闘って克服しつつ生きる経験は、人類の先駆的な経験としてすべての人びとの「学び」の対象となりうるということ。

　先生の思想は、障害者との共生のなかで、人類は、この「学び」を実践すること。それを通じて、障害と闘いながら、ともに、自分たちの潜在能力を開花させる営みを発展させるべきだという趣旨であった。

　障害と闘い、発達を保障する労働（公務労働あるいはＮＰＯや民間労働としての）の質を研究する営み。この研究は、保育から始まり、高齢者福祉における介護労働や、障害者福祉における発達保障労働にも発展して、日本の学術における一大領域となった。

4．公共労働の拡充と多様化

　このような労働の研究が始まると、幼児だけでなく、成人労働者の発達（潜在能力の開花）も、多様な公共労働によって支援されていることが明らかとなる。マルクスが資本論で示唆したように、工場立法によって、労働者の権利を保障するには、労働者の健康を守るために医療労働を行う工場査察官（公務員として任命された）が必要であった。さらには、公衆衛生や義務教育を担う専門家（医師や教師）が必要とされたのである。

　第二次大戦後、世界的に見て、公共労働は多様化した。専門職の数の多様化である。

　このような多様化には、客観的な条件の変化と、勤労者などの主体的な条件

の変化を挙げることができる。

　まず、客観的な条件の変化に注目しよう。

　これは、人間の発達保障の内容が、客観的な障害の種類や数の増大に対応して拡充され、より総合的で多面的な性格を持つようになるからである。

　例えば、戦後の福祉国家を推進したイギリスのベヴァリッジ卿は、福祉政策が直面する課題として、無知、貧困、疾病、失業、高齢化などへの対応を検討された。

　最近では、災害対策や、都市問題、地域の衰退、難病、生命倫理など、深刻な課題が続出している。

　これらの課題は、地域によっても、伝統文化や習慣の影響を受けるから、より柔軟で的確な対応や、発達保障労働の専門性向上を必要とする。

　次に、主体的な条件の変化を観よう。

　現代の大産業においては、勤労者が職場において、技術革新に対応させられ、固定した分業から解放されて多様な労働を担う力量を高める一方、伝統や習慣を踏まえた職人技を蓄積し始めた。

　これは、勤労者などの主体の側からの、公共労働における専門性を支える重要な条件であった。

　大産業における勤労者の訓練や陶冶は、技術革新がかれらを苦しめて職業能力を絶えず剥奪した。同時に、かれらが多様な能力を持って、さまざまな仕事や、創造的な仕事に挑戦することを可能にし、職場の枠を超えて「地域の伝統や習慣」に注目することを可能にした。

　そして、これらを背景に、学習や教育に関する勤労者の権利が増進することを通じて、公共労働の専門性を支える主体的条件が成熟することを期待させた。

　例えば、戦後は、義務教育年限が延長され、６：３制が定着した。大学進学率が上昇し、多様な専門職養成学校が発足し、勤労者は職場においても、一時的に家庭にいる場合においても、「潜在的な力量」を備えてきた。

　主婦という概念にも大きな変化が生まれている。彼女らは、常に、夫の失業や病気に備えて職業能力を開発する必要に迫られ、地域の奉仕活動においても、重要な位置を占めてきて、その専門性の高まりが期待されている。

　主婦と仕事といえば、「素人の子守」であり、「素人の家庭内介護者」である

という古い観念は打ち破られた。彼女らは、専門職予備軍として、常に出撃を予定された存在となっていたのである。

そのなかで、日本では、多くの関係者が「働きつつ学ぶ権利」を勤労者や主婦に保障しようとした。国連の生涯教育論や、各地で試みられた「すべての勤労者を知識人化する試み」がすすみ、そのための基礎理論として「人間発達の経済学」など多くの新説が登場し、公共労働の専門性を支える条件が誕生したのである。

Ⅱ「新しい地域文化」をつくる福祉

青木圭介教授は、平成11年版『厚生白書（社会保障と国民生活）』を手がかりに、次の様な指摘をされている。「興味深かったのは、社会保障部門の雇用創出効果を強調するとともに、産業連関表による福祉部門の"投資効果"や"経済波及効果"が、建設部門よりも大きな効果を生み出すことを力説していることであった」コンクリートから人へ、という命題は実証されていたのである。

「さらに『白書』は、福祉による町おこしの優れた経験として、山形県最上町の例を挙げ、医療や福祉サービスの充実が経済効果だけでなく、新たな地域文化を生み出すと論じている。すなわち、「山形県最上町（人口約1万2,000人）では知的障害者更生施設、特別養護老人ホーム、老人保健施設、在宅介護支援センター等の設置、運営や町立病院との連携など、保健・医療・福祉が連携したシステムづくりに取り組んできている。その結果、雇用の確保（約300人分、町内の就業者6,130人の約5％）、所得の増加（職員の給与及び施設等で用いる消耗品等の購入による町内業者の所得増）、社会的入院の解消による医療費の軽減といった経済効果があらわれてきている。特に所得の増加は約17億円であり、これは町内の米の生産額約25億円のおよそ6割を超える（表1）。さらに、町外からの視察等の増加による観光客（宿泊客）の増加、これまで卒業後はまちを離れていた地元の高等学校の卒業生が町に定着しはじめたこと等の効果もあらわれている」（下線筆者以下同：『平成11年版厚生白書』、94-95ページ）。

東日本大震災の救援活動には、多くの企業で働く人々が参加し、現地と都市を結んで商業、金融、観光、営農などを推進した。彼らの労働は私企業にあっ

ても、現地の職人と都市の倫理的消費者を結ぶ「公共労働」であった。NPOや協同組合の公共労働とともに、これらの公共労働と、公共労働のモデルであり、基軸である自治体や政府などの「公務労働」がコラボレーションする。

表1　山形県最上町における福祉によるまちづくりの経済効果

雇用の確保	医療・保健・福祉関係施設の就業者	
	（町職員を含む）	295人
	（町職員を除く）	（227人）
	参考	
	就業者数	6,130人
	町職員数	230人
経済効果 （百万円）	医療・保健・福祉関係施設で支払われる給与	
	（町職員を含む）	1,443
	（町職員を除く）	782
	地元で消費される経費	274
	合計	1,716
主な財源 （百万円）	国庫補助金	557
	負担金、使用料及び報酬額	794
	一般財源（町費）	357
	（地方交付税による財源措置）	70
	（町の負担）	287

（資料）『平成11年版厚生白書』95ページ、出典は中村仁氏のシンポジウム記録によっている。

　さらに白書はいう。「上記の効果は地域生産額の増加、雇用効果等をもたらすだけではなく、地元自治体への税収の増加、財政状況の好転、支払われる社会保険料の増加をももたらす。社会保障の経済効果によって社会保障等を財政的に支える基盤が強くなる効果も期待できる。このように、ある地域で社会保障関連サービス等を充実させることは、その地域の活力を失わせず、むしろ地域経済の安定や活性化に貢献するといえる。さらに、医療や福祉サービスの充実は経済効果ばかりではなく、地域住民の生活に安心感をもたらすことを通じて、住民活動が生き生きとしたものとなり、新たな地域文化を生み出す基礎となる可能性がある」（『平成11年版厚生白書』、95ページ）。

ここでは、福祉によるまちづくりが各地のコミュニティを再生し、医療、保健、福祉関係の専門職者や公務員と住民の「知識結」が生まれつつあった。
　地域文化は観光客の増加や、見学・調査団の来訪によって、新しい刺激を得た。これらの交流は、より質の高い「福祉文化」「生活文化」を生みだす。
　ここには、国際競争において、通用する経済的効果ばかりを強調する政策ではなく、福祉文化事業や生活文化産業としての経済発展を期待させる。
　同時に、青木教授が指摘されるように、日本型の福祉サービス供給システムは、欧米とは大きな偏差があることも事実であろう。教授は指摘される。
　「地域における人材の配置という問題を考えてみよう。次表（表2）は、人口規模や高齢者人口比率の似通ったイングランド中部のコベントリー市と東京都中野区の社会福祉サービス・スタッフの比較を試みた貴重な調査である（田端光美「社会福祉サービスの比較」阿部志郎・井岡勉編『社会福祉の国際比較』有斐閣、2000年）。筆者（田端）も注意深く念を押しているように、この数値だけで実際のサービスの水準を比較できるかという問題は残る。また、イギリスと日本では家族

表2　社会福祉サービス・スタッフの構成

総人口	65歳以上人口の割合	社会福祉サービス・スタッフ				
		フィールドワーク・スタッフ	入所ケア	デイケア	ホームケア	事務
コベントリー市 310,141人	13.1%	253人	666人	248人	761人[d]	148人
東京都中野区 281,135人	11.8%	76人[a] (22)[b]	50人[c]		28人 (142)[e]	146人

注1）フィールドワーク・スタッフは主にソーシャルワーカーで構成されるが、最近は訪問OTがそのメンバーになっている場合もある。
注2）ホームケアは、日本のホームヘルプサービスが中心であるが、訪問看護婦もチームの中に編成されている場合もある。
注3）イギリスでは保育所に該当する施設がデイケアに含まれているが、概してあまり多くない。
注4）a：中野区における福祉事務所、老人福祉課、障害福祉課のケースワーカーと福祉指導職員。
　　　b：非常勤職員のうち民間協力者。
　　　c：公立公営施設のみで、この他に民間委託がある。
　　　d：パートヘルパーが含まれている。
　　　e：（　）内の数字は、社会福祉協議会に設置された在宅福祉サービス協力員数である。
（出所）田端光美「社会福祉サービスの比較」阿部・井岡編『社会福祉の国際比較』有斐閣、2000年、79ページ）

関係を含む生活様式に違いがあることも考慮すべきであろう。しかし、<u>日本では福祉が進んでいると評価される中野区もコベントリー市と比べると福祉スタッフが非常に少ないということは明らかである。</u>

表2は、対等なのは「事務」であるという皮肉な結果を示し、その他の現場福祉サービスは「基軸の位置づけ」とはかけはなれた格差を示している。

さらに、福祉を担う人材の待遇をめぐって、教授は指摘される。

「図式的に描けば、高齢社会を迎えて福祉国家が直接サービスを提供すると(地方政府を含む)政府部門が拡大する。この場合、サービスの担い手は主に女性であったから、公務員としての処遇を受ける女性労働者が急速に増加し、社会全体の賃金をはじめとする男女間の格差縮小を推進する力の一つとなった。……高齢者保健福祉10カ年戦略(ゴールドプラン)がスタートする1990年3月に31,049人であった全国のホームヘルパー数は、1997年3月に128,415人と4倍以上になった。この数だけをみれば福祉部門の雇用は拡大し、そのほとんどは女性が占めている。ところが、同じ期間に公務員ヘルパーは18,043人から12,371人に減少し、ホームヘルプの民間委託率は41.9%から90.4%になっている。さらに介護保険の導入とともに公務員ヘルパーは激減するとみられていた」(河合克義「介護保険、社会福祉基礎構造改革と社会福祉協議会のゆくえ」『賃金と社会保障』1999年9月上旬号)。

表3　人口高齢化速度と将来推計等の比較　　　　　　　　　　　　　　　　　　　　(%)

	65歳以上人口比率		7%から14%までの所要年数	2020年の65歳以上人口比率の推計(%)	社会保障給付費の対GDP比(うち医療・年金を除く「福祉その他」)
	7%	14%			
日本	1970年	1994年	24年	22.5	13.4　(1.5)
アメリカ	1945年	2015年	70年	16.3	15.0　(2.8)
イギリス	1930年	1975年	45年	18.2	21.1　(7.1)
(旧西)ドイツ	1930年	1975年	45年	19.1	25.3　(7.8)
フランス	1865年	1995年	130年	19.5	27.9　(7.6)
スウェーデン	1890年	1975年	85年	20.2	38.5　(16.8)

(資料)　厚生省高齢者介護対策本部事務局監修「新たな高齢者介護システムの確立について」その他による。
　　　社会保障費の対GDP比は『平成11年版厚生白書』69ページ。日本は1996年、アメリカは1992年、その他は1993年。

公共労働の基軸が公務労働として、税で支えられるシステムが後退した。

「民間委託を推進してきた重要な要因の一つは、賃金である。国民生活センターの調査によると、公務員ヘルパーでは51.8％が月収22万円以上となっているが、株式会社などの介護事業者で雇用されるヘルパーでは52.1％が月収10万円〜22万円未満となっている。同じ調査の自由記入の回答から3つの記述を引用しておく。①「1ヶ月26日、週40時間以上働き、深夜勤務が多い。明け休みが十分取れないばかりか、給料が安い。月給16万円。(株式会社)」。②「生き甲斐のある仕事と思うが、休むと日当がなくなる。正職員として採用し賃金等を改善しなければ継続は無理。1ヶ月26日勤務、税込み16万円。26歳。(株式会社)」。③「夫と別れ子供と親を抱え24時間巡回介護をし（1夜勤で23〜24軒回る。走行距離1夜で130キロ）、月26日働き、がんばっているが16万円と収入が低く生活できない。(在宅介護支援センター)」(国民生活センター『ホームヘルプ活動実態調査』1998年)。このような労働の実態を放置していると「意欲や生き甲斐だけでは質の高い専門性を身につけた労働力を惹きつけることは出来なくなるであろう」(青木圭介『現代の労働と福祉文化』桜井書店、2002年。160-161ページ)。

これは、厳しい見通しである。

この傾向を逆転するには、何が必要か。

Ⅲ 現代のまちづくりと、福祉社会の再生

青木教授は主張される。「これまでの日本の福祉は、福祉立法上の整備は進められてきたとはいえ、行財政面では国民生活上の困難を、これは所得不足・これは障害・これは要介護など一つひとつの機能に分割してそれぞれの金額や等級を判定し、この限定された機能に対する措置を行うという人格分断的性格や、家族を含む厳しい資産調査によって支給を制限するという家父長制的な構造を保持してきた」

ここで、家父長的という、克服したはずの古い習慣が、「支給制限」という「経済的目的のために」復活させられている。

これは、男女の賃金格差を、「大企業の賃金コスト節約」という経済的な理由から温存し、時代遅れの女性差別を利用するという日本型成長の本質を反映し

ている。

教授は、指摘される。

「したがって食事にもこと欠く人に食事を保障することはできても、貧困な障害者が所得保障とともに発達のための支援を要求する場合はこれを厳しく拒絶することが一般的であった」

福祉にとって最も必要な「クライアントと専門家の学びあい」「相互支援」「相互の協力」を「経済的理由によって拒否する」日本型福祉。

したがって、「日本において福祉は個々人の人格性を全体として尊重しwell-beingを実現するという福祉観が広まらず、まして福祉を文化と結び付けて考えるチャンスなどはなく、福祉の世話になったらあらゆる欲求を拘束されるから嫌だという福祉観が払拭できなかったのはこのためである」

福祉と文化を結合する視点について、一番ヶ瀬康子教授によれば……一つは、限定された対象者に対する福祉から「誰でも、いつでも、どこでも必要なサービスを受けられる福祉」へという「社会福祉改革」のなかで、「今までのような暗い消極的な福祉を、誰でも、いつでも、どこでもやられたらたまらない」と考えたこと。もう一つは、社会福祉士や介護福祉士の国家資格と試験制度が始まって、福祉教育のカリキュラムの画一化や詰め込み主義も出てきた。しかし「専門性」だけで福祉は担えないのであって、障害者、高齢者が自己実現していけるように知恵を働かせて「芸術的な工夫をすること」に意味があると考えたことである」（一番ヶ瀬康子『福祉文化へのアプローチ』ドメス出版、1997年）。専門性プラス良心を持つ公共労働と、そのモデルとしての公務労働を税で支えるシステム。ここに、国民的合意が求められている。

Ⅳ 金銭経済から文化経済へ構造転換
——人間性回復と現代産業とコミュニティ再生の展望

1. 大量生産・大量消費社会の終焉と現代日本産業の空洞化

「テロリストが人質と死のゲームを繰りひろげ、通貨は第三次世界大戦のうわさの中で揺れ動き、大使館が炎上し、あちらでもこちらでも武装警官隊が出動準備を急ぐ世の中である。新聞の見出しを見るたび、恐怖に胸がおののく。恐

怖のバロメーターである金地金の価格は史上最高。銀行は身震いし、……行政は麻痺し、打つ手もないというざまである」[1] これは、1980年に刊行され、ミリオンセラーとなったA.トフラー『第三の波』の冒頭にある一節である。2012年の現在にも拡大されて継続している「この恐怖」の原因を、かれは、「大量生産大量消費時代の終焉」と、それにふさわしかった権力集中型、画一型、命令型の管理システムを頑迷に守ろうとするエリートたちの知性の欠如に求めている[2]。たしかに、大量消費・大量生産・大量廃棄型の産業社会は、激しく変化する「市民の個性的な欲求やニーズさらには潜在的な需要」にこたえることができず、予測を誤っては巨大な過剰設備と不良債権の山に押しつぶされそうになり、低金利と財政赤字で調達した産業資金は、国際的な投機活動の大波に呑まれ、持続的な金利収入の低下と税や医療・福祉負担の増加は、消費財市場の長期的停滞を招いている。金銭的価値の最大化を図る企業の戦術や戦略は、前門の虎である「過少な消費」に行く手を阻まれ、後門の狼である金融資産の減少に青くなって立ち尽くしている。

　トフラーが予言したように、情報革命の時代は、集中的大産業に代わって、農業をはじめとする分散的な産業が発展する時代である。

　そこでは、農業者や生産者は職人的な個性的技能と判断力をもつ個性的人格である。かれらは、電気通信ネットワークとコンピュータを結合する力量をもつ高度情報技術者と協力して、あたかも、「注文生産」であるかのように、多様で変化する消費者のニーズを対話によって把握する。そして、把握した情報を基礎に数多くの専門家たちとネットワークを形成し、ニーズを分析し、総合的に理解し、柔軟かつ創造的に対応する。これによって、質の高い消費やサービスが「公正な価格」で、生産者の創造性・職人技を公正に評価する「倫理的消費者」によって購入される。これが、価格の安定と高付加価や報酬の増加、彼らの生活の安定をもたらす。

　今日、このシステムは、先駆的な発展を遂げているすべての産業や事業活動において観察できる。たとえば、福井の永平寺御用達の味噌屋を経営する職人的な事業者は、地元の消費者たちの「厳しい目」に鍛えられて技術や技能を高めると同時に、毎晩2時間以上を、若い主婦を中心とした消費者とのコンピューター・ネット上の対話にあてる。彼は、味噌に関するあらゆる情報を必要に応

じて消費者に提供できる専門家である。そして、消費者は、どの地域の、どの味噌が一番おいしいか、多様な使用の機会に応じて、どのような調理法が最も適当か、新製品は開発できるか、ほんものの味噌に触れるにはどこを訪問すればよいか、などを質問し、事業者は自分の持つ専門家のネットワークを動員して対応する。

　ここでは、事業の核心を形成するのは、
１）魅力創造支援システム。自分が生産する商品の質、そのかけがえのない魅力と、それを地元の「厳しい消費者」と自分が持つ専門家ネットワークによって持続的に育成しうるシステムの工夫
２）情報付加価値サービス・システム。商品の質を担い手として、情報技術を活用した消費者との対話のネットワークの構築と、参加への熱意を確保し得る「情報付加価値」サービス・システムの確立
３）産地訪問システム。商品が販売されるとともに、商品だけでなくて商品を媒介とした人間関係の発展や、産地の訪問などによる直接的コミュニケーション、さらには、製造体験など、学習の機会の発展
４）リピーター開発システム。質の魅力が生み出すリピーターの増加と、推奨者の増加によって、多様なメディアが生まれ、持続的な市場開発のシステムが形成されること[3]。

　などが特徴である。そのうえで、生産者・商人・消費者は、研究や、相互学習、次世代教育の場を拓く。この場づくりを知識人、経済人、公共人などが協力して支援する。

　これらの新産業とそのシステムは、現代の消費者が持つ、「生活の質」への高い欲求、とくに、健康といきがいを求める欲求にこたえなければならない。そのためには、商品やサービスの質を持続的に改善し得るコミュニケーション・システムや、創造を支援し得るネットワークシステムが必要であろう。生産者の個性と消費者の個性が響き合うような産業の発展過程、これこそ、現代日本産業のなかで、トリガー産業となり、日本経済の将来を拓くものである。

　ここでは味噌の事例を挙げたが、日本の地域福祉事業、健康事業、医療事業、教育事業、文化事業など、いずれも地域の伝統や習慣を継承し創造的なノウハウを開発し、ある種の文化経営をめざしてこそ永続的な発展が可能である。

福祉文化の発展なしには、質の高い福祉サービスの持続的発展は難しい。
　さらに、農林漁業、中小零細製造業、コミュニティ固有の事業などは、いずれも、地域独自のノウハウや技術を継承して、これらを創造的に発展させる潜在的な力量を持っていた。しかしながら大量生産時代には、多くは輸出製造業や、下請けを基礎とした組み立てや大商業の系列のもとに個性的な発展を遂げることができず、今日でも親企業の海外進出とともに、産業としての基盤を失いつつあるところも多い。ここでも、自立と自立支援ネットワークを、いまこそ構築すべきときであろう。

2．地域の固有性と住民の創造性

　自立しつつある人びとと自立支援ネットワークに参加する人間は、二つの特徴を備えている。すなわち、一方では、参加者たちに共通する希望や理想、あるいは、正義感などの暗黙の知を共有する。地域のコミュニティにおいては、これらの暗黙知は地域社会の伝統と習慣のなかから生まれることが多い。そして、参加者たちは、他方では、個々人の個性的な人生や個性的な営みを相互に理解し合う[4]。

　ネットワーキングという概念を1980年に提起したリップナックとスタンプスは、アメリカ合衆国における環境・医療・介護・教育・コミュニティ活動などの多様なネットワークの展開を前にして、その主要な特徴を整理した。それらは、次のようなものである。
①全体が部分と明確には区別されず統合されている。
②個人間の対等性だけでなくて個人と集団も対等であり、参加者のあらゆるレベルが同じような重要性を持つ。
③意思決定はきわめて分権的である。
④価値観や価値の多元性を互いに認め合うこと。
⑤誰でも問題や情報を発信してリーダーシップを取るように行動し得ること。
　を挙げた[5]。

　かれらによれば、このようにして生成された人間ネットワークは、当時のレーガン政権が代表するアメリカ合衆国とは、明らかに違う意思決定や行動の様式を持つ「もうひとつのアメリカ」である。

このような特徴を持ったネットワークの世界は、日本の農村や都市においても着実に形成され始めている。
　現在の福祉労働は、精神障害の急増に伴う対応として、農業労働によるケアの重要性に注目してきた。この傾向は、福祉や教育、文化などの学習においても、その重要性が認識され始めた。とくに、家族再生の場としての菜園や市民農場の重要性は次第に高まりつつある。福祉労働の専門性のなかに、将来は、農業労働や地場産業の職人労働などの内容が加えられるものと考えられる。
　いま、日本農業の姿も変化しつつあり、大きな注目を集めている。
　従来からの日本政府の農業政策や、それを背景として形成されてきた食品流通の巨大な経済機構は、日本的な官僚機構や巨大企業の特徴を共有してきた。その特徴は徹底したタテ型組織とトップ・ダウンの意思決定機構を特徴とする。そのために、需要の変化や生活の質の変化への対応は極めて苦手であり、食品公害や農業災害などへの対応も著しく緩やかである。
　これに対して『グローバル化を生きる日本農業』の著者、服部信司氏が示される新たな日本農業の対応は、いずれも、ネットワーク型をした新しい農業経営の姿である。消費者と直接結ぶファーマーズ・マーケット、生協などによる生産者と消費者の連携、環境に配慮する農業、ゾーニングによる優良農地の確保、食品の安全性へのとりくみ、そして、「消費者・地域・生産者の支える日本農業」が展望される。これらの領域は統計すら整備されていないし、ネットワーク相互の有機的な交流も不十分である。しかし、これらの動きが未来を先取りしていることは確かである[6]。
　柳宗悦は、日本社会には戦前から「民器」と呼ばれる実用性と美を備えた陶芸の生産者と消費者の関係が存在していたと主張した。これは、日本の地域社会の伝統のなかに、当時の貧困や抑圧からの脱却の手がかりがあり、いまでいう「ヨコ型社会への萌芽」が見い出され得ることを示唆する。彼はいう。
　「工芸の美は伝統の美である。……そこに見られる総ての美は堆積せられた伝統の驚くべき業（わざ）だと云わねばならぬ。……私たちは自己よりさらに偉大なもののあることを信じている」[7] たとえば、地域には工芸以外にも、固有の祭りや、固有の舞踊や、固有の音楽などが生まれるし、固有の熟練や技術などもある。伝統を今に活かすアイディアを基礎としたノウハウは、地域の数だけの固有の

ノウハウを生み出して、世界の各地域における文化資源を活かしたまちづくりの実践を生み出す。もしも、言語の翻訳が可能であれば、どの地域のノウハウも相互に学習によって継承し発展させることができる。また、個々人もその成長の過程で、一人ひとりの独自の判断における基準を確立し、個性的な力量や判断力を形成して、その成果を相互に交流し、あるいは、交換し合って学習することができる。このなかで、伝統のなかに埋め込まれたさまざまな要素は個性的に継承される。さらには、人間がつくり出す各種の組織、たとえば、家族、企業、自治体、政府などの組織も、他の種類の組織から学習することもできれば、同種の組織相互のあいだで学習することができる。

すでに紹介したように、一般に学習とは何か、についてN.ウイーナーは、1940年代に、人間の行動を、神経組織による「行動の結果の脳への伝達と、脳に蓄積された記憶との照合、そして、新しい判断による行動の型の変更」であると指摘した。

すなわち「仕事の結果から送り返されてくる情報が、仕事の一般方式と仕事遂行のパターンとを変更することができるものであるならば、その過程は学習と呼ぶのが適当である」と[8]。

もし、このような学習理論が成り立つとしたならば、「人間の行動の結果だけに注目しないで、一人ひとりの行動の動機と行動の結果とを関連させ、個性的な判断の基準が、学習によって、獲得されてゆき、福祉文化や芸術の享受能力が発達し、それに伴って、欲求の水準も高まり、消費者としての行動の型もまた、変化しうる」ということになろう。

たとえば、農業政策は、納税者による農業発展システムの選択行為であると定義できるが、ここでも学習の過程を観察することができる。納税者が、私的な欲求を充足するにあたって、共通の基礎となるべき社会的な欲求を充足するために、複数の予算案のなかから一つを選択する場合を想定しよう。そこでは、予算の投票による公共的な意思決定にあたって、過去の公共選択の失敗や成功の経験、諸外国の公共選択からの学習、家計、企業、非営利組織、自治体などの経験からの学習といったような多様な経験からの学習が可能である。

これらの過程から、ヨコ型ネットワーキング社会の選択と官僚機構や巨大組織に対する改革が、公共的に選択されるならば、新たな方向への歩みは市民権

を確立し、急速に広がることができる。また、現代の環境財政学は、持続的発展への配慮を財政に求めて、環境保護や管理の視点を農業政策に求め、これらを原則とした公共活動の準則に従うよう求めている。さらに、自然の地力が低下したり、持続的な農業発展が不可能になるような無政府的土地開発が進むこと、産業間の所得の格差が拡大しつつあり、農業における失業者が増大しつつあったり、また、産業上、不公正な競争や独占が存在していた。にも関わらず、農業政策は、しばしば、これらを防止し是正するための手段を持つことができなかった。環境問題が激化し、食糧自給率が低下し、熟練や判断力が失われ、農村社会が解体するほどまでに矛盾が表面化してはじめて、現代社会は大規模な所得の再分配、完全雇用、地域固有の産業の発展に注目し始める。競争条件の整備の必要性も認め始める。所得再分配や農業補助の必要性、有効需要の補償政策、固有の産業発展に向けた外部経済の整備などが現実の課題となろう。

　文化経済学の成果と、A.センの厚生経済学を基礎とした現代文化経済学は、納税者の選択行動を、各個人の人生における進路の選択と関わらせるとともに、社会的最低限の合意形成と、学習や教育による固有価値の享受能力の発達保障へと向かわせる。このような土台の上で、社会のニーズに柔軟に対応する多様な事業や非営利組織が発展し、市場経済との相互作用のなかで、生活のなかに機能性と芸術性を持ち込み、生活の質を高め、産業をより高い水準に引き上げてゆくであろう。

　K.ボールディングは、人間が過去の知的な資源の蓄積や、社会が共有する記憶などから学習して現代の生産や生活に活かす過程を、受精によるＤＮＡの受け渡しと対比し、受精ではなくて人間相互の学習による情報の受け渡しの独自の意義を強調した。つまり、"生命の繁殖"や"人間がつくり出すもの"を検討すると、そこに共通したものがある。両者ともに、「ノウハウ」と呼ぶのがふさわしい遺伝的な要因（遺伝因子）ともいうべきものから出発するが、生命体の方は、精子と成熟した卵子のＤＮＡに記憶されたノウハウがあり、人間がつくり出すもの（human artifacts）には生産のための青写真と設計図のなかに記憶されたノウハウがある。これらの遺伝因子というべきものは、生命体や、人間がつくり出すものにとっては、一種の潜在能力を表現している[9]、と。

　人類は、地域の自然と闘いつつ共存するうえで、地域に固有のアイディアや

ノウハウを蓄積してきた。

3. 現代の知的所有とノウハウの継承・創造

　地域固有のノウハウは、地域社会の文化的なコミュニケーションのなかで、継承され、創造される。ここは、一種の職人産業の発展の場でもあり、地域の伝統を今に活かす場でもある。

　しかも、地域社会のつくり出すノウハウは、農業のような産業に固有のノウハウだけでなくて、コミュニティが産業や生活の共通の基盤として合意のうえで形成してきた文化財、水の利用システム、交通の知識や手段、分散型エネルギー・システムなど、インフラストラクチャーにおいても、重要な役割を演じる。

　たとえば、日本の農村社会には、一種の文化財である農村舞台が多数存在する。そして、この文化財の固有価値は、その地域の自然の風土や木材や建築材料などの固有のよさを背景に、宮大工のような職人の技を活かした歴史的な文化財としての価値を意味する。

　さらに、この文化財を、伝統的な農村歌舞伎の創造性を継承しながら新たな現代的創意を加えて、現代に通用する舞台芸術として再生を図るとする。伝統的な祭りが地域の固有価値財となる場合には、現代の実演芸術の成果を吸収し、作家や、彼／彼女らの文学作品、作曲家や彼／彼女らの楽譜と、それらの印刷物の市場との関係がある。これらの創造活動の土壌は、豊かな自然と、人間の歴史、それらを表現しようとする思想史の世界があり、生活の知恵をつくして生き抜くコミュニティの世界がある。

　これらの領域への注目と社会の合意による資金の配分は、文化投資とも呼ぶことができるし、経済の再生や雇用の確保という点から見れば一種の固定資本投資や人的能力への投資ということもできよう。しかも、地域の固有の価値を体現した文化財の再生は、現代の科学・技術創造の粋を結集した素材や技術の成果を活用してはじめて可能となることも多い。新たな科学技術を活用する力量を持つ、新しい型の職人が登場する基盤はすでに形成されているのである。

　1980年代には、各国でポスト・フォーディズムとよばれる生産システムの変化に注目が集まった。青木圭介教授が指摘されているように、大量生産大量消費のシンボルであったフォーディズムの時代にあっては、競争の基本的枠組み

は、価格引き下げによる市場占拠率の上昇であった。ここでは、製品の標準化による大量生産がコスト・ダウンの中心問題であり、地価や労働力コストの安い地域を選ぶ立地競争がそれを確かなものとした。しかし、いま、ポスト・フォーディズムの時代がやってきて、競争力の重点は、製品の品質とイノベーションに転換し、消費者のニーズを直接に反映する最終市場の近くに立地することが最大の競争力であり、「厳しい消費者」の選好に鍛えられてこそ企業や事業所は発展する。

さらに決定的なのは、労働の役割の変化である。労働は大量生産のもとではコスト削減の最重要項目であった。しかし、今では、イノベーションにとって最重要な資源となり、労働する人びとは、ネットワーク型の職場や市場のなかで、管理者と対等の立場で協力し合う関係に位置づけられる[10]。

このような変化のなかで「現代の職人」ともいうべき人びとが、新産業の担い手として登場することになった。これらの人びとは、より大きな視野のもとでは、伝統を今に活かす創造の多様な拠点づくりを各地域で、また、地域の内部で担っている。かれらの創造活動は、多様性と分散性を特徴としながら、多くの教育システム、大学や大学院とも密接に関係を持つ。かれらは職人であって芸術家や科学者の力量を持とうとしている。しかも、地域のＮＰＯなどとも広く提携し、オープンなマインドを持って高い専門性をめざしている。

かれらは、地域固有の食材、繊維材、工芸材、建築材などを、地域の文化的な伝統のもとで、加工し、供給し、展示し、消費する。この過程は、一方では、地域の伝統的な技法やデザインや、アイディアを継承し、他方では、現代の科学・技術、芸術・文化の最新の知識や方法を用いて再生される。新職人は、芸術家、科学者、技術者、技能者、ボランティアをネットワーク化する。

農産物であれ、工芸であれ、建築物であれ、食品であれ、仕事の成果は高い芸術性を持ち、優れた機能性を備えている。創造や労働の場は、小規模で、分散的であるが、無数のネットワークの広がりが、彼／彼女の活動をサポートし、彼／彼女もまた、多くの人びとを支えている。仕事の大半は手づくりであり、芸術家に不可欠な感動を呼ぶ人格と表現力を磨き、他方では、自然科学の研究に固有の手づくりの実験器具や、創意工夫、新鮮なアイディアと、地道な実験に従事する。

これらの創造の拠点がつくり出す成果、すなわち、農産物、海産物、工芸作品、建築物、著作物、食品、織物、精密機械や器具などとなって、さらには、商品やサービスとなって市場に出てゆくことも可能である。これらの財を、D.スロスビー教授は「文化的な財」と呼んだ[11]。彼によると、文化的な財は、創造性をもち、それらを手にする人びとの間に、感動や対話の機会を呼び起こして人びとの人生の意味を問うコミュニケーションを担う。それゆえに、多くの文化的な財は、知的な所有権制度と関係を持ち、知的な所有との関わりを特徴としながら発展する。たとえば、名人と呼ばれる人がつくった梨は、その作品の彼の名がつけられ、市場では、その固有性が高く評価され、消費者が、その梨を食卓におけば、その味、姿、色、そして、香が周囲の人びとのコミュニケーションを促す。そして、話は、名人の作風に及び、彼の著作や写真集を求める人びとが現われ、ついには、生産地への訪問が始まり、評判が評判を呼んでリピーターが持続的に増加する。優れた地域は、このような創造の拠点を、生産・流通・消費・地域インフラストラクチャーなどに複数以上を有しており、地域全体は独特の文化的雰囲気を持つ。

　このような「文化的な財」を生産する産業を創造型産業と定義することができよう。この産業こそ、文化経済の発展の原動力といってよい。

　これからの地域の産業と「文化的な財」の発展は、新職人産業ともいうべき、独自の産業の発展によって支えられる。特産品の製造の技術や技能や熟練などの起源について、それは地域に固有の「伝統的技法」であった。1890年代に、A.マーシャルは、「智恵の森」という魅力的な概念を提起した。かれは、知識が地域社会に共通の財産となっている状況を示した。熟練のような目には見えない資産が、固有性を踏まえた設計や、地域公共政策を通じて、資源、交通、商業、行政、政治などの条件に恵まれたならば、その潜在力を顕在化させることができる。そして、いったん、立地が確定すれば、そこでは、「智恵の森」が発展する新たな条件が生み出される。かれは、それを「地域特化産業の利点」と呼んでいる。「産業がその立地を選択してしまうと、ながくその地にとどまるようである。同じ技能を要する業種に従事する人々がたがいにその近隣のものからうる利便にはたいへん大きなものがあるからである。その業種の秘訣はもはや秘訣ではなくなる。それはいわば一般にひろくひろまってしまって、子供で

もしらずしらずのあいだにこれを学んでしまう。よい仕事は正しく評価される。機械、生産の工程、事業経営の一般的組織などで発明や改良がおこなわれると、その功績がたちまち口のはにのぼる。ある人が新しいアイデアをうちだすと、他のものもこれをとりあげ、これにかれら自身の考案を加えて、さらに新しいアイデアを生みだす素地をつくっていく」[12]

　おそらく、現代では、生涯教育や大学における社会人教育、多様で柔軟な学校制度がこれを発展させるであろう。

　生産や流通に必要な知識の共有化の過程が、ここでは、見事に描き出されている。それぞれの業種の「秘技」であったものが、相互に活用され、互いに便宜を与え合う世界、子どもまでが共通の知識を継承する世界、創造的なアイディアが急激に普及する世界、社会的な公正な評価が可能な世界。多様性を支える職人産業のメカニズムは、日本や世界で、今、危機状態にある。

　現代がつくり出した交通や通信の新たな技術的可能性や、高度のリサイクル技術活用などの可能性のもとで、また、高等教育制度の普及のもとで、「多様性を支える職人経済」の再生が求められている。

4．創造産業における３層構造と現代産業への総合的接近

　かって、コーリン・クラークは、産業というものは農業から出発して製造業の時代となり、さらには、サービス経済の時代となる、と主張した。日本の産業政策は、この考え方を受け入れて、懸命にサービス経済の振興に努めている。

　しかしながら、情報革命時代は、すでに見たようにネットワークや、質の経済や、リピーターの増加や、さらには、労働の質や仕事の質において創造性などという、かっての産業論が考慮の外においているものに関心を集めてきた。

　この点で、先駆的であったのは、ラスキンやモリスの「生活の芸術化」という視点からの産業論であった。かれらは、本来は、芸術と生活は、地域の祭りに見られるように一体であった。しかし、産業革命と分業社会のなかで、両者は分裂し、デザイン芸術などが民衆の生活のなかに、芸術と生活の一体性を再生して初めて、新たな大産業が起こると考えた。たしかに、現代のデザイン芸術は、全産業を根本的に変化させてきた。

　このアイディアは、美術やデザインだけでなくて、文化経済学の発展ととも

に、実演芸術や地域の芸術・産業にも拡大されてくる。実演芸術なども、情報革命がもたらした映像や音響の再生技術を媒介として、生活のなかに芸術性を普及させるし、各コミュニティには、伝統や習慣を現代に活かす無数の産業が、芸術性と実用性を備えて展開される。また、デザインなどの創造活動、実演芸術の創造活動そのものを、デザイン研究所・美術館、劇場などの創造空間を活用した一種の産業として把握されるようになる。これらの産業は、多くの場合、非営利組織によって担われ、一定の段階でベンチャー企業に転化する可能性もある。これらは、社会にとって、必要な分野の財を供給するシステムを持つ。そして、各組織は、資金を集め、人材と契約し、財（芸術文化サービス）を生み出し、生産者（創造者）と、消費者（鑑賞者・市民）との間に橋をかけて、市場を開発し、合理的価格を設定して、財（芸術文化サービス）のコストを回収しようとする。

同時に、新たな創造産業は、地域における創造の拠点をつくり出し、同時に、どのようにしてその成果を享受する人びとをつくり出すのか、さらに、創造の営みへの参加や訪問を呼び起こす。

そこで、創造産業を原点として、それが、享受者に伝達され、学習される過程に注目すると、そこには、多様な情報発信システムと、受信のシステムを発見することができる。これらを、創造産業の「情報発信・享受型」として特徴づけることができる。

さらには、創造情報を受信し、享受した人びとが、創造拠点に関心と参加の意欲を持って、現地を訪問し、創造活動をサポートする動きのなかから、いま、一つの新しい産業が誕生する。それは、享受者たちの訪問と参加のシステム、あるいは、地域間の文化交流のシステムであって、現代では、国際的な人口の移動をともなう産業領域である。

すなわち、文化産業は、次の３種類の産業が、密接に関連している。

まず、第一に、創造産業。この産業の基本的特徴は既に説明した。

第二に、創造産業が発展するには、創造の成果の情報発信と享受のシステムが大きな役割を果たし、情報サービス産業として発展してくる。ここでは、成果の複製・編集の技術が重要な役割を果たし、複製を行う産業があり、複製を蓄積する施設（図書館など）がある。写真や印刷・出版の事業は、デザインや美

術、工芸、建築物、まちなみ、などの世界にとって、欠かすことはできない。また、実演芸術にとっては、録画や録音の事業、ビデオ、録音テープ、CD、DVDなどの記録媒体の生産は重要な役割を果たす。最近のように、デジタル通信システムが発展してくると、高画質で良質の音響を収め得るデジタル技術活用のコンテンツの製造は、美術・デザインの世界にとっても、実演芸術の世界にとっても、決定的な重要性を持ち、芸術家と情報技術者が協力するコンテンツ産業が芸術文化創造型産業を支える。この領域への投資は、文化産業におけるコンテンツ開発投資と呼ぶことができる。

　つぎに、複製されたものを放送や情報通信技術を活用して、産業や生活のなかに伝達する産業がある。電波やインターネットを活用し、テレビやコンピュータの受像機や端末と結合された電気通信ネットワークの発展は、安価で、大量、高速、高画質の映像や音響の配給に成功し、データベースの形成と情報の蓄積、それへのアクセス権の拡充によって、創造の成果の普及は、かってない規模で拡大する可能性を獲得した。同時に、これらのネットワークは、人間性を傷つける情報、虚偽の情報、人間を操作しうる情報などをも、大量に配信するため、個性的で、自立的な判断力の発展が重要な役割を果たすようになる。さらに、伝達の結果を活用した、人びとの学習や教育のシステムや、それらを担う産業によって、「本物」の享受能力を高める産業がある。義務教育段階での芸術教育、後期中等教育における技術や工芸、まちづくりなどの体験学習、大学や大学院における文化政策や、文化によるまちづくりの教育や研究、さらには、コミュニティ・スクールによる生涯学習システムなどがある。学習や教育産業は、芸術文化創造型産業を支援する重要な機能を果たす。さらに、これらの教育システムは、消費者のニーズに対応した創造活動のための教育、アートマネージメント教育、ニーズに対応したコンテンツをつくり出すための芸術家や情報技術者への再教育・再訓練システムを生み出す。

　第三に、創造の成果の情報発信と享受のシステムを担う産業と、創造の拠点を担う創造産業とを結ぶ「訪問・参加」型の文化産業がある。

　享受者が学習によって、「本物」に関心を高め、創造への参加に生きがいを見出すようになれば、創造の拠点を現地に訪問するリピーターと、彼／彼女の活動を担う産業（交通・観光など）が、重要な役割を果たす。ここでは、「本物」へ

のアクセスを確保するための、新しい移動・交通手段のシステム、たとえば、パーク・アンド・ライドを担う公共交通システム、ローカル・エネルギー、分散型エネルギー・システムに支えられた都市基盤が、必要となる。そして、リサイクル・システムや、環境に優しい循環型社会への基盤整備も必要であろう。さらに、商店街やまちなみの整備における体験型学習への配慮や、創造活動への参加を組み込んだ観光システムの開発、リピーターの創造活動への参加を基軸とした訪問産業を発展させるなどの施策が求められよう。

　創造産業は、創造的な芸術文化をシーズとして、地域社会が文化事業を立ち上げ、文化開発投資を行うことが出発点となることも多い。いわゆる「文化資源を活かしたまちづくり」である[13]。文化資源は、関連産業との関係のなかに位置付けられ、関連する多様な投資によってサポートされている。そして、他方では、従来型の産業を芸術文化の要素によって変革する。そして、従来の産業が持つ伝統的な生産方法の創意・工夫や、これらの産業に関わる人びとの生活の知恵もまた、芸術文化創造型産業のアイディアやノウハウの源泉となる。たとえば、果実や野菜も、形、色彩、味などすべての面で、芸術文化的要素が重視され、また、伝統の生産方法や保存方法が新たな味や、芸術性の開発につながる。しかも、生産地から遠く離れた都市での消費では、味わえない創造性を持つようになると、体験型農業のように、消費と生産が一体となりやすい。すると、従来の農林漁業・採取産業（第一次産業）は、質の向上によって、衰退する産業ではなくなり、発展の可能性の大きな産業となる。電機や自動車などの製造業も、デザインの芸術性はもちろんのこと、自分で、改善したり、付加価値をつけたり、エネルギーを自分で補給したりしながら、消費と生産を一体のものとして楽しむようになる。そうなると、製造業（第二次産業）も衰退する産業であるとはいえなくなる。サービス業（第三次産業）と呼ばれるものも、芸術文化サービスの質を基本として、根本的な変化を被ることとなろう。従来型産業の、それぞれに芸術文化の創造性を持ち込んで、これらを変革し、また、従来型産業の持つ芸術文化性から学んで、新たな芸術文化性を創造することが自然な流れとなる。芸術文化創造産業は、過去の産業から学び、それらを変革しながら、多様な関連産業を発展させ、それらに支えられて、現代産業の推進力となる。

とくに、複製の持つ意味は大きく、複製が学習の機会を提供し、知的所有権制度を定着させて創造者への刺激を強め、これを通じて、究極的には、本物に触れる人間が出てきてこそ、芸術文化の創造という産業や世界は支えられるということになる。つまり、芸術文化創造の拠点や場、複製品などが情報通信ネットワークで広がる場、学習や教育の場、リピーターが新交通システムやエネルギー・システムに支えられて、創造の拠点に参加し、ここに、創造活動の循環がつくられる。これでこそ、芸術文化は産業として、定着することができる。
　したがって、そういう産業として確立される福祉文化や芸術文化が、あらゆる製造業をはじめとして、サービス業、都市産業等々のなかに入り込んでいくとすると、これはまさに付加価値を生み出すだけではなくて、関連産業において、文化に関連する多様な投資や支出を生む。これが新たな需要を喚起して市場を開発する。そして、雇用を拡大し、社会を活性化させるのである。
　従来の産業政策は、コーリン・クラークの産業発展論に依存しているから、現代日本の場合についても、農林漁業や製造業の就業者を削減して、サービス産業の雇用を増やす、という方向で、政策を立案する傾向が強い。しかし、この方法は、製造業における大量の失業につながりやすく、従来の産業における労働力の質の向上や、福祉文化、芸術文化関連の新規分野の教育投資による人材開発につながらないので、慢性的失業状態をつくり出しやすい。重要なのは、従来の産業を芸術文化的な視点から見直して、従来の熟練や知恵、創意工夫を評価し直し、他方で、新分野の労働力を育成し、生涯にわたって、再教育サポートのシステムをつくる。企業は、創造型人材への投資を強化し、社会は、教育投資を持続するなかで、市民の享受能力を高めことである。これによって、旧産業だけでなく、新分野の雇用拡大につながれば、新たな事業の展開や、経済の活性化が期待できる[14]。

1）A.トフラー著、徳岡孝夫監訳『第三の波』中央公論社、1982年、15ページ。
2）同上、580ページ。
3）池上惇『文化と固有価値の経済学』岩波書店、2003年。
4）暗黙知は人から人へと伝統や習慣のなかで伝達される知識であって、文字や絵画、映像、記録された音声などの形式を持つ「形式知」と区別される。ポラニーによれば、人間の知識は、暗黙知と形式知

の2種類があり、形式知とは、人間が言語や文字や制度や法律や、かなりのひろがりを持つ市場価格などで表現できる知識であり、暗黙知とは、かかる形式を取ってはいないで、言語や文字などには表現されないが、人びとの身体が担い、目的を同じくする人間ネットワークが共有する知識である。人間は語り、書くなどのことができるもの形式知よりも、より多くのことを知ること、つまり、暗黙知を個人が持ち、あるいは、共有することができる。Michael Polanyi, *The Tacit Dimension*, Routledge, London, 1966, Cap.Ⅰ、マイケル・ポラニー著、佐藤敬三訳『暗黙知の次元－言語から非言語へ』紀伊国屋書店、1980年、第Ⅰ章。

5) J. Lipnack & J. Stamps, *Networking*, 1980, 正村公宏監修『ネットワーキング－ヨコ型情報社会への潮流』プレジデント社、1983年。

6) 服部信司『グローバル化を生きる日本農業—WTO交渉と農業の「多面的機能」』NHK出版、2001年。

7) 柳宗悦「工芸の道」1927年公表、『柳宗悦全集』第八巻、筑摩書房、1980年、87ページ。

8) ノーバート・ウィーナー著、鎮目恭夫他訳『人間機械論—人間の人間的な利用』みすず書房、1979年、61ページ。

9) K. E. Boulding, *Towards A New Economics*, E.E., 1992, P.51.

10) 青木圭介『現代の労働と福祉文化』桜井書店、2002年、117ページ。

11) D. Throsby, *Economics and Culture*, Cambridge U. P.. 2001, D. スロスビー著、中谷武雄・後藤和子訳『文化経済学入門』日本経済新報社、2002年、79-80ページ。なお、スロスビーには、以下の労作がある。"Production and Consumption of the Arts: A View of Cultural Economics, *Journal of Economic Literature*, 1994. – Research Directions and Recent Developments in Cultural Economics", 『文化経済学』第1巻第1号（通算第4号）(1998年5月)

12) A. Marshall, *Principles of Economics*, 1st ed., 1890, 8th ed.,1920, Rep., 1952, 9th (Variorum) ed., with annotations by C. W. Guillebaud, 2 vols., London: Macmillan. 1961. P.270、(馬場啓之助訳『マーシャル経済学原理』東洋経済新報社、Ⅰ～Ⅵ，1965～67年。同上訳書、Ⅲ、270ページ。)および、同上訳書、Ⅱ、253ページ。Ibid., p.271、(同上訳書、Ⅱ、255ページ。) 参照。

13) 池上惇、小暮宣雄、大和滋『現代のまちづくり』丸善、2000年。佐々木雅幸『創造都市の経済学』勁草書房、1997年、同『創造都市への挑戦』岩波書店、2001年。池上惇「文化産業の展開」後藤和子編『文化政策学』有斐閣、2001年。後藤和子『芸術文化の公共政策』勁草書房、など、参照。

14) 本論文の背景となるセンの理論については、A.Sen, "Rational Fools: A Critique if the Behavioural Foundations of Economic Theory", A. Sen, *Choice, Welfare and Measurement*, Harvard U.P..1982（大庭健、川本隆史訳「合理的な愚か者—経済理論における行動理論的な基礎への批判」アマルティア・セン『合理的な愚か者—経済学＝倫理学的研究』勁草書房、1989年）A. Sen, *Commodities and Capabilities*, North-Holland. 1985（アマルティア・セン著、鈴村興太郎訳『福祉の経済学―財と潜在能力』岩波書店、1988年)。

あとがき ――謝辞――

池上 惇

　本書は、2003年に岩波書店から刊行した『文化と固有価値の経済学』を、この10年余りの間、「文化による"まちづくり"」「社会人通信制大学院づくり」「市民大学院づくり」の実践で鍛えてみて、さらなる発展を試みた。

　その評価は、読者にお任せする他はないが、自分なりには、企業人や公共人の現場から学び、日本思想史の研究を深めて二宮尊徳研究を進めたことに納得している。

　この書は、私にとって、もう一つの意味があって、1960年代から「相互支援のできる研究教育の場」を拓き続け、そのなかで、この社会の生存競争を公正競争に転換しようとしてきたこと。その理論と実践が、どこまで、到達したかを検討することである。

　大変、ありがたいことに、2012年4月末に、長年の研究教育の功績を「瑞宝中綬章」として、世間から高い御評価を頂戴した。一生懸命、勤めてきたことが世間に通用するらしい。私は、恩師の故森嶋通夫先生と同様に、熱心に研究教育をやり過ぎて嫌われる傾向にあり、いまも、社会人大学院設立準備で苦労している。しかし、若手の研究者はじめ、多くの支援者に励まされながら、折れることなく、走り続けてきた。

　いま、私の努力を嫌わずに受け入れてくださる世間があること。大きな支援の輪があること、この貴重な事実を確認して本書を出版できたことは、この上ない歓びである。

　学会や大学の職場では、大学の枠を超えた、さまざまな出会いがあり、財政学本質論や財政思想史は、学会の先覚者、池田浩太郎先生からヴィクセル思想を中心にお教えいただき、財政学の本質と方法は、能勢哲也先生から学んだ。

　京大時代、経済学部で、山田浩之（都市経済学）、吉田和男（現代経済学）の両先生から、都市や財政の実態を踏まえた理論化の方法を学んだ。また、揺籃期にあった、文化経済学のよき理解者でもあった。感謝のほかはない。

京大では、故西島安則先生（自然哲学）を中心に、巽友正先生（物理学）、佐野晴洋先生（生命科学）、伊東光晴先生（経済理論）がおられ、学際的な交流の中で、真の教養教育についての提起や日本のアカデミーにおける中心的な課題を検討する機会を得た。また、国際交流と地域文化の関係を「文化による"まちづくり"」のなかで、深めようとし、「グローカル」という概念に出会う。その研究を推進された、上田正昭先生（日本歴史学）の御業績からご示唆を頂いた。

　上田篤先生には、建築学を超えて思想研究に向かわれる高い気迫をお教えいただき、吉田忠先生（社会統計学）には御専門の領域だけでなく、深く広い教養の重要性や、一人ひとりの学生と向き合ってゆかれる高い姿勢に感動した。

　私にとって、社会資本論、公害論の恩師は、宮本憲一先生であり、ラスキン学は内藤史朗先生から学んだ。先生は国際学術交流を背景に、地域固有の文化を理解しつつ、ラスキン思想の本質に肉薄された。共感と深い学びがあった。

　指導教授であった、故人の豊崎稔（経済政策）、島恭彦（財政学）、田中正晴（経済学史）、吉村達次（経済理論）各先生から研究指導の方法を学んだ。先生方は研究資料や書籍を提示し、調査すべき現場を示され、私が自由に選択して研究すること、学生には上からの目線からではなく友として接するよう示唆された。おかげで、大学や学部の枠を超え大勢の大学院生や学生が演習に参加してくれて、ゼミの後には、夕食をとり、ワインを飲みながら激烈な議論をした。ともに、飯を食い、議論した各位は、社会に出ても、大学院に進学されても、素晴らしい力量を発揮され私を乗り越えて進んで行かれた。多くの学長、副学長、企業幹部、幹部公務員などが誕生した。

　でも、まだ、オーバードクターで苦労されている方々もおられ、私が死ぬまでに、よい職場を拓くのが責務であろう。私は総ての社会人が通信制大学院で学位を取得されるよう願ってきたので、少しは生き延びて、その道を拓く。

　以下に、ここ十数年、対面で議論し、研究教育でお世話になった各位のお名前を挙げ感謝の意を表したい。

　重森暁（地方財政論）、植田和弘（財政学・文化環境経済学）、坂野光俊（財政学）、森岡孝二（経済理論・貧困論）、露木紀夫（ラスキン学）、梅垣邦胤（経済理論）、辻昭男（経営哲学）、的井保夫（産業金融）、小野秀生（福祉経済政策）、柳ヶ瀬孝三（社会資本論）、成瀬龍夫（社会政策論）、林堅太郎（公共経済論）、青木圭介（福祉経

済論)、中谷武雄(文化経済学・スミス研究)、鈴木茂(地域産業論)、小淵港(社会政策)、鶴田廣巳(租税論)、寺西俊一(環境政策論)、渕上勇次郎(日本経済論)、松岡俊二(公共政策論)、守友裕一(農業政策)、山田浩貴(経済政策論)、中村雅秀(国際経済論)、小桜義明(地域公営電力論)、神谷明(文化政策)、関野満夫(財政学)、井本正人(現代経済論)、清水修二(災害復興学)、後藤康夫(経済理論)、加藤一郎(公共事業論)、田中重博(地方自治論)、二宮厚美(新福祉国家論)、池島正興(金融論)、仁連孝昭(経済計画論)、藤岡純一(租税論)、藤田安一(日本財政史)、的場信樹(協同組合論)、横田綏子(国際金融論)、十名直喜(現代産業論)、西堀喜久夫(現代都市政策)、小森治夫(地域公共事業論)、池田清(震災復興学)、鎌倉健(地域産業論)、槌田洋(福祉財政学)、岩田裕(工芸産業論)、薮谷あや子(コモンズ経済学)、西山賢一(情報経済学)、三浦一郎(市場開発論)、紀国正典(国際金融論)、西田達昭(情報経済論)、武田宏(現代福祉経済論)、武田公子(ドイツ財政学)、新岡智(国際財政学)、多田憲一郎(地方財政・地域経済)、上田健作(経済政策)、古河幹夫(経済政策)、北村裕明(財政学・NPO論)、佐々木雅幸(創造都市論)、小沢修司(所得保障論)、西村尚剛(財政学)、西村貢(地域公共政策論)、木村裕(コミュニティ再生論)、高林喜久生(日本財政論)、富澤修身(現代産業論)、増田和夫(経済理論)、川瀬光義(財政学)、奥谷直也(環濠都市論)、紅谷正勝(地域産業)、若林靖永(市場開発論)、梅本哲世(公益企業論)、上瀧真生(社会政策)、北島健一(公共経済論)、福島直樹(公共事業政策)、山澤成康(現代経済学)、岡本章(福祉財政論)、多良康彦(国際金融論)、富山泰年(伝統産業論)、大畠諭(芸術経済)、安嶋是晴(地域学)、田中きよむ(福祉政策論)、青木郁夫(医療経済学)、只友景士(環境経済学)、後藤和子(芸術文化政策)、藤原一哉(住宅経済論)、戸崎肇(文化政策) 吉川英治(福祉経済学)、阪本崇(文化経済学)、金武創(文化経済・財政学)、木原万樹子(法務と社会保障)、高島嘉巳(土地経済論)、山崎茂雄(財政学・文化政策)、本多充(水資源学)、吉田公一郎(水道学)、近藤太一(観光政策)、井上武史(港湾経済論)、古池嘉和(現代地場産業再生論)、中村隆之(経済理論)、中村則子(生涯教育論)、豊嘉哲(国際経済論)、菊地裕幸(地方財政・財政思想)、小池敦(文化経済学)、孫一萱(中国経済論)、芳野俊郎(産業論)、小林俊和(環境・エネルギー経済学)、松本竹生(地域文化政策)、冨本真理子(「文化による"まちづくり"」)、大迫麻記子(経済情報)、内藤友紀(金融経済)。

振り返ってみると、若いころ、私は、妻順子（生物学の専攻）と二人で学位をめざして研究室と保育所、家庭を往復しながら研究教育を始めた。厳しい環境ではあったが、二人とも、友人や研究室に貴重な理解者がおられて、子どもも、伸び伸びと健康に育った。ラスキンの、There is no wealth but life. は、私にとって「貧乏でも子供や家族とともに、働き、研究教育する歓び」を意味していて実感があった。さらに、順子から自然科学者の考え方を学んだ。私の経済学には、ウイーナーの学習理論やサイバネティクスなど、自然科学者が開発した概念が多く現れる。目の動きや手足の行動の結果や情報が神経組織を通じて脳に送られ、過去の記憶と照合されて新たな判断が目や手足に伝わるなど、生物学の書物なら、どこにでも書いてありそうなことであるが、私にとっては重大事で順子から受けた示唆に深く感謝する。

　いま、加藤隆（公共政策）、荒木一彰（推譲経済学）両学兄には、中谷武雄先生とともに、市民大学院の実務という厳しい仕事を担っていただき、私が、新しい著作に貢献できたのも各位のご支援あってのことである。

　ここに、お名前を挙げることはできないが、学会はじめ、非常に多くの方々のご支援を得て本書は完成した。

　すべての各位に対し、心からの御礼を申し上げ、ご健康を願っております。

　　　　　　　　　　　　　　　　　　　（2012年盛夏　・京都聖護院自宅にて）

巻末参考文献（外国語和訳のうち、解題の比重が高いものは日本語文献に入れた）

日本語文献

青木圭介『現代の労働と福祉文化』桜井書店、2002年。

アリオ・クラマー著、後藤和子・中谷武雄監訳『経済学は会話である』日本経済評論社、2010年（A. Klamer, Speaking of Economics, Routledge, 2007）。

アルビン・トフラー著、徳岡孝夫監訳『第三の波』中央公論社、1982年。

アンソニー・ギデンス著、佐和隆光訳『第三の道：効率と公正の新たな同盟』日本経済新聞社、1999年（Giddens, A.. The Third Way, Polity Press, 1998.）。

飯田経夫・山田浩之共編『社会資本の経済学』有斐閣、1976年。

イヴ・レオナール編、植木浩監訳、八木雅子訳『文化と社会：現代フランスの文化政策と文化経済』芸団協出版部、2001年。

井口貢・池上惇『京都・観光文化への招待』ミネルヴァ書房、2012年。

池上惇『文化と固有価値の経済学』岩波書店、2003年。

池上惇・山田浩之編『文化経済学を学ぶ人のために』世界思想社、1993年。

池上惇・小暮宣雄・大和滋編『現代のまちづくり』丸善出版事業部、2000年。

井野博満「技術とは何か」現代技術史研究会編、井野博満・佐伯康治責任編集『徹底検証　21世紀の全技術』藤原書店、2010年。

岩井浩・福島利夫・菊地進・藤江昌嗣編著『格差社会の統計分析』（現代社会と統計・第2巻）、北海道大学出版会、2009年。

岩田誠編著、和歌山大学経済学部NPO研究ゼミ『市民が築く多元社会』日経大阪PR、2003年。

ウィリアム・J. ボウモル、ウィリアム・G. ボウエン著、池上惇・渡辺守章監訳『舞台芸術：芸術と経済のジレンマ―』芸団協出版部、丸善配本、1993年（Baumol, W. J. & W. G. Bowen, Performing Arts -The Economic Dilemma-,MIT Press, by the Twentieth Century Fund. Inc. The MIT Press, Massachusetts, 1966. ）。

上田篤『一万年の天皇』（文春新書）、文藝春秋、2006年。

植田和弘『環境と経済を考える』岩波書店、1998年。

植田和弘『廃棄物とリサイクルの経済学』有斐閣、1992年。

植木浩「文化政策の展開」池上惇・植木浩・福原義春編『文化経済学』有斐閣、1998年、第7章。

上田正昭『アジアのなかの日本古代史』（朝日選書）、朝日新聞社、1999年。

上田正昭『アジアのなかの日本再発見』（シリーズ「自伝」my life my world）、ミネルヴァ書房、2011年。

上田正昭『古代国家と東アジア』角川書店、2010年。

上田正昭『東アジアと海上の道』明石書店、1997年。

上田正昭『歴史と人間の再発見』藤原書店、2009年。

上田正昭『論究・古代史と東アジア』岩波書店、1998年。

尾池和夫『日本列島の巨大地震』（岩波科学ライブラリー 185）、岩波書店、2011年。

大江健三郎『ヒロシマ・ノート』岩波書店、1965年。

岡野行秀・山田浩之編『交通経済学講義』青林書院新社、1974年。

織田直文・鈴木好美・廣川桃子『京都・山科まちづくり物語』晃洋書房、2009年。

河原宏『空海　民衆と共に：信仰と労働・技術』人文書院、2004年。
古河幹夫「ギデンズの『第三の道』理論」岡村東洋光、久間清俊、姫野順一編著『社会経済思想の進化とコミュニティ』ミネルヴァ書房、2003年。
国連開発計画（UNDP）「人間の安全保障」『人間開発報告書』1994年。
佐々木雅幸『創造都市への挑戦：産業と文化の息づく街へ』岩波書店、2001年。同書は、岩波現代文庫として、2012年5月に改訂版が出版された。
児玉龍彦『内部被曝の真実』幻冬舎、2011年。
後藤和子『文化と都市の公共政策：創造的産業と新しい都市政策の構想』有斐閣、2005年。
後藤和子『芸術文化の公共政策』勁草書房、1998年。
佐々木雅幸『創造都市の経済学』勁草書房、1997年。
佐々木雅幸・水内俊雄編著『都市創造と社会包摂：文化多様性・市民知・まちづくり』水曜社、2009年。
ジェシカ・リップナック、ジェフリー・スタンプス共著、正村公宏訳『ネットワーキング：ヨコ型情報社会への潮流』プレジデント社、1983年（Lipnack, J. & J. Stamps, Networking, 1980.）。
下平尾勲『地元学のすすめ：地域再生の王道は足元にあり』新評論、2006年。
ジョン・ラスキン著、内藤史朗訳『ラスキンの芸術教育：描画への招待』明治図書出版、2000年。
ジョン・ラスキン著、内藤史朗訳『ヴェネツィアの石：建築・装飾とゴシック精神』法蔵館、2006年。
ジョン・ラスキン著、内藤史朗訳『芸術の真実と教育：近代画家論　原理編1』法蔵館、2003年。
ジョン・ラスキン著、内藤史朗解題翻訳『芸術教育論：ジョン・ラスキン』（世界教育学全集46）、明治図書出版、1969年。
ジョン・ラスキン著、内藤史朗訳『構想力の芸術思想：近代画家論　原理編2』法蔵館、2003年。
ジョン・ラスキン著、内藤史朗訳『風景の思想とモラル：近代画家論　風景編』法蔵館、2002年。
ジョン・ラスキン著、内藤史朗解題翻訳『民衆のための芸術教育：ウイリアム・モリス』（世界教育学全集63）、明治図書出版、1971年、2002年復刻版。
鈴木敏正『生涯学習の教育学：学習ネットワークから地域生涯教育計画へ』北樹出版、2008年。
住田町編「第2次住田町林業振興計画」1994年『住田町史　第3巻　産業・経済編』住田町、2001年。
高橋健介「東日本大震災後の宮城県石巻市雄勝地区における保健福祉医療システム再構築についての調査報告書」2011年4月27日。
多田憲一郎著・自治体議会政策学会監修『地域再生のブランド戦略：人口1000人の村の元気の秘密』イマジン出版、2012年。
巽友正『パラドックスとしての流体』培風館、1996年。
巽友正『連続体の力学』岩波書店、1995年。
田中きよむ『少子高齢社会の社会保障論』中央法規出版、2010年。
電通『魅力ある国づくりプロジェクト』未公表付属資料、2002年。
徳岡一幸・山田浩之編著『地域経済学入門』有斐閣、2007年。
内藤史朗『Yeats and Zen』山口書店、1994年。
中谷武雄『スミス経済学の国家と財政』ナカニシヤ出版、1996年。
並松信久『近代日本の農業政策論：地域の自立を唱えた先人たち』昭和堂、2012年。
二宮厚美『新自由主義からの脱出：グローバル化のなかの新自由主義VS新福祉国家』新日本出版社、2012年。
二宮尊徳「三才報徳金毛禄」児玉幸多責任編集『日本の名著26・二宮尊徳』中央公論社、1970年。

日本労働者協同組合連合会「空き店舗活用子育て支援施設『どんぐりのおうち』同上刊『日本労協新聞 No.658』、2004年3月25日。

野口武彦『安政江戸地震：災害と政治権力』筑摩書房、1997年。

端信行・中谷武雄編『文化によるまちづくりと文化経済』晃洋書房、2006年。

服部信司『グローバル化を生きる日本農業：WTO交渉と農業の多面的機能』日本放送出版協会、2001年。

林武『技術と社会：日本の経験』国際連合大学、1986年。

速水侑編『行基：民衆の導者』（日本の名僧2）、吉川弘文館、2004年。

福田徳三『復興経済の原理及若干問題』同文館、1924年。

福原義春『「無用」の人材、「有用」な人材："老荘"に学ぶ転換期を生きぬく知恵』祥伝社、1997年。

福原義春『だから人は本を読む』東洋経済新報社、2009年。

福原義春『ぼくの複線人生』岩波書店、2007年。

福原義春『メセナの動きメセナの心』求龍堂、2000年。

福原義春『会社人間、社会に生きる』（中公新書）、中央公論新社、2001年。

福原義春『企業は文化のパトロンとなり得るか』求龍堂、1990年。

福原義春『生きることは学ぶこと』ごま書房、1997年。

福原義春『多元価値経営の時代』（トップが語る21世紀）、東洋経済新報社、1992年。

福原義春『文化は熱狂：対談集』潮出版社、1995年。

福原義春『変化の時代と人間の力』慶應義塾大学出版会、2001年。

福原義春序・横浜市・鈴木伸治編著『創造性が都市を変える：クリエイティブシティ横浜からの発信』学芸出版社、2010年。

福原義春・文化資本研究会『文化資本の経営』ダイヤモンド社、1999年。

藤井克徳『見えないけれど観えるもの』やどかり出版、2010年。

藤田隆正『「分かち合い」と「やさしさ」の倫理学序説：共生の倫理学をめざして』勁草出版サービスセンター、1993年。

ヘンリー・ジョージ著、山嵜義三郎訳『進歩と貧困』日本経済評論社、1991年（George, H., Progress and Poverty. An Inquiry into the Cause of Industrial Depression and of Increase of Want with Increase of Wealth. The Remedy. New Edition. New York : Doubleday & McClure Co., 1898.）。

堀田力『悔いなく生きよう：心満たされる人生の送り方』講談社、1997年。

堀田力『心の自立：介護することされること』（みんなの介護5）法研、1999年。

堀田力『壁を破って進め：私記ロッキード事件』（上・下）、講談社、1999年。

堀田力『堀田力のおごるな上司』講談社、1998年。

マイケル・ポラニー著、佐藤敬三訳『暗黙知の次元：言語から非言語へ』紀伊国屋書店、1980年（Polany, Michael., The Tacit Dimension, Routledge, London, 1966.）。

森岡孝二編『貧困社会ニッポンの断層』桜井書店、2012年。

諸富徹『地域再生の新戦略』（中公叢書）、中央公論新社、2010年。

諸富徹・沼尾波子編『水と森の財政学』日本経済評論社、2012年。

矢崎勝彦『内発的自然感覚で育みあう将来世代：インド植林プロジェクトを通して学ぶ』地湧社、2011年。

柳宗悦「工芸の道」1927年公表『柳宗悦全集』第八巻、筑摩書房、1980年。

山田原三編著「気仙之木地挽」（古里の足跡2）、共和印刷企画センター、出版年不詳。

山田浩之『都市の経済分析』東洋経済新報社、1980年。
山田浩之他編著『都市と土地の経済学』日本評論社、1995年。
山田浩之他著『都市経済学』有斐閣、1978年。
山田浩之編著『交通混雑の経済分析：ロード・プライシング研究』勁草書房、2001年。

欧米語文献

Boulding, K. E., *Towards A New Economics*, Edward Elgar, 1992.

Caves, R. E. *Creative Industries, Contracts between Art and Commerce*, Harvard U. P., 2000.

Enright, M. J., ' Organization and Coordination in Geographically Concentrated Industries,' in N. R. Lamoreaux and D. M. Raff, eds. *Coordination and Information, Historical Perspectives on the Organization of Enterprise*, NBER, The University of Chicago Press, 1997, pp. 103-111.

Fleming, A., 'Industrial Experiments in connection with St. George's guild,'1870, J. Ruskin, *The Works of John Ruskin*, Library Edition, Vol.30 pp.328-335.

Peacock, A. T. and R. Weir, *The Composer in the Market Place*, Feber Music, London. (1975)

―― "Economics, Cultural Values and Cultural Policies", in R. Towse, and A. Khakee, eds., *Cultural Economics*, Springer - Verlag, Berlin,1992.

―― *Public Choice Analysis in Historical Perspectives*, Cambridge University Press, 1992, 1992.

―― *Paying the Piper, Culture, Music and Money*, Glasgow U.P. , 1993.

Schumacher, E.F., *Good Work*, The Hanbury Agency Limited, 1979.（E.F.シューマッハ『宴のあとの経済学』長洲一二監訳、伊藤拓一訳、筑摩書房、2011年）

Sen, A., *Commodities and Capabilities*, Oxford U.P., 1987.（アマルティア・セン著、鈴村興太郎訳『福祉の経済学：財と潜在能力』岩波書店、1988年）

Sen, A., "Rational Fools: A Critique if the Behavioral Foundations of Economic Theory", A. Sen, Choice, *Welfare and measurement*, Harvard U.P., 1982（大庭健、川本隆史訳「合理的な愚か者：経済理論における行動理論的な基礎への批判」アマルティア・セン『合理的な愚か者：経済学＝倫理学的研究』勁草書房、1989年）

Throsby, D., *Economics and Culture*, Cambridge U. P., 2001.（デイヴィッド・スロスビー著、中谷武雄・後藤和子監訳『文化経済学入門』日本経済新聞社、2002年）

Throsby, D.,"Production and Consumption of the Arts: A View of Cultural Economics, *Journal of Economic Literature*, 1994.

Throsby, D., *Research Directions and Recent Developments in CulturalEconomics*",『文化経済学』第１巻第１号（通算第４号）（1998年５月）

Wiener, N., *The Human Use of Human Beings, Cybernetics and Society*, Houghton Mifflin & Co., U. S.A., 1950, Doubleday Anchor Books, 1954.（ノバート・ウィーナー著、鎮目恭夫他訳『人間機械論：人間の人間的な利用』みすず書房、1979年）

事項索引

あ
会津若松･･････････････････････ 6, 109, 118
暗黙知････････････････ 16, 209, 220, 221, 229
一円融合･･･････････ 87, 91, 96, 99, 105, 110
永続的発展･･････ 8, 16, 125, 128, 173, 174, 176, 189, 193, 195
エネルギー源･･････････････････ 43, 51, 119
近江商人････････････ 6, 82, 109, 114, 115, 124
温泉･･････････････････････････ 14, 16, 78, 166

か
学習･････ 7, 25, 26, 28, 61, 94, 111, 113, 120, 122, 123, 124, 127, 129, 130, 157, 160, 167, 168, 169, 170, 171, 200, 208, 210, 211, 212, 217, 218, 219, 220, 226, 228
烏山仕法･････････････････････････････ 112
観光･･･････ 25, 26, 28, 53, 61, 73, 151, 153, 157, 160, 201, 203, 218, 219, 225, 227
享受能力･････ 4, 118, 119, 122, 129, 130, 131, 211, 212, 218, 220
行商････････････････････････ 89, 113, 114, 118
勤労･････ 16, 88, 97, 102, 104, 112, 120, 127, 195, 199, 200, 201
経験知････････････････････････ 14, 18, 140
芸術文化サービス･･････････････ 161, 217, 219
気仙大工･･････････････････････ 79, 80, 82, 86
原子力発電所･･････････････････････ 3, 38, 61
公共財産････････････････････････････････ 6
公共労働･･････････ 199, 200, 201, 202, 204, 206
公正な価格･･････････････････ 3, 123, 146, 162, 207
公正な報酬････････････････ 123, 124, 146, 159, 162

構想力･･････････････ 21, 27, 93, 161, 169, 170, 228
幸福な社会････････････････････････････ 176
公平な観察者･･････････････････････････ 179
コーディネイター･･････ 20, 22, 23, 25, 93, 153, 154
コミュニティづくり･････････････ 18, 78, 152
コミュニティ・ビジネス･････ 26, 149, 150, 153, 154, 156
コモン・ストック･･････ 7, 8, 26, 27, 93, 94, 95, 97, 172, 173, 175, 176, 184, 186, 189, 193, 195
コモン・ストックの媒介者････････････ 176
固有価値････ 4, 5, 6, 8, 9, 10, 28, 105, 116, 118, 119, 120, 121, 122, 142, 149, 158, 161, 212, 213, 220, 223, 227
コンテンツ･････････････････････ 153, 154, 218

さ
産業実験･････････････････ 8, 140, 155, 156, 159
産業主義･････････････････････････････ 74, 75
慈恵･･････････････････････ 176, 177, 178, 179
地震多発地帯････････････････････････････ 3
至誠･･････ 88, 90, 97, 101, 102, 112, 127, 130, 195
寺内町･････････････････････････････････ 7, 14
仕法･･････ 88, 91, 93, 96, 97, 101, 102, 103, 105, 109, 110, 112, 113, 114
市民大学院･･････････ 9, 10, 163, 171, 172, 223, 226
社会関係資本････････････････････････ 21, 158
社会人教育････････････････ 111, 132, 167, 216
商業社会･････････････････････ 108, 191, 192
商人･･････ 6, 7, 8, 14, 26, 82, 88, 89, 92, 93, 97, 107, 108, 109, 110, 112, 113, 114, 115, 116, 117, 118, 122, 123, 124, 125, 126, 127, 128, 130, 150, 173,

索引　231

　　　　174, 176, 177, 179, 181, 184, 185, 186, 187, 188, 189, 191, 192, 193, 194, 195, 196, 208
情報革命……………………………… 207, 216, 217
情報サービス産業……………………………… 217
職人…… 4, 5, 8, 15, 23, 26, 59, 66, 74, 78, 79, 80, 92, 98, 102, 103, 109, 112, 113, 114, 118, 122, 124, 127, 139, 140, 141, 146, 147, 149, 153, 154, 155, 156, 157, 159, 161, 162, 163, 164, 173, 184, 187, 200, 202, 207, 210, 213, 214, 215, 216
職人道……………………………………………… 98
職人技…… 5, 15, 26, 74, 79, 92, 98, 103, 109, 114, 124, 139, 140, 141, 146, 147, 155, 156, 159, 162, 163, 173, 200, 207
人道………………… 39, 49, 87, 91, 97, 102, 113
推譲…… 4, 7, 8, 16, 20, 26, 27, 87, 88, 90, 95, 96, 97, 100, 102, 103, 107, 108, 109, 112, 125, 126, 127, 128, 130, 131, 133, 195, 226
推譲の経済………………………………… 16, 27
スミスの商人論……………………………… 8, 126
生活圏……………………………………………… 84
生活の芸術化…………………………………… 216
正義…… 20, 34, 77, 93, 97, 176, 178, 182, 193, 209
世代生成する人間関係………………………… 173
創意工夫…… 4, 5, 6, 15, 26, 92, 96, 102, 103, 104, 113, 121, 127, 130, 131, 145, 153, 155, 161, 166, 214, 220
創造型産業…………………………… 215, 218, 219
総有………………………………………… 87, 103, 104
ソフト創造産業………………………………… 151
尊徳仕法…………………………………… 101, 102, 114
尊徳の市場経済論……………………………… 116

た
大地震……………………………… 3, 29, 77, 227
大量生産・大量消費・大量廃棄のシステム… 147
地域再生…… 6, 7, 8, 10, 12, 14, 15, 17, 22, 28, 29, 87, 98, 107, 149, 159, 164, 171, 228, 229
地域ブランド…………………………… 4, 149, 157
地域文化…… 68, 94, 166, 197, 201, 202, 203, 224, 225

智恵の森………………………………………… 215
チェルノブイリ原発事故…………………… 31, 38
知識結… 4, 7, 8, 12, 14, 17, 18, 19, 22, 23, 27, 28, 30, 77, 78, 84, 149, 203
地図………………………………………………… 14
中間技術……………………………… 77, 79, 84, 157
天道………………………………… 87, 91, 97, 102, 113
伝統的英知……………………………… 30, 76, 77, 84
天道を活かす人道……………………………… 87, 102
同感原理………………………………………… 179
道徳共働態………………………… 12, 16, 17, 18, 28
道徳と経済…………………………………… 16, 89
徳 …… 17, 18, 75, 87, 89, 92, 102, 107, 110, 111, 127, 162, 165, 176, 177, 181, 183, 187, 188, 193

な
日本経済学……………………… 114, 128, 130, 131
人間発達の『知識結』……………………… 30, 77, 78
人間発達論…………………………………… 108
人間復興…… 8, 10, 12, 14, 15, 27, 29, 30, 32, 34, 35, 36, 37, 46, 47, 48, 61, 77, 78
ネットワーク……… 15, 18, 23, 25, 33, 53, 58, 88, 92, 113, 144, 149, 152, 154, 155, 156, 157, 207, 208, 209, 210, 214, 216, 218, 220, 221, 228
農民の職人道…………………………………… 98

は
場 ……… 4, 7, 9, 18, 46, 58, 74, 93, 94, 95, 98, 107, 110, 111, 113, 122, 126, 127, 128, 129, 130, 131, 132, 133, 136, 140, 141, 143, 144, 145, 146, 156, 160, 163, 164, 165, 166, 167, 168, 169, 170, 171, 172, 175, 194, 198, 203, 208, 210, 213, 214, 220, 223
日野商人……………………………………… 6, 92, 109
フェアトレード…………………………… 26, 151
複合的復興災害……………………… 45, 52, 61, 74
不二講………………………………… 87, 88, 89, 91
布施屋………………………………………… 14, 17

文化経済……　4, 5, 10, 26, 28, 105, 118, 130, 136, 137, 144, 145, 146, 158, 172, 206, 212, 215, 216, 221, 223, 225, 227, 229, 230
文化産業……　139, 140, 142, 143, 144, 148, 151, 152, 156, 157, 158, 159, 160, 161, 162, 163, 165, 166, 203, 217, 218, 221
文化資本………　7, 8, 21, 28, 93, 94, 95, 97, 105, 136, 144, 145, 146, 147, 163, 167, 168, 229
文化資本の経営……　8, 28, 93, 94, 95, 105, 136, 144, 145, 146, 229
文化的価値……………　104, 121, 122, 123, 151, 159
文化と固有価値……　5, 6, 8, 9, 10, 28, 105, 158, 220, 223, 227
文化と固有価値のまちづくり………………　8
文化による"まちづくり"……4, 21, 157, 159, 223, 224, 225
分業………　31, 93, 107, 108, 127, 131, 137, 140, 144, 145, 163, 173, 174, 176, 185, 186, 187, 188, 189, 190, 191, 192, 200, 216
分度……88, 97, 100, 101, 102, 108, 112, 127, 130, 195
報徳………　28, 88, 90, 92, 97, 99, 105, 110, 111, 112, 113, 124, 125, 228
ボランティア…12, 13, 14, 15, 21, 24, 27, 78, 157, 214

ま

冥加金………………………………………… 16, 103
民間主導の知識結……………………………… 18
民衆救済事業…………… 7, 13, 16, 17, 26, 89, 97
無利子無担保融資………………… 92, 109, 125, 131
森は海の恋人……………………………………… 83

や

譲り……… 90, 92, 95, 96, 97, 108, 109, 113, 126, 127, 130

ら

楽市楽座………………………………… 16, 82, 93

ラスキンの商人論……………………………… 124
良心……　3, 4, 5, 6, 7, 8, 9, 13, 14, 26, 34, 88, 98, 109, 156, 160, 162, 168, 206
良心経済………………… 3, 4, 5, 6, 7, 8, 88, 160, 162
倫理的協働態………………………………… 102
倫理的な消費者…………………… 7, 122, 162, 207

人名索引

A.C.ピグー ………………………………… 36
A.スミス ……… 8, 10, 28, 78, 93, 105, 107, 108, 116,
　　126, 127, 128, 131, 137, 138, 139, 140, 171, 173,
　　174, 175, 176, 177, 178, 179, 180, 181, 182, 183,
　　184, 185, 186, 187, 188, 189, 190, 191, 192, 193,
　　194, 195, 196, 225, 228
A.セン ……………………………… 212, 221, 230
A.トフラー ………………………… 207, 220, 227, 230
A.フレミング …………………………………… 155
A.マーシャル ……………… 36, 195, 196, 215, 221
C.G.クラーク ………………………………… 216, 220
D.スロスビー …………………… 28, 215, 221, 230
D.ヒューム ……………………………………… 126
J.A.ホブソン ……………………………………… 36
J.S.ミル ………………………………… 95, 121, 167
J.ラスキン …… 4, 22, 36, 37, 89, 105, 106, 107, 118,
　　119, 120, 121, 122, 123, 124, 125, 128, 140, 148,
　　155, 156, 157, 159, 160, 162, 163, 164, 165, 166,
　　216, 224, 226, 228
K.ボールディング ……………………………… 212
M.J.エンライト ……………………………… 153, 154
M.フリードマン ………………………………… 62
M.ポーター ……………………………………… 153
N.ウイーナー ……………………… 168, 169, 211, 226
N.クライン ……………………………………… 62, 86
P.サムエルソン ………………………………… 174
R.オーエン ……………………………………… 139
W.ベヴァリッジ ………………………………… 200
W.モリス ……………………… 37, 105, 106, 216, 228
荒木一彰 ……………………………… 9, 93, 95, 173, 226
池上惇 …… 28, 78, 101, 105, 128, 158, 175, 195, 196,
　　220, 221, 227

池田清 ………………………… 9, 28, 29, 85, 225
石田梅岩 ……………………………………… 97
糸賀一雄 …………………………………… 199
岩田誠 ………………………………… 24, 227
蒲生氏郷 …………………… 6, 82, 109, 113, 118
河原宏 ………………………………… 17, 228
行基 ………… 3, 7, 14, 16, 17, 77, 78, 84, 166, 229
空海 …………………………… 7, 14, 17, 78, 228
倉野亭 ………………………………………… 163
西郷隆盛 ……………………………………… 100
佐々木和子 …………………………………… 13
渋沢栄一 ……………………………… 100, 101, 105
聖武天皇 ……………………………………… 17
西堀喜久夫 ………………………………… 22, 225
二宮四郎 …………………………………… 91, 105
二宮尊徳 ……… 7, 8, 14, 16, 18, 20, 26, 28, 87, 88, 89,
　　90, 91, 92, 93, 95, 96, 97, 98, 99, 100, 101, 102,
　　104, 105, 107, 108, 109, 110, 111, 112, 113, 114,
　　115, 116, 117, 118, 122, 123, 124, 125, 126, 127,
　　128, 130, 131, 195, 223, 228
二宮康裕 ……………………………… 91, 96, 97, 105
福田徳三 ……………… 15, 28, 35, 36, 84, 85, 229
松尾芭蕉 ……………………………………… 14
宮澤賢治 ……………………………………… 139
矢崎勝彦 …………………… 6, 9, 16, 28, 174, 196, 229
安丸良夫 ………………………………… 89, 105
山田真規子 …………………………………… 24
柳宗悦 ……………………… 28, 153, 210, 221, 229
蓮如 …………………………………………… 7, 14

池上　惇（いけがみ・じゅん）
　1933年、大阪市生まれ。京都大学経済学部卒業。京都大学名誉教授。経済学博士。市民大学院（文化政策・まちづくり大学校）世話人代表。国際文化政策研究教育学会会長。
　主著に『文化と固有価値の経済学』岩波書店、『財政学』岩波書店、『財政思想史』有斐閣、『日本財政論』実教出版など多数。
　経済学、財政学の研究によって、文化経済学など新たな学術を発展させ、その成果を学生や大学院生、社会人再教育に生かしてきた。研究教育の功績により2012年4月に瑞宝中綬章を受けている。

文化と固有価値のまちづくり　──人間復興と地域再生のために──

発行日　2012年10月1日　初版第一刷発行

著　者　池上 惇
発行人　仙道 弘生
発行所　株式会社 水曜社
　　　　〒160-0022 東京都新宿区新宿 1-14-12
　　　　TEL03-3351-8768　FAX03-5362-7279
　　　　URL www.bookdom.net/suiyosha/
印　刷　モリモト印刷 株式会社

©IKEGAMI Jun, 2012, Printed in Japan　　ISBN978-4-88065-297-9　C0036

本書の無断複製（コピー）は、著作権法上の例外を除き、著作権侵害となります。
定価はカバーに表示してあります。乱丁・落丁本はお取り替えいたします。

文化とまちづくり叢書 地域社会の明日を描く――。

愛される音楽ホールのつくりかた
沖縄シュガーホールとコミュニティ
中村透 著
2,835 円

文化からの復興
市民と震災といわきアリオスと
ニッセイ基礎研究所
いわき芸術文化交流館アリオス 編著
1,890 円

チケットを売り切る劇場
兵庫県立芸術文化センターの軌跡
垣内恵美子・林伸光 編著
佐渡裕 特別対談
2,625 円

浪切ホール 2002-2010 岸和田市文化財団ドキュメントブック
いま、ここ、から考える地域のこと 文化のこと
財団法人 岸和田市文化財団 発行
2,310 円

文化財の価値を評価する
景観・観光・まちづくり
垣内恵美子 編著
岩本博幸・氏家清和・奥山忠裕・児玉剛史 著
2,940 円

官民協働の文化政策
人材・資金・場
松本茂章 著
2,940 円

公共文化施設の公共性
運営・連携・哲学
藤野一夫 編
3,360 円

固有価値の地域観光論
京都の文化政策と市民による観光創造
冨本真理子 著
2,835 円

浜松市の合併と文化政策
地域文化の継承と創造
山北一司 著
2,625 円

企業メセナの理論と実践
なぜ企業はアートを支援するのか
菅家正瑞 監修 編・佐藤正治 編
2,835 円

創造都市と社会包摂
文化多様性・市民知・まちづくり
佐々木雅幸・水内俊雄 編著
3,360 円

文化政策学入門
根木昭 著
2,625 円

文化政策と臨地まちづくり
織田直文 編著
2,835 円

全国の書店でお買い求めください。価格はすべて税込（5％）です。